特集

＼主な変更点をご紹介！／

2021年度以降の
日商試験 3級 2級
の施行方法が
大きく変わる！

どう変わる？

Merit

統一試験（ペーパー） ＋ ネット試験

試験形式はハイブリッド方式に！

従来はペーパー試験のみ。2021年度以降はペーパー試験（以下、統一試験という）とネット試験を併用したハイブリッド方式が採用される。

ネット試験は随時受験OK！
チャンスが増加！！

従来の試験日は6月、11月、2月の年3回のみ。2021年度以降は統一試験は従来どおり6月、11月、2月の年3回、ネット試験は随時。

統一試験 6月、11月、2月の年3回
ネット試験 随時（テストセンターが定める日）

試験時間は短縮！

従来は120分。2021年度以降は3級60分、2級90分に短縮される。その分、試験のボリュームも少なくなると予想される。

統一試験、ネット試験とも
3級：60分
2級：90分

問題用紙は回収されてしまう。

従来は問題用紙は回収されず、持ち帰ることができたが、2021年度以降は回収される。そのため自己採点が困難となる。

計算用紙も配布されるが回収されてしまう。

計算用紙は配布されるが、2021年度以降は試験終了後に回収されるため、持ち帰ることができない。

デメリットがあるも、やはりメリットの方が大きい！

ネット試験なら合格発表が早い！

従来の合格発表は試験後1週間から1か月後。2021年度以降は統一試験については従来と同様であるが、ネット試験については試験終了とともに即時合否判定。

統一試験 試験後1週間から1か月後
ネット試験 試験終了後即時

1 統一試験とネット試験のレベルは同じなの?

A 問題のレベル、形式はどちらも同じ

統一試験とネット試験では同レベルの問題が同一の形式で出題されます。したがって合格の価値も同じです。ただし、ネット試験はパソコン上で答えを入力するので、解答方法になれていないと解きづらく感じるかもしれません。

日商簿記の新施行方法についてみなさんの疑問にお答えします。

2 合格証書はどのように取得できるの?

A 統一試験は商工会議所にて受け取り、ネット試験はダウンロード

統一試験による合格証書は申込みをした商工会議所で発行されます。
ネット試験による合格証書はダウンロードの形で発行されます。

3 試験申込はどのようにするの?

A 統一試験は商工会議所、ネット試験は申込サイトから

統一試験の申込みは各商工会議所によって異なります。各商工会議所にお問い合わせください。ネット試験はテストセンターの全国統一申込サイトから申込みを行います。

4 ネット試験の問題は同一なの?

A 受験者ごとに毎回違う問題が出題される

ネット試験は、毎回異なる問題が出題されます。また、受験者ごとに違う問題が出題されるので、同じテストセンターで、同じ時間に、同じ級を受験しても、全員異なる問題が出題されることになります。

5 新しい施行方法では従来よりも問題は難しくなる？

A むしろ標準的ないわゆる「良問」が出題されるとされている

ネット試験は随時施行で、問題データベースからランダムに問題が抽出されて各受験者のパソコンにダウンロードされることになります。そのため、問題の質は均一化されることが予想されます。また、日商の担当者の説明によると、従来は難しい問題があったり、容易な問題があったりとバラつきがありましたが、そのバラつきがなくなり、標準的ないわゆる「良問」が出題されるとされています。

6 統一試験とネット試験では勉強の仕方は異なるの？

A 勉強の仕方は同じ。基礎を大切に

統一試験もネット試験も勉強の仕方はこれまでと変わりません。「標準的な問題が全範囲から出題される」といわれているので、基礎をしっかり身につけ、問題集で問題も解いておきましょう。そのうえでネット試験を受験される方は何回かパソコン上で問題を解いてみるといいでしょう。

7 試験範囲や出題区分の変更はあるの？

A 試験範囲や出題区分は従来と変わらない

今回の変更は試験の「施行方法」が変わっただけで、試験範囲や出題区分は従来（2020年度までの試験）と変わりません。

8 ネット試験対策をしたい。なにかコンテンツはある？

A パソコン上で練習可能

購入者特典として本試験と同じシステムを使って問題を解いていただける模擬試験プログラムをご用意しています。詳しくはP10～11を参照してください。練習用の模擬問題などもご用意しているので、ネット試験になれるための練習としてご活用ください。

受験申込みから合格までの流れ

統一試験とネット試験の受験申込みから合格までの流れをまとめました。最新の情報は商工会議所の検定試験ホームページでご確認ください。

https://www.kentei.ne.jp

統一試験

STEP 1 受験申込み

試験の約2か月前から申込みの受付が開始します。申込方法は、商工会議所によって異なるので、受験地の商工会議所のホームページ等でご確認ください。

ネット試験

STEP 1 受験申込み

簿記2級・3級テストセンターの全国統一申込サイトより、受験希望日時・会場・個人情報等を入力し、クレジットカード、コンビニ払いにより受験料を支払います。

申込サイト:
https://cbt-s.com/examinee/examination/jcci.html

| 試験日 | 6月第2週、11月第3週、2月第4週の日曜日 | 試験時間 | 3級：60分
2級：90分 | 受験料 | 3級：2,850円
2級：4,720円 | ※別途事務手数料がかかる場合があります。 |

STEP 2 受験票の送付
試験日の約2週間から1週間前に受験票が送付されます。

STEP 3 受験

指定された試験会場に行って受験します。試験方式は紙媒体（ペーパーテスト）で、試験回ごとに全員同一の問題が出題されます。試験終了後、問題用紙、答案用紙、計算用紙は回収されます。

STEP 4 合格発表

試験日の約1週間から1か月後に合否が発表されます。

| 試験日 | テストセンターが定める日で随時 | 試験時間 | 3級：60分
2級：90分 | 受験料 | 3級：2,850円
2級：4,720円 | ※別途事務手数料550円がかかります。 |

STEP 2 受験

申込日時に申込みをした会場に行って受験します。試験画面に受験者情報を入力してから試験が開始します。受験者ごとに異なる試験問題（ランダム組合せ）が受験者のパソコンに配信され、受験者はパソコン上で解答を入力します。計算用紙は配布されますが、試験終了後に回収されます。

STEP 3 合格発表

試験終了後、即時に自動採点され、結果は画面に表示されます。合格者にはデジタル合格証が即日交付されます。

なにが出題される？

統一試験、ネット試験ともに3級は第1問から第3問の3問構成とされています。
各問で出題が予想される内容は次のとおりです。

第1問 配点▷45点

第1問は**仕訳問題**が出題されます。
問題数は**15問以内**とされています。

問題用紙

第1問 (45点)
次の取引について仕訳しなさい。ただし、勘定科目は各取引の下の勘定科目の中からもっとも適当と思われるものを選び、記号で解答すること。

1. さきに立替払いしていた発送費の精算として、取引先から郵便為替証書¥12,400を受け取った。
   ア．現金　イ．当座預金　ウ．立替金　エ．前受金　オ．発送費　カ．仮払金

2. 取引先秋田株式会社に貸し付けていた¥1,350,000（貸付期間：3か月、利率：年1％）について、本日、3か月分の利息とともに同社振出しの小切手で返済を受けた。
   ア．受取利息　イ．貸付金　ウ．借入金　エ．当座預金　オ．支払利息　カ．現金

3. 週末に度係員より、次のとおり1週間分の小口現金に関する支払報告を受けた。なお、当社は定額資金前渡制（インプレスト・システム）を採用しているが、用度係に対する小口現金は、週明けに普通預金口座から引き出して補給する。また、ＩＣカードについては、チャージの報告時に旅費交通費勘定で処理している。

   ＩＣカードチャージ　¥ 10,000（全額電車・バス料金支払いのために使用している）
   ハガキ・切手代　　　¥ 3,500
   事務用品・文房具代　¥ 2,000
   収入印紙　　　　　　¥ 2,500

統一試験

勘定科目は与えられたものの中から1つを選択して記号を記入。金額は数字を記入。

答案用紙

第1問 (45点)

	仕　　　　訳			
	借方科目	金額	貸方科目	金額
1				
2				

ネット試験

勘定科目はプルダウン形式で与えられ、1つを選択。金額はテンキーで入力。

3級編

試験時間は **60分**

※刊行時の日本商工会議所からの情報をもとに作成しています。
出題内容は随時変更、追加されることが予想されます。

第2問
配点▷20点

第2問は**勘定記入**の問題、**補助簿**に関する問題、**空欄補充**問題などから**2題**出題されます。

第2問(20点)
問1
大分商事は答案用紙に記載している補助簿を用いている。次の取引はどの補助簿に記入されるか、答案用紙の補助簿の記号に〇印をつけなさい。
(1) 仕入先佐賀商事に対する掛代金￥300,000について、小切手を振り出して支払った。
(2) 備品￥250,000を購入し、代金は後日支払うこととした。なお、設置費用￥3,000は現金で支払った。
(3) 鹿児島商事に商品￥60,000を売り上げ、代金のうち￥50,000は鹿児島商事振出の約束手形を受け取り、残額は掛けとした。なお、発送運賃￥1,000を現金で支払ったが、これは当社が負担すべきものである。
(4) さきに沖縄商事より掛けで仕入れた商品￥5,000について、品違いを理由に返品した。なお、代金は掛け代金から減額する。

問題用紙

統一試験

該当する項目にチェックしたり、選択群から語句を選択。金額は数字を記入。

第2問(20点)
問1

補助簿 \ 取引	(1)	(2)	(3)	(4)
ア. 現 金 出 納 帳	ア	ア	ア	ア
イ. 当座預金出納帳	イ	イ	イ	イ
ウ. 仕　 入　 帳	ウ	ウ	ウ	ウ
エ. 売　 上　 帳	エ	エ	エ	エ
オ. 商 品 有 高 帳	オ	オ	オ	オ
カ. 売 掛 金 元 帳	カ	カ	カ	カ
キ. 買 掛 金 元 帳	キ	キ	キ	キ
ク. 受取手形記入帳	ク	ク	ク	ク
ケ. 支払手形記入帳	ケ	ケ	ケ	ケ
コ. 固 定 資 産 台 帳	コ	コ	コ	コ

答案用紙

ネット試験

該当する項目にチェックしたり、プルダウンによる選択群から語句などを選択。金額はテンキーで入力。

なにが出題される？ **3級編**

第3問
配点▷35点

第3問は**財務諸表**や**精算表**、**後T/B**を作成する**決算に関する問題**が出題されます。

問題用紙

第3問 (35点)
　次の [資料Ⅰ：決算整理前残高試算表] と [資料Ⅱ：決算修正事項] にもとづいて、答案用紙の損益計算書と貸借対照表を完成させなさい。なお、会計期間は20×8年4月1日から20×9年3月31日までの1年である。

[資料Ⅰ：決算整理前残高試算表]

決算整理前残高試算表
20×9年3月31日

借　方	勘定科目	貸　方
192,000	現　　　金	
785,200	当 座 預 金	
230,000	受 取 手 形	
155,000	売 掛 金	
595,000	繰 越 商 品	

統一試験

金額は数字を記入。一部空欄となっている勘定科目は適切な勘定科目や語句を記入。

答案用紙

損 益 計 算 書
20×8年4月1日から20×9年3月31日まで　　　　　(単位：円)

費　用	金　額	収　益	金　額
売 上 原 価	(　　　　)	売 上 高	(　　　　)
給　　料	(　　　　)	受 取 手 数 料	(　　　　)
広 告 宣 伝 費	(　　　　)		
支 払 家 賃	(　　　　)		
保 険 料	(　　　　)		
貸倒引当金繰入	(　　　　)		
減 価 償 却 費	(　　　　)		
雑　　損	(　　　　)		

ネット試験

金額は数字を入力。一部空欄となっている勘定科目は適切な勘定科目や語句をキーボードを使って入力。

最新情報はこちらでチェック！

商	商工会議所の検定試験ホームページ **商工会議所の検定試験**	https://www.kentei.ne.jp/
T	TAC出版書籍販売サイト **CYBER BOOK STORE**	https://bookstore.tac-school.co.jp/
な	ネット試験が体験できる!! **滝澤ななみのすすめ！**	https://takizawananami-susume.jp/

チェックテストの
ネット試験版
模擬試験
プログラムに
チャレンジ
しよう！

本書掲載の「チェックテスト」には、本番とまったくおなじ環境でネット試験の演習ができる、模擬試験プログラムが付属しています。実際にパソコンで解いてみると、下書用紙の使い方や、日本語入力への切り替えなど、ペーパー試験とは違った工夫が必要なことに気づかれると思います。
ネット試験を受験されるかたは、ぜひこの模擬試験プログラムをダウンロードして、ネット試験を体験してみてください。

※本サービスの提供期間は、本書の改訂版刊行月末日までです。

模擬試験プログラムへのアクセス方法

STEP 1 TAC出版 検索

⇩

STEP 2 書籍連動ダウンロードサービス にアクセス

⇩

STEP 3 パスワードを入力
21029612

⇩

＼ Start! ／

11

はしがき

●第12版刊行にあたって

本書は『スッキリわかる日商簿記3級　第11版』につき、**2021年度からの新たな試験方式**と出題傾向等に基づき、内容の変更を行い、刊行いたしました。

2021年1月

●初版はしがき

簿記は難しい？

簿記は、モノを買ったり、売ったりするという、**私たちが日常体験することを記録するための手段**です。それにもかかわらず、簿記を独学（書籍）でマスターするのは難しいといわれます。

その原因のひとつに、日常あまり使わない簿記特有の用語がでてきて、テキストが最後までスラスラ読めないことがあげられます。

特徴1　「読みやすいテキスト」にこだわりました

そこで、本書は簿記初心者の方が最後までスラスラ読めるよう、**やさしい、一般的なことば**を用いて、**読み物**のように読んでいただけるように工夫しました。

また、簿記の場面を身近にイメージしていただけるよう、ゴエモンというキャラクターを登場させ、みなさんがゴエモンといっしょに**場面ごとに簿記を学んでいく**というスタイルにしています。

特徴2　テキスト＆問題集

簿記はテキストを読んだだけでは知識が身につきません。テキストを読んだあと、問題を解くことによって、知識が定着するのです。

そこで、テキストを読んだあとに必ず問題を解いていただけるよう、本書はテキストと問題集（問題編）を一体型にしました（他書は通常、テキストと問題集が分かれています）。

なお、問題編には、テキストの内容を理解するための**基本問題はもちろん、本試験レベルの問題も応用問題として収載**していますので、基本から本試験レベルの問題まで無理なく解き進めていただくことができます。

簿記の知識はビジネスのあらゆる場面で活かすことができます。

本書を活用し、簿記検定に合格され、みなさんがビジネスにおいてご活躍されることを心よりお祈りいたします。

2007年11月
滝澤ななみ

簿記の学習方法と合格までのプロセス……

1. テキストを読む

〔テキスト〕

まずは、**テキストを読みます**。

テキストは自宅でも電車内でも、どこでも手軽に読んでいただけるように作成していますが、机に向かって学習する際には、鉛筆と紙を用意し、取引例や新しい用語がでてきたら、**実際に紙に書いてみましょう**。

また、本書はみなさんが考えながら読み進めることができるように構成していますので、ぜひ**答えを考えながら読んでみてください**。

2. テキストを読んだら問題を解く！

〔問題編〕

簿記は**問題を解くことによって、知識が定着**します。本書はテキスト内に対応する問題番号を付していますので、それにしたがって、問題を解きましょう。

また、まちがえた問題には付箋などを貼っておき、あとでもう一度、解きなおすようにしてください。

3. もう一度、すべての問題＆チェックテストを解き、動画を見る！ ネット試験を受ける人は模擬試験プログラムにチャレンジ！

〔問題編〕

上記1、2を繰り返し、テキストが全部終わったら、**テキストを見ないで**問題編の**問題をもう一度最初から全部解いてみましょう**。

そして、そのあと巻末の別冊に入っている**チェックテスト**を解きましょう。ネット試験を受ける人はチェックテストの**模擬試験プログラム**にもチャレンジしましょう。このチェックテストは**解き方講義動画つき**です。解き終わったら、講義を見て、**総合問題の解き方**や**タイムマネジメント**などを把握してください。

4. そして予想問題集を解く！

〔予想問題集〕

本書の問題編には、本試験レベルの問題も収載していますが、本試験の出題形式に慣れ、時間内に効率的に合格点をとるために本書のシリーズ書籍「**スッキリうかる本試験予想問題集**」（別売）を解くことをおすすめします。

なお、最低1回は、本試験タイプの問題を時間（60分）を計って解いておきましょう。

合格

13

CONTENTS

はしがき
簿記の学習方法と合格までのプロセス

特集
2021年度以降の日商試験3級2級の施行方法が大きく変わる！ 2

特別企画
日商簿記3級スタートアップ講義 19

簿記の基礎編
第1章　簿記の基礎 ——————————————— 1
CASE 1　簿記ってなんだろう？ 2
CASE 2　仕訳の基本 4

仕訳編
第2章　商品売買 ——————————————— 11
CASE 3　商品を買ってきたときの仕訳（分記法） 12
CASE 4　商品を売ったときの仕訳（分記法） 13
CASE 5　商品を仕入れたときの仕訳（三分法） 15
CASE 6　商品を売り上げたときの仕訳（三分法） 16
CASE 7　掛けで仕入れたときの仕訳 18
CASE 8　掛けで売り上げたときの仕訳 20
CASE 9　クレジット払いで商品を売り上げたときの仕訳 22
CASE 10　商品の返品があったときの仕訳 24
CASE 11　仕入諸掛り（当社負担）の仕訳 26
CASE 12　売上諸掛り（当社負担）の仕訳 27

第3章　現金 ——————————————— 31
CASE 13　他人振出小切手を受け取ったときの仕訳 32
CASE 14　現金の帳簿残高と実際有高が異なるときの仕訳 34
CASE 15　現金過不足の原因が判明したときの仕訳 36
CASE 16　現金過不足の原因が決算日まで判明しなかったときの仕訳 38

第4章　普通預金、定期預金、当座預金、当座借越 ——————— 41

- CASE 17　普通預金口座に預け入れたときの仕訳　*42*
- CASE 18　定期預金口座に預け入れたときの仕訳　*43*
- CASE 19　当座預金口座に預け入れたときの仕訳　*44*
- CASE 20　小切手を振り出したときの仕訳　*45*
- CASE 21　当座預金の残高を超えて引き出したときの仕訳　*47*
- CASE 22　決算日において、当座預金が貸方残高のときの仕訳　*49*

第5章　小口現金 ——————— 53

- CASE 23　小口現金を前渡ししたときの仕訳　*54*
- CASE 24　小口現金係が小口現金で支払ったときの仕訳　*56*
- CASE 25　会計係が小口現金係から支払報告を受けたときの仕訳　*57*
- CASE 26　会計係が小口現金を補給したときの仕訳　*58*

第6章　手形と電子記録債権（債務） ——————— 61

- CASE 27　約束手形を振り出したときの仕訳　*62*
- CASE 28　約束手形を受け取ったときの仕訳　*64*
- CASE 29　電子記録債権とは　*66*
- CASE 30　電子記録債権（債務）が発生したときの仕訳　*67*
- CASE 31　電子記録債権（債務）が消滅したときの仕訳　*68*

第7章　貸付金・借入金、手形貸付金・手形借入金 ——————— 71

- CASE 32　お金を貸し付けたときの仕訳　*72*
- CASE 33　貸付金を返してもらったときの仕訳　*73*
- CASE 34　お金を借り入れたときの仕訳　*74*
- CASE 35　借入金を返したときの仕訳　*75*
- CASE 36　お金を貸し付け、手形を受け取ったときの仕訳　*76*
- CASE 37　お金を借り入れ、手形を渡したときの仕訳　*77*

第8章　その他の債権債務 ——————— 79

- CASE 38　商品以外のものを後払いで買ったときの仕訳　*80*
- CASE 39　商品以外のものを売って代金はあとで受け取るときの仕訳　*82*
- CASE 40　商品の注文時に内金を支払ったときの仕訳　*84*
- CASE 41　内金を支払って商品を仕入れたときの仕訳　*85*
- CASE 42　商品の注文時に内金を受け取ったときの仕訳　*86*
- CASE 43　内金を受け取って商品を売り上げたときの仕訳　*87*
- CASE 44　旅費の概算額を前渡ししたときの仕訳　*88*
- CASE 45　仮払金の内容と金額が確定したときの仕訳　*89*

CASE 46	内容不明の入金があったときの仕訳　90
CASE 47	仮受金の内容が明らかになったときの仕訳　91
CASE 48	先方負担の仕入諸掛りを立て替えたときの仕訳　92
CASE 49	先方負担の売上諸掛りを立て替えたときの仕訳　94
CASE 50	従業員が支払うべき金額を会社が立て替えたときの仕訳　96
CASE 51	従業員に給料を支払ったときの仕訳①　97
CASE 52	従業員に給料を支払ったときの仕訳②　98
CASE 53	預り金を支払ったときの仕訳　99
CASE 54	商品を売り上げ、商品券を受け取ったときの仕訳　100
CASE 55	商品券を買い取ってもらったときの仕訳　101
CASE 56	店舗を借り入れる際に敷金や保証金を支払ったときの仕訳　102

第9章　その他の費用 ———————————————— 107

CASE 57	消耗品を買ったときの仕訳　108
CASE 58	切手やはがきを買ってきたときの仕訳　109
CASE 59	固定資産税などを支払ったときの仕訳　110
CASE 60	決算日に切手やはがき、収入印紙が残っているときの仕訳　111
CASE 61	従業員の社会保険料（会社負担分）を納付したときの仕訳　113

第10章　貸倒れと貸倒引当金 ———————————————— 119

CASE 62	当期に発生した売掛金が貸し倒れたとき　120
CASE 63	売掛金や受取手形の決算日における仕訳　122
CASE 64	前期以前に発生した売掛金が貸し倒れたときの仕訳　125
CASE 65	前期に貸倒処理した売掛金を当期に回収したときの仕訳　127

第11章　有形固定資産と減価償却 ———————————————— 129

CASE 66	固定資産を購入したときの仕訳　130
CASE 67	固定資産の決算日における処理①　133
CASE 68	固定資産の決算日における処理②　137
CASE 69	固定資産を売却したときの仕訳　139
CASE 70	固定資産を売却したときの仕訳（期中・期末売却）　142

第12章　株式の発行、剰余金の配当と処分 ———————————————— 145

CASE 71	株式会社とは　146
CASE 72	会社を設立して株式を発行したときの仕訳　148
CASE 73	増資をしたときの仕訳　149
CASE 74	当期純利益を計上したときの仕訳　150
CASE 75	剰余金を配当、処分したときの仕訳　152

第13章　法人税等と消費税 ————————————————— 157

CASE 76　法人税等を中間申告、納付したときの仕訳　*158*
CASE 77　法人税等が確定したとき（決算時）の仕訳　*160*
CASE 78　消費税を支払ったときの仕訳　*162*
CASE 79　消費税を受け取ったときの仕訳　*164*
CASE 80　消費税の決算時の仕訳　*166*

第14章　費用・収益の前払い・前受けと未払い・未収、訂正仕訳— 171

CASE 81　家賃を支払った（費用を前払いした）ときの仕訳　*172*
CASE 82　決算日の処理（費用の前払い）　*173*
CASE 83　お金を借り入れた（利息を後払いとした）ときの仕訳　*176*
CASE 84　決算日の処理（費用の未払い）　*177*
CASE 85　地代を受け取った（収益を前受けした）ときの仕訳　*179*
CASE 86　決算日の処理（収益の前受け）　*180*
CASE 87　お金を貸し付けた（利息をあとで受け取る）ときの仕訳　*182*
CASE 88　決算日の処理（収益の未収）　*183*
CASE 89　誤った仕訳を訂正するときの仕訳　*185*

帳簿編

第15章　帳簿への記入 ————————————————————— 189

CASE 90　仕訳帳と総勘定元帳　*190*
CASE 91　現金出納帳と当座預金出納帳への記入　*194*
CASE 92　小口現金出納帳への記入　*196*
CASE 93　仕入帳と買掛金元帳への記入　*198*
CASE 94　売上帳と売掛金元帳への記入　*200*
CASE 95　商品有高帳への記入　*202*
CASE 96　受取手形記入帳と支払手形記入帳への記入　*206*
CASE 97　帳簿のまとめ　*209*

第16章　試算表 ————————————————————————— 211

CASE 98　試算表の作成　*212*

第17章　伝票と仕訳日計表、証ひょう ——————————————— 219

CASE 99　三伝票制　*220*
CASE100　入金伝票の起票　*222*
CASE101　出金伝票の起票　*223*
CASE102　振替伝票の起票　*234*

CASE103	一部現金取引の起票 *225*
CASE104	仕訳日計表の作成と総勘定元帳への転記 *228*
CASE105	証ひょうからの記帳 *233*

決算編

第18章 精算表と財務諸表 ———————————— 243

CASE106	決算手続とは？ *244*
CASE107	決算整理① 現金過不足の処理 *248*
CASE108	決算整理② 当座借越の振り替え *250*
CASE109	決算整理③ 貯蔵品の振り替え *251*
CASE110	決算整理④ 貸倒引当金の設定 *253*
CASE111	決算整理⑤ 固定資産の減価償却 *254*
CASE112	決算整理⑥ 消費税の処理 *257*
CASE113	決算整理⑦ 費用・収益の前払い・前受けと未払い・未収 *259*
CASE114	決算整理⑧-1 売上原価の算定① *261*
CASE115	決算整理⑧-2 売上原価の算定② *263*
CASE116	決算整理⑨ 法人税等の計上 *267*
CASE117	当期純利益または当期純損失の計上 *269*
CASE118	財務諸表の作成 *272*

第19章 帳簿の締め切り ———————————— 275

CASE119	帳簿を締め切る、とは？ *276*
CASE120	収益・費用の各勘定残高の損益勘定への振り替え *277*
CASE121	当期純利益または当期純損失の繰越利益剰余金勘定への振り替え *280*
CASE122	各勘定の締め切り *282*

問題編

問　題　1
解答・解説　35
みんなのギモン＆ポイント5　75
さくいん　82

別　冊

問題編　解答用紙
チェックテスト

特別企画

日商簿記3級

CONTENTS

1 簿記の世界へようこそ！

ビジネスには必ずつきもののお金。「ビジネスをスムーズに進めるためにお金について学びたい！」そんなときの候補の一つにあがるのが簿記だと思います。でも、簿記を学べば本当に知りたいことがわかるのでしょうか？
「そもそも簿記って何？」「簿記を知っていると何ができるの？」そんな疑問を解決すべく猫のゴエモン君たちと一緒に、簿記をめぐる旅に出かけましょう！

2 簿記の一連の流れをザックリ講義

最近の日商3級の試験においては、簿記の一連の流れについて、きちんとイメージができていることが大切になっています。
ここでは、簿記一巡の全体像をザックリみてみましょう。

1 簿記の世界へようこそ！

ビジネスには必ずつきもののお金。「ビジネスをスムーズに進めるためにお金について学びたい！」そんなときの候補の一つにあがるのが簿記だと思います。
でも、簿記を学べば本当に知りたいことがわかるのでしょうか？
「そもそも簿記って何？」「簿記を知っていると何ができるの？」そんな疑問を解決すべく猫野ゴエモン君たちと一緒に、簿記をめぐる旅に出かけましょう！

簿記ってなに？

みなさん、こんにちは〜！！
簿記の世界へようこそ！
ナビゲーターの猫野ゴエモンです。

お、ゴエモンさん、こんにちは。
クロキチです。

クロキチさん、そしてみなさん、さっそくですが・・・

（出所：東洋経済新報社『会社四季報』2019年1集）

これ、なんだかわかる？

これは…
トヨタ自動車の数字が載っている…

会社四季報、だよね?

そう、四季報。株式投資のときなんかに、会社の業績をみるためのものだね。

ここにさ、【業績】ってあるでしょ?

売上高とか、営業利益とかっていうやつ?

そう。「利益」というのはもうけのことをいうんだけど、ここには主に会社のもうけに関する内容が記載されているんだ。

ここをみれば、会社のもうけが増えているのか、減っているのかがわかるわけだね。

うん。そして、この「利益」を計算するために必要なのが、これから学習していく「簿記」なんだ。

へえ〜。ということは、簿記がわかれば、会社の利益の仕組みがわかるんだね。

利益だけじゃないよ。
会社の財産がどのくらいあるのか、
とかも簿記によって求めていくんだよ。

で、会社の利益については、最終的に損益計算書という書類にまとめられるんだ。

そして、会社の財産がどのくらいあるか、これを財政状態というのだけど、財政状態は貸借対照表という書類にまとめられる。

損益計算書と貸借対照表ね。
これを簿記で学習するの？

う～んとね…。損益計算書や貸借対照表を作成するのは、簿記の最終目的で…

損益計算書や貸借対照表を作成するための道すじっていうのかな。その方法を学習するのが簿記なんだ。

簿記でやることって？

損益計算書や貸借対照表を
作成するための道すじ？

たとえば、企業は、日々、
活動しているじゃない？

企業っていうのは、会社のこと？

会社とかお店（個人事業）のことだね。
会社とかお店はさ、日々、物を売ったり、
サービスを提供したりしているじゃない？

社員に給料を支払ったりとか・・・？

そう！　給料や水道光熱費を支払った
り…いろいろな活動をしている。その
活動を簿記では「取引」というんだ。

その日々の取引を「帳簿」という
ノートに記入していくのが簿記なんだ。
「帳簿」に「記入」するから・・・

あ、「簿記」なんだね！ なるほど～!!

帳簿に記入するから「簿記」

そして、帳簿の記入をもとにして、まあ一般的には1年ごとなんだけど…1年ごとに利益がいくらだったか、財産がどのくらいあるかを計算するんだよ。

損益計算書や貸借対照表でね！

その損益計算書や貸借対照表の数値が、たとえば…

お、出た！ 会社四季報。
株式投資の一押し参考資料！

さっき言った「利益」は、損益計算書の数値で、

【業績】(百万円)	売上高	営業利益	税前利益	純利益	1株益(円)	1株配(円)
○14. 3	25,691,911	2,292,112	2,441,080	1,823,119	575.3	165
○15. 3	27,234,521	2,750,564	2,892,828	2,173,338	688.0	200
○16. 3	28,403,118	2,853,971	2,983,381	2,312,694	741.4	210

「総資産」とか、「資本金」とか…まあ、このへん(↓)の数値は貸借対照表の数値。

```
【財務】〈○18.9〉  百万円
総資産       52,516,005
自己資本     19,511,392
自己資本比率     37.2%
資本金          397,050
利益剰余金   21,456,737
有利子負債   20,885,496
```

なるほど〜
…ってことは、簿記がわかると、こういった数値の意味がわかるっていうこと？

そうだよ。こういった数値は、もともとは会社の活動から生じているものだから、簿記がわかると、会社の状態がわかってくるんだ。

簿記がわかれば
会社が読める

おお〜っ!!
株式投資に役立ちそう！

簿記を勉強すると…？

 …。きみ、株が好きなの？

 でへへ…
やってみようかな〜と思っている…

 簿記の知識が役に立つのは株式投資だけじゃないよ。

 たとえば、入社しようと思っている会社や、転職先の会社の経営状態も読めるし、

 口先ではいいことを言っていても、実際のところ、倒産しそうな会社とかもあるもんね…

 管理職になったら、自分の部署の業績を出して、分析しなくちゃいけないし…

 会社単位じゃなくて、部署単位で利益の計算とかしなくちゃいけないもんね。

 そういったときに、簿記の知識は役に立つんだ。それ以外にも…

 まだあるの？!

 簿記ってさ、結局は「数字」だから、簿記を学習すると数字に強くなるんだ。

 え〜、僕、算数や数学はキライなんだけど…(*_*)

ああ、簿記ではそんな難しいことはしないから。安心して。せいぜい、「＋（足す）」、「－（引く）」、「×（掛ける）」、たまに「÷（割る）」くらいかな…

あ、そんな感じなんだ！

とはいえ、数字を扱うわけだからさ…。数字に強くなるんだよ。ちょっと難しい言葉でいうと、計数感覚が身につくってこと。

簿記で計数感覚が身につく！

そうすると、会社で取引先に見積書を作るときとか、ラクだし、資料に財務数値を入れると…
あ〜ら不思議！　とっても説得力のある資料となる！…んだよ。

数字を使えば説得力のある資料が作れる！

お！
できるビジネスマンみたい！

「みたい」じゃなくて、そう「なる」んだよ、簿記を学習すると。

だから、簿記はすべてのビジネスパーソンに必要な知識だと思うよ。

簿記はすべての
ビジネスパーソンに
必要な知識だ！

経理事務に携わるんだったら、簿記を知らないとダメだよね。

もちろん。経理事務をやるなら、簿記を知らなきゃ。

あと、簿記の資格を持っていれば履歴書の資格欄に書けるし、

就職にも有利だよね。

簿記の上位資格に、税理士や公認会計士といった魅力的な資格もあるから、上に進むもよし。

そういや、君の本（スッキリわかる日商簿記）からはじめて、公認会計士に受かりました〜っていう人、いたよ。

えへへ、ありがとう。

あとは、会計系だったら、「建設業経理士検定試験」とか「BATIC（国際会計検定）®」とかは、（日商）簿記と範囲がかなりかぶっているから、勉強しやすいし、受かりやすい…

公務員系だと、国税専門官の試験は簿記に関する問題が多めに出題されるし、経営系では中小企業診断士試験でも簿記に関する問題が出てくるから…

簿記を学習しておくと、ほかの資格の勉強にも役立つってことだね！

 だから、よく「資格をとるならまずは（日商）簿記！」って言われている…

 ちなみに日商簿記（1〜3級）の受験者数は年間約60万人

うわっ！　すっごい数だね。まさに「資格をとるなら、まずは簿記！」だね

 ビジネスにも役立つし、資格として履歴書にも書けるし…。資格の登竜門としての簿記の学習、はじめてみない？

もちろん、やるやる！　いまからやる！いろいろ教えて〜!!

 一緒にがんばろうね！

29

最近の日商3級試験においては、簿記の一連の流れについて、きちんとイメージができていること、これが大切になっています。
細かいところに目がいってしまうと、とかく迷い道に入りこみがちな簿記の一巡は、大きくザックリと全体像をとらえることがポイントです。
ぜひこの巻頭企画で、簿記一巡の全体像のイメージをつかんでください。

2 簿記の一連の流れを ザックリ講義

簿記の流れ

これから、「簿記」について詳しく学習していきますが、その前に、簿記の流れを簡単に見ておきましょう。

「なんで突然？」と思うかもしれませんが、これ、簿記を理解する上でも、実務でも、とっても重要なんです。

さらに日本商工会議所（簿記試験の主催団体）は、「簿記の流れを理解しているかを問う問題を出題していく」と言っている（らしい）…。
だから、試験問題を解く上でも、この流れを理解しておく必要があるのです。

では、さっそく見ていきましょう。

簿記の作業には、(1)日々やること、(2)1か月ごとにやること、(3)1年ごとにやることがあります。

(1)日々やること

まずは、(1)日々やること。

会社では、日々、お客さんに商品を販売しています。また、売るための商品をどこからか仕入れてきますし、光熱費や従業員に給料を支払ったりします。

このような会社の活動を取引というのですが、取引が発生したら、それをメモしておく必要があります。
この、メモする手段を簿記では仕訳（しわけ）といいます。

31

たとえば、「200円の商品を売って、現金を受け取った」という取引が生じた場合の仕訳は次のようになります。

あ、仕訳についてここで詳しく理解する必要はありませんよ。あとでじっくりやるので、ここでは「ふ〜ん、こんな形でやるのね」というのだけおさえておいてくださいね。

そして、仕訳をしたら総勘定元帳（そうかんじょうもとちょう）という帳簿に転記します。
総勘定元帳というのは、「現金」とか「売上」とか、項目ごとに金額をメモするノートです。
仕訳は日付順にメモしますが、総勘定元帳は項目ごとに金額をメモするのです。

さきほどの、「200円の商品を売って、現金を受け取った」という取引については、総勘定元帳の「現金」と「売上」に次のように転記…金額等を書き移します。

…これも詳しくはあとで説明しますから、「ふ〜ん」と思って眺めておいてください。

この、「仕訳」→「転記」を、取引のつど、やります。

(2) 1か月ごとにやること

つづいて、(2) 1か月ごとにやることを見てみましょう。

毎日、「仕訳」→「転記」をやっていると、結構な量になります。ミスがあるかもしれません。
1年間ひたすら「仕訳」→「転記」をやりつづけて、ミスがあった場合、そのミスの原因を調べるのは大変ですよね…。

できれば、はやいうちにミスを見つけておこう！
…ということで、一般的には1か月ごとに試算表（しさんひょう）という表を作って、転記ミスがないかどうかを調べます。

試算表は、総勘定元帳の記入をもとに作成します。

なお、試算表には3つの形があります。
①合計試算表、②残高試算表、③合計残高試算表の3つです。

詳しくはあとで説明しますが、それぞれについて、ここで簡単に見ておきましょう。

①合計試算表は、総勘定元帳の各項目について、左側の金額の合計と右側の金額の合計を記入します。「現金」だったらこんなカンジ。

あ、ここでは説明上、総勘定元帳を簡略化して金額だけ書いておきますね。

②残高試算表は、総勘定元帳の各項目について、残高のみを記入します。
残高というのは、左側の金額の合計と右側の金額の合計の差額です。
左側のほうが金額が多かったら試算表の左側のみに記入します。
「現金」だったらこんなカンジ。

③合計残高試算表は、合計試算表と残高試算表を組み合わせたもので、合計金額も、残高も記入します。
現金の場合はこんなカンジ。

この３つの試算表のうち、いずれかを作るのですが、どの試算表についても、「転記が正しければ最終的な合計金額が一致する」という特徴があります。
この最終的な合計金額が一致していなかったら、どこかで転記ミスが生じているということになるので…

35

試算表を作成することによって転記ミスを発見することができるのです。

…ね、だから1か月に1回程度、試算表を作成しておいたほうが転記ミスがはやめに発見できて、あとあとラクでしょ？…という話。

(3) 1年ごとにやること

では最後に、(3) 1年ごとにやること。

会社では、一定期間ごとに儲けや財産の状況を一覧にする必要があります。

「なんで、そんなことをするの？」って…？

いくつか目的はありますが、一番イメージしやすいのは、「税金（税額）を計算するため」でしょうか。

税金は儲けに対してかかるので、儲けがわからないと、税額が計算できないんですね。

だから、一定期間ごとに儲けや財産の状況を明らかにするのです。

儲けは**損益計算書**（そんえきけいさんしょ）、財産の状況は**貸借対照表**（たいしゃくたいしょうひょう）という書類に記載します。

ちなみに…。
さきほどから、「一定期間、一定期間」と言っていますが、この「一定期間」を簿記では**会計期間**といいます。
そして、会計期間の最終日…いわゆる締め日ですね…これを**決算日**（けっさんび）、会計期間の初日を**期首**（きしゅ）といいます。

会社の場合、会計期間や決算日は自由に決めることができます。ちなみに、お店（個人事業主）の場合は、会計期間は1月1日から12月31日と決まっています。

さて、決算日を迎えたら、損益計算書や貸借対照表を作成するのですが、その前に決算整理という手続きがあります。

まず…、毎月毎月、試算表を作成していくと、決算整理をする前の試算表は4月から3月までの1年分の取引が集計された金額となっています。

だけど、この金額の中には、「今年度計上されるべきものなのに、まだ計上されていないもの」とか、「来年度計上されるべきものがすでに計上されてしまっている」という金額も含まれているのです。

そこで、今年度の儲けを正しく計算するために、そういった金額を適正に修正する必要があるのです。この作業を決算整理といいます。

そして、決算整理をしたあと、損益計算書や貸借対照表を作成するのですが、「いきなり作っちゃうのは危なくない？」ということで、その前に精算表（せいさんひょう）というワークシートを作ることがあります。

精算表というのは、決算整理をする前の試算表から決算整理を経て、損益計算書、貸借対照表の金額を求めるまでの過程をまとめた表です。

そして、精算表から損益計算書、貸借対照表を作成します。

決算整理からの精算表、損益計算書、貸借対照表の作成は第3問で出題される内容です。
なお、精算表の作成に比べて、損益計算書・貸借対照表の作成のほうを苦手とする人が多いので、どちらもしっかり対応できるようにしておいてください。

…という感じで、簿記の1年が終わるのですが、そのほか、来年度の記入にむけて、総勘定元帳を締め切るという作業があります。
毎日毎日、転記作業をしていた総勘定元帳について、「はい、ここまでが今年度分ですよ」「ここからが来年度分になります」というのを分けておくんですね。
これを帳簿の締め切りとか、勘定の締め切りといいます。

以上が、おおまかな簿記の流れとなります。
ひとつひとつ、詳しくは第1章から説明しますが、途中で迷ったら、ここに戻ってきてくださいね。

簿記の基礎編

第1章
簿記の基礎

念願かなって、営業開始!
がんばって帳簿もつけないといけない…。
だけど、なんだかいろいろなルールがあるみたい。

ここでは、簿記の基本ルールについてみていきましょう。

CASE 1 簿記の基礎

簿記ってなんだろう？

雑貨好きのゴエモン君は、念願の雑貨屋さんを開業することができました。会社の経営なんて初めての経験なので、開業マニュアルを読んでみると、どうやら簿記というものによって取引を帳簿に記入しなければならないことがわかりました。

● 簿記ってどんなもの？

会社やお店は1年に一度、会社やお店のもうけ（利益）や財産がいくらあるのかを明らかにしなければなりません。

そこで、モノを買う、売る、お金を貸す、借りるなど、日々会社が行った活動（**取引**）をメモ（記録）しておく必要があります。この日々の取引を記録する手段を**簿記**といい、簿記により最終的なもうけ（利益）や財産を計算することができます。

> 会社やお店の状況を取引先などに伝えるためとか、税金を計算する（税金は利益に対してかかります）ために、もうけ（利益）や財産を明らかにする必要があるんですね。

> 帳簿（ノート）に記録するから簿記！

簿記の役割 {
記録

もうけ（利益）や財産の計算

● 損益計算書と貸借対照表

　簿記によって計算したもうけ（利益）や財産は表にしてまとめます。

　会社がいくら使っていくらもうけたのか（またはいくら損をしたのか）という利益（または損失）の状況を明らかにした表を**損益計算書**、現金や預金、借金などがいくらあるのかという会社の財産の状況を明らかにした表を**貸借対照表**といいます。

> 損益計算書、貸借対照表は簿記を学習するにあたってとても重要です。用語として早めに覚えてしまいましょう。

第1章 簿記の基礎　3

CASE 2 簿記の基礎

仕訳の基本

開業マニュアルには、「簿記によって日々の取引を記録する」とありましたが、日記を書くように「4月10日　クロキチ㈱からコーヒーカップ（100円）を買った」と記録しておけばよいのでしょうか？

● 仕訳というもの

　取引を記録するといっても、日記のように文章で記録していたら見づらいですし、わかりにくくなってしまいます。そこで、簿記では簡単な用語（**勘定科目**といいます）と金額を使って記録します。

> 家計簿にも「交際費」とか「光熱費」という欄がありますよね。この交際費や光熱費が勘定科目です。

　この勘定科目と金額を使って取引を記録する手段を**仕訳**といいます。

● 仕訳のルール

　たとえば、「売り物（商品）100円分を買い、お金（現金）を払った」という取引の仕訳は次のようになります。

> 分記法という方法（後述）で仕訳しています。

| （商　　　品） | 100 | （現　　　金） | 100 |

　ここで注目していただきたいのは、左側と右側に勘定科目（商品や現金）と金額が記入されているということです。

> 仕訳のルールその①です。これが仕訳でもっとも大切なことです。

　これは、仕訳には**1つの取引を2つに分けて記入する**というルールがあるからなんですね。

会社で売る物（商品）を買ってきたとき、商品は増えますが、お金を払っているので現金は減ります。

ですから、仕訳をするときには、「商品を買ってきた」という1つの取引を「商品が増えた」と「現金が減った」という2つに分けて記録するのです。

では、なぜ仕訳の左側に商品、右側に現金が記入されるのでしょうか。仕訳のルールその②についてみていきましょう。

5つの要素と左側、右側

勘定科目は、**資産**・**負債**・**資本（純資産）**・**収益**・**費用**の5つの要素（グループ）に分類されます。そして、その要素の勘定科目が増えたら左右どちらかに記入し、減ったらその反対側に記入するというルールがあります。

> 仕訳のルールその②です。このルールにしたがって左側か右側かが決まります。

①資産 ☺

現金や預金、土地など、一般的に財産といわれるものは簿記上、**資産**に分類されます。

そして、資産が増えたら仕訳の<u>左側</u>に、減ったら仕訳の<u>右側</u>に記入します。

> イメージ的には「資産＝あるとうれしいもの☺」とおさえておきましょう。

> 簿記では左側か右側かはとても大切です。このテキストでは、左側を＿＿で、右側を＿＿で表していきます。

第1章 簿記の基礎 5

（資産の増加）×× （資産の減少）××

簿記ではこのようなボックス図を使って勘定科目の増減を表します。少しずつ慣れてくださいね。

資　産
↑増えたら左　↓減ったら右

資産は増えたら左ね

ここで先ほどの取引（商品100円を買い、現金を払った）をみると、①**商品が増えて**、②**現金が減って**いますよね。

商品も現金も会社の資産です。したがって、**増えた資産（商品）**を仕訳の左側に、**減った資産（現金）**を右側に記入します。

なぜ商品が左側で現金が右側なのかのナゾが解けましたね。

（商　　品）100（現　　金）100

↑商品を買ってきた　　　　↑現金で支払った
　→資産の増加↑　　　　　→資産の減少↓

②**負債**

借金を思い浮かべて！ 返す義務があると思うと気が重い…ですからイメージ的には「負債＝あると気が重いもの」

銀行からの借入金（いわゆる借金）のような、後日お金を支払わなければならない義務は簿記上、**負債**に分類されます。なお、負債は資産とは逆の要素なので、**負債が増えたら仕訳の右側**に、**減ったら仕訳の左側**に記入します。

（負債の減少）×× （負債の増加）××

負　債
↓減ったら左　↑増えたら右

負債は増えたら右！

③資本（純資産）

　会社を開業するにあたって、株主から会社が活動するためのお金（元手）として出資してもらいます。この会社の元手となるものは、簿記上、**資本（純資産）** に分類されます。

> 先立つものがないと会社は活動できません。いわゆる軍資金ですね。

　資本（純資産）は、増えたら仕訳の右側に、減ったら仕訳の左側 に記入します。

（資本の減少）　××　（資本の増加）　××

資本（純資産）
↓減ったら左　↑増えたら右

資本（純資産）は増えたら右！

なお、**資本（純資産）は資産と負債の差** でもあります。

資本（純資産）＝資産（ ☀ ）－負債（ ☁ ）

④収益

　銀行にお金を預けていると利息がついて預金が増えますし、商品をお客さんに売ると現金を受け取るので現金が増えます。

> 通帳の入金欄に記載される「利息10円」というものです。

　利息（受取利息）や売上げのように資産が増える原因となるものは、簿記上、**収益** に分類されます。

> 預金（資産）が増えたのは利息を受け取った（原因）から、現金（資産）が増えたのは商品を売った（原因）から。

　収益は、増えたら（発生したら）仕訳の右側に、減ったら（なくなったら）仕訳の左側 に記入します。

（収益の消滅）　××　（収益の発生）　××

収　　益
↓なくなったら左　↑発生したら右

> 収益が減る（なくなる）ケースはほとんどありません。

収益は発生したら右ね。資産の増加原因だから資産と逆なのね～

第1章　簿記の基礎　7

会社は費用を使って収益を得るので、水（費用）をあげて花（収益）が咲くイメージで！

⑤費用

商売をしていると、電気代や電話代など会社が活動するためにどうしても必要な支出があります。この会社が活動するために必要な支出は、簿記上、**費用**に分類されます。

そして、**費用が増えたら（発生したら）**仕訳の左側に、**減ったら（なくなったら）**仕訳の右側に記入します。

（費用の発生）　××　（費用の消滅）　××

費用が減る（なくなる）ケースはほとんどありません。

費用は発生したら左ね

費　用	
↑発生したら左	↓なくなったら右

なお、**収益から費用を差し引いて、会社のもうけ（利益）を計算する**ことができます。

収益（🌸）－費用（💧）＝利益*
*マイナスの場合は損失

これらの要素が減ったら反対のポジションに記入します。

以上より、5つの要素が増加したときのポジションをまとめると次のとおりです。

とても**重要**

5つの要素が増加したときのポジションをおさえましょう。細かい仕訳のつくり方は仕訳編で学習していきます。

[資産・負債・資本（純資産）の関係]

[収益・費用の関係]

● 仕訳の左側合計と右側合計は必ず一致する！

仕訳のルールに**左側の合計金額と右側の合計金額は必ず一致する**というルールがあります。

> 仕訳のルールその③です。

たとえば次のような仕訳は、左側の記入は1つ、右側の記入は2つですが、それぞれの合計金額は一致しています。

（現　　　　金）　150　（建　　　　物）　100
　　　　　　　　　　　　（固定資産売却益）　 50
　　　　　　　　　　一致　　　　　　　　合計 150

> この仕訳はあとででてきます。いまは左側と右側の金額合計が一致することだけおさえてください。

● 借方と貸方

いままで「左側に記入」とか「右側に記入」など、左側、右側という表現で説明してきましたが、簿記では左側のことを**借方**、右側のことを**貸方**といいます。

借方、貸方には特に意味がありませんので、「かりかた」の「り」が左に向かってのびているので左側、「かしかた」の「し」が右に向かってのびているので右側という感じで覚えておきましょう。

（借　　　　方）　××　（貸　　　　方）　××
　か**り**かた　　　　　　　か**し**かた

● 勘定と転記

仕訳をしたら、勘定科目ごとに次のような表に金額を集計します。

勘定科目ごとに設置

この勘定科目ごとに金額を集計する表を**勘定口座**といい、仕訳から勘定口座に記入することを**転記**といいます。

> ボックス図も同じで
>
> | 勘定科目 |
> |---|
> | 借方 ｜ 貸方 |
>
> を表しています。

> ローマ字のTに形が似ているので、T勘定とかTフォームともいいます。

第1章　簿記の基礎　9

> 勘定口座への詳しい転記方法はCASE 90で学習しますので、ここでは基本的な転記のルールだけ説明しています。

　たとえば、次の仕訳を転記する場合、**借方**の勘定科目が「**商品**」なので、**商品勘定**の**借方**に100（円）と記入します。
　また、**貸方**の勘定科目が「**現金**」なので、**現金勘定**の**貸方**に100（円）と記入します。

問題編
問題1

仕訳編

第2章

商品売買

会社をつくって、さあもうけるぞ!
だけど、売り物がなければ始まらない…。

ここでは、品物を買ってきて、
そしてお客さんに売ったときの
処理についてみていきましょう。

※ 2021年3月発表の2021年度出題区分表により、「分記法」の処理が、出題範囲から外れました。「CASE3、CASE4」および「CASE6のうち分記法による処理」については学習不要となりましたので、ご留意ください。

CASE 3 商品売買

商品を買ってきたときの仕訳（分記法）

雑貨を販売しているゴエモン㈱は、売り物の雑貨をクロキチ㈱から買っています。
今日はコーヒーカップ（商品）を買い、100円を支払いました。
このときの仕訳を考えましょう。

取引 ゴエモン㈱は、クロキチ㈱から商品100円を仕入れ、代金は現金で支払った。

用語 商　品…会社の売り物　仕入れる…商品を買ってくること

● **商品を仕入れたときの仕訳をつくろう！**

雑貨屋さんにおける雑貨など、会社の売り物のことを **商品** といいます。また、自分の会社で売る商品を買ってくることを「商品を仕入れる」といいます。

商品を仕入れるので、会社の **商品（資産）** が増えます。したがって、仕訳の **借方** に **商品** と記入します。

（商　　　　品）100（　　　　　　　　）

資産😊の増加⬆

また、現金で支払っているので会社の **現金（資産）** が減ります。したがって、**貸方** に **現金** と記入します。

CASE3の仕訳

（商　　　　品）100（現　　　　金）100

資産😊の減少⬇

「分記法」という方法で仕訳しています。なお、「分記法とは何か」についてはCASE4で説明します。

資産は増えたら借方に記入します。

資産が減ったら貸方に記入します。

CASE 4 商品売買

商品を売ったときの仕訳(分記法)

買った金額と同じ金額で商品を売っていたのでは商売になりません。そこで、会社は買ってきた金額よりも高い金額で商品を売ります。
ここでは、100円で買った商品を150円で売ったときの仕訳を考えましょう。

取引 ゴエモン㈱は、先日100円で仕入れてきた商品をシロミ㈱に150円で売り上げ、現金150円を受け取った。

用語 売り上げる…商品をお客さんに売ること

● 商品を売り上げたときの仕訳をつくろう！

商品をお客さんに売ることを「商品を売り上げる」といいます。

ゴエモン㈱はシロミ㈱に商品を売り上げて、代わりに現金150円を受け取っているので、会社の**現金(資産)が増えます**。したがって、**借方**に**現金**と記入します。

（現　　　　金）　150　（　　　　　　　）
　資産 ☺ の増加↑

> 仕訳はわかるところからうめていきます。

また、商品を売ったので、会社の**商品(資産)が減っています**。資産が減っているので、**貸方**に**商品**と記入します。

> ここも「分記法」という方法で仕訳しています。

第2章　商品売買　13

なお、100円で仕入れた商品を売っているので、金額は100円です。

| （現　　　金） | 150 | （商　　　品） | 100 |

資産😊の減少⬇

> **仕訳は必ず借方の合計と貸方の合計が一致します。**

ここで、仕訳を見ると左側と右側の金額が一致していません。この差額50円（150円－100円）は、100円のものを150円で売り上げたために生じた差額、いわば会社のもうけ（利益）です。したがって、この50円は**商品売買益**という**収益**の勘定科目で処理します。

> **収益が発生したときは貸方に記入…ですね。**

以上より、CASE4の仕訳は次のようになります。

CASE4の仕訳

| （現　　　金） | 150 | （商　　　　品） | 100 |
| | | （商 品 売 買 益） | 50 |

収益🌸の発生⬆

🔴 分記法とは？

CASE3、CASE4では、商品を仕入れたときや売り上げたときに、**商品（資産）の増加**または**商品（資産）の減少**として、商品を仕入れたときの金額（**仕入原価**といいます）で処理しました。

> **単に「原価」ということもあります。**

また、商品を売り上げたときのもうけ（利益）は**商品売買益（収益）**で処理しました。

このように、商品売買について、**商品（資産）**と**商品売買益（収益）**で処理する方法を**分記法**といいます。

> **商品を売り上げたときに、売り上げた金額（売価といいます）を、仕入原価ともうけ（利益）に分けて記入するので、「分記法」というのです。**

CASE 5 商品売買

商品を仕入れたときの仕訳（三分法）

CASE3と同じ取引（商品の仕入れ）を三分法という方法で仕訳してみましょう。

取引 ゴエモン㈱は、仕入先クロキチ㈱から商品100円を仕入れ、代金は現金で支払った（三分法で処理）。

用語 仕入先…商品を仕入れてくる会社やお店、問屋や市場など

ここまでの知識で仕訳をうめると…

（　　　　　　　　）　　（現　　　　金）　100

⬆ 現金で支払った
→資産の減少⬇

● 3つの勘定科目で処理するから三分法！

三分法とは、商品売買について、**仕入（費用）**、**売上（収益）**、**繰越商品（資産）**の3つの勘定科目によって処理する方法をいいます。

繰越商品について詳しくはCASE114で説明します。

● 商品を仕入れたときの仕訳（三分法）

三分法では、商品を仕入れたときは、**仕入**という**費用**の勘定科目で処理します。

もうけを得るために商品を仕入れてくるので、仕入は費用となります。費用が発生したときは借方に記入します。

| 費用 | 収益 |
| 利益 | |

CASE5の仕訳

（仕　　　入）　100　（現　　　　金）　100

費用の発生 ⬆

第2章 商品売買　15

CASE 6 商品売買

商品を売り上げたときの仕訳（三分法）

今度はCASE4と同じ取引（商品の売上げ）を三分法という方法で仕訳してみましょう。

取引 ゴエモン㈱は、100円で仕入れた商品を得意先シロミ㈱に150円で売り上げ、代金は現金で受け取った（三分法で処理）。

用語 得意先…商品を買ってくれている会社やお店。お客さんのこと。継続的にたくさん買ってくれる人を「お得意様」といいますよね

ここまでの知識で仕訳をうめると…

（現　　　　金）　150　（　　　　　　　　）

↑現金で受け取った → 資産の増加↑

● 商品を売り上げたときの仕訳（三分法）

三分法では、商品を売り上げたときは、**売上**という**収益**の勘定科目で処理します。したがって、**貸方**に売上と記入します。なお、150円で売り上げているので、金額は150（円）と記入します。

収益が発生したときは貸方に記入します。

CASE6の仕訳

（現　　　　金）　150　（売　　　　上）　150

収益の発生↑

先ほどみた分記法では、商品を売り上げたときに、そのつど商品の仕入原価（100円）と売価（150円）から商品売買益を計算していましたが、三分法で処理する場合は、売り上げたときは売価で売上（収益）を計上するだけなので、手間がかからないというメリットがあります。

◆分記法による仕訳

◆三分法による仕訳

　なお、3級では三分法での出題が大半を占めるため、このテキストでは三分法を前提に説明します。

ですから、「仕入れた」とあったら「仕入」で、「売り上げた」とあったら「売上」で処理してください。

CASE 7 商品売買

掛けで仕入れたときの仕訳

ゴエモン㈱は、クロキチ㈱から頻繁に商品を仕入れるようになったため、仕入れのつど現金で支払うことが面倒になってきました。そこで、今後は1か月分の仕入代金をまとめてあとで支払うことにしました。

取引 ゴエモン㈱は、仕入先クロキチ㈱より商品100円を仕入れ、代金は掛けとした。

用語 掛け…（仕入れの場合）商品の代金をあとで支払うこと

ここまでの知識で仕訳をうめると…

（仕　　　入）　100　（　　　　　　　）

↰ 商品を仕入れた → 費用 の発生 ↑

● 掛けとは？

頻繁に商品を仕入れている場合、一定期間（1か月など）に仕入れた代金をまとめてあとで支払うことがあります。このように商品の代金をあとで支払う（売上げの場合は代金をあとで受け取る）ことを**掛け**といいます。

● 掛けで仕入れたときの仕訳

商品を仕入れて、代金を掛けとした場合、仕入側（ゴエモン㈱）はあとで代金を支払わなければなりません。この**あとで代金を支払わなければならない**とい

「あとで支払わなければならない」と思うと気が重いですよね。ですから買掛金は負債です。

う義務を買掛金（負債）といいます。
　したがって、掛けで仕入れたときは買掛金（負債）が増えるので、貸方に買掛金と記入します。

> 負債の増加は貸方！
>
> | 資　産 | 負　債 |
> |---|---|
> | | 資　本 |

CASE7の仕訳

（仕　　　入）100（買　掛　金）100

　　　　　　　負債の増加↑

● 買掛金を支払ったときの仕訳

　また、買掛金を支払ったときは、「あとで代金を支払わなければならない義務」がなくなるので、買掛金（負債）が減ります。

> 買掛金を支払うことを「買掛金を決済する」といいます。

　したがって、仮にゴエモン㈱がCASE7の買掛金を現金で支払ったとすると、仕訳の借方に買掛金と記入し、貸方には現金と記入します。

（買　掛　金）100（現　　　金）100

　負債の減少↓

第2章　商品売買　19

CASE 8 商品売買

掛けで売り上げたときの仕訳

いままでゴエモン㈱は、得意先のシロミ㈱に対して商品を売るごとに現金で支払ってもらっていましたが、取引回数も増えてきたので、今後は1か月間の売上代金をあとでまとめて受け取ることにしました。

取引　ゴエモン㈱は、商品150円を得意先シロミ㈱に売り上げ、代金は掛けとした。

用語　掛　け…（売上げの場合）代金をあとで受け取ること

ここまでの知識で仕訳をうめると…

（　　　　　　　）　（売　　　上）　150

　　　　　　　　　　　↑商品を売り上げた
　　　　　　　　　　　→収益 の発生 ↑

●掛けで売り上げたときの仕訳

　商品を売り上げて、代金を掛け（あとで受け取る）としたとき、売上側（ゴエモン㈱）はあとで代金を受け取ることができます。この**あとで代金を受け取ることができる権利**を**売掛金（資産）**といいます。
　したがって、掛けで売り上げたときは**売掛金（資産）**が増えるので、借方に売掛金と記入します。

「あとでお金がもらえる」と思うとうれしいですよね。ですから売掛金は資産です。

CASE8の仕訳

（売　掛　金）　150　（売　　　上）　150

資産 の増加↑

● 売掛金を回収したときの仕訳

また、売掛金を回収したときは、「あとで代金を受け取れる権利」がなくなるので、**売掛金（資産）が減ります**。

したがって、仮にゴエモン㈱がCASE8の売掛金を現金で回収したとすると、仕訳の<u>貸方</u>に<u>売掛金</u>と記入し、<u>借方</u>には<u>現金</u>と記入します。

（現　　　金）　150　（売　掛　金）　150

資産 の減少↓

問題編
問題2、3

第2章 商品売買　21

CASE 9 商品売買

クレジット払いで商品を売り上げたときの仕訳

ゴエモン㈱では、一般のお客さんに商品を販売するさい、現金払いだけでなく、クレジット払いにも対応できるようにしました。クレジット払いで商品を売り上げたとき、ふつうに売掛金（資産）で処理してよいのでしょうか？

> **取引** 商品100円をクレジット払いの条件で販売した。なお、信販会社への手数料（販売代金の2%）は販売時に計上する。

これまでの知識で仕訳をうめると…

（　　　　　　）　（売　　　上）　100

商品を売り上げた
→収益🌸の発生⬆

●クレジット売掛金とは

商品を売り上げ、代金の支払いがクレジット・カードで行われたときは、（クレジットによる）あとで代金を受け取れる権利が発生します。この（クレジットによる）あとで代金を受け取れる権利を**クレジット売掛金（資産）**といいます。

売掛金の仲間なので、資産です。

資　産	負　債
	資　本

●クレジット払いで商品を売り上げたときの仕訳

商品を売り上げ、代金の支払いがクレジット・カードで行われたときは、（クレジットによる）あとで代

金を受け取れる権利を**クレジット売掛金（資産）**で処理します。

（クレジット売掛金）	（売	上）	100

資産💠の増加⬆

なお、代金の支払いがクレジット・カードで行われる場合、会社は信販会社に決済手数料を支払います。この決済手数料は**支払手数料（費用）**で処理します。

> 「支払〜」は費用の勘定科目！
>
> | 費 用 | |
> |---|---|
> | 利 益 | 収 益 |

CASE9で計上する支払手数料

・100円 × 2% = 2円

CASE9の仕訳

（クレジット売掛金）	98	（売	上）	100
（支払手数料）	2			

費用💦の発生⬆

> 手数料が差し引かれた残額をあとで受け取ることができるので、クレジット売掛金の金額は販売代金から手数料を差し引いた金額となります。

🔴 代金が入金されたときの仕訳

後日、信販会社から商品代金が入金されたときには、**クレジット売掛金（資産）**を減少させます。

仮に、CASE9について、商品代金が入金されたとした場合の仕訳は次のようになります。

（現 金 な ど）	98	（クレジット売掛金）	98

> 🔄 問題編 🔄
> 問題4

第2章 商品売買 23

CASE 10 商品売買

商品の返品があったときの仕訳

ゴエモン㈱は先日、クロキチ㈱から掛けで商品を仕入れました。
ところが、このうち10円分について注文した商品と違うものが届いていたため、それをクロキチ㈱に返品しました。

取引 ゴエモン㈱は、クロキチ㈱より掛けで仕入れた商品100円のうち10円を品違いのため、返品した。

用語 返　品…商品を返すこと

●仕入れた商品を返品したときの仕訳

　注文した商品と違う商品が送られてきたときは、商品を返品します。このように、いったん仕入れた商品を仕入先に返品することを**仕入戻し**といいます。

　仕入戻しをしたときは、返品分の商品の仕入れがなかったことになるため、**返品分の仕入を取り消します。**

● 売り上げた商品が返品されたときの仕訳

CASE10をクロキチ㈱の立場からみると、いったん売り上げた商品が得意先（ゴエモン㈱）から返品されたことになります。

このように、いったん売り上げた商品が得意先から返品されることを**売上戻り**といいます。

売上戻りがあったときには、返品分の商品の売上げがなかったことになるため、**返品分の売上を取り消します**。

◆売り上げたときの仕訳

考え方は仕入戻しと同じです。

→ 問題編 ←
問題5

CASE 11 商品売買

仕入諸掛り（当社負担）の仕訳

ゴエモン㈱は、クロキチ㈱で買った商品（100円）を会社まで配送してもらうことにしました。そして、この配送にかかる費用（10円）は現金で支払いました。

取引 クロキチ㈱より商品100円を仕入れ、代金は掛けとした。なお、引取運賃（当社負担）10円を現金で支払った。

用語 引取運賃…商品を仕入れる（配送してもらう）際にかかった運賃
当社負担…当社（ゴエモン㈱）の費用として処理すること

ここまでの知識で仕訳をうめると…

（仕 入）	（買 掛 金）	100
	（現 金）	10

● 仕入諸掛り（当社負担）の仕訳

商品を仕入れるときにかかった、運送会社に対する運賃や保険料などの費用を**仕入諸掛り**といいます。

仕入諸掛りは商品の仕入れにかかった費用なので、商品の仕入原価に含めて処理します。

とても重要

CASE11の仕訳

（仕 入）	110	（買 掛 金）	100
		（現 金）	10

仕入諸掛りを含める

CASE 12 商品売買

売上諸掛り（当社負担）の仕訳

お客さんへのサービスとして商品の送料を売主が負担することがあります。
ゴエモン㈱でも、商品の発送にかかる費用はゴエモン㈱が負担することにしています。

取引 シロミ㈱へ商品150円を売り上げ、代金は掛けとした。なお、発送運賃（当社負担）10円を現金で支払った。

用語 発送運賃…商品を売り上げ、発送する際にかかった運賃

ここまでの知識で仕訳をうめると…

（売　掛　金）	150	（売　　　上）	150
（　　　　　）		（現　　　金）	10

● 売上諸掛り（当社負担）の仕訳

　商品を発送する際にかかった運送会社に対する運賃や保険料などの費用を**売上諸掛り**といい、**売上諸掛りを当社（ゴエモン㈱）が負担したときは、発送費（費用）として処理**します。

とても**重要**

発送にかかった費用なので、「発送費」ですね。

CASE12の仕訳

（売　掛　金）	150	（売　　　上）	150
（発　送　費）	10	（現　　　金）	10

費用 の発生↑

⇔ 問題編 ⇔
問題6

第2章 商品売買

三分法による商品売買（仕入）のまとめ　《一連の流れ》

CASE5、7、11
商品の仕入時

・仕入（費用）で処理
・仕入諸掛り（当社負担）は仕入原価に含める

（仕　　　入）	110	（買　掛　金）	100
		（現　　　金）	10

CASE7
買掛金の支払時

・買掛金（負債）の減少として処理

（買　掛　金）	100	（現　　　金）	100

CASE10
返品時

・返品分の仕入を取り消す

（買　掛　金）	10	（仕　　　入）	10

三分法による商品売買（売上）のまとめ　《一連の流れ》

CASE6、8、12
商品の売上時

・売上（収益）で処理
・売上諸掛り（当社負担）は発送費（費用）で処理

（売　掛　金）	150	（売　　　上）	150
（発　送　費）	10	（現　　　金）	10

CASE8
売掛金の回収時

・売掛金（資産）の減少として処理

（現　　　金）	150	（売　掛　金）	150

CASE10
返品時

・返品分の売上を取り消す

（売　　　上）	10	（売　掛　金）	10

クレジット売掛金のまとめ《一連の流れ》

CASE9
商品の売上時

・クレジット売掛金（資産）で処理
（クレジット売掛金）　　98　　（売　　　　上）　100
（支 払 手 数 料）　　　 2

CASE9
代金の入金時

・クレジット売掛金（資産）の減少
・商品代金と入金額との差額は支払手数料（費用）で処理
（現 金 な ど）　　98　　（クレジット売掛金）　　98

この章で新たにでてきた勘定科目

資　産	負　債	費　用	収　益	その他
商　　　品 現　　　金 売　掛　金 クレジット売掛金	買　掛　金 **資本（純資産）** ―	仕　　　入 発　送　費 支払手数料	商品売買益 売　　　上	―

第2章　商品売買　29

仕訳編

第3章
現　金

お財布の中にある百円玉、千円札、壱万円札…。
これらの硬貨や紙幣は現金で処理する…。
でも、硬貨や紙幣以外にも、
簿記では現金として処理するものがあるんだって。びっくり！

ここでは現金の処理についてみていきましょう。

CASE 13 現金

他人振出小切手を受け取ったときの仕訳

ドラマでお金持ちが、小切手に金額を記入して相手に渡すシーンを見たことがありませんか？ ゴエモン㈱は今日、初めてシロミ㈱から小切手というものを受け取りました。このときの仕訳を考えてみましょう。

取引 ゴエモン㈱は、シロミ㈱に商品150円を売り上げ、代金は同社振出の小切手で受け取った。

用語 小切手…現金に代わる支払手段
　　　　振り出す…小切手に金額などを記入して相手に渡すこと

 ここまでの知識で仕訳をうめると…

(　　　　　　) 150 （売　　　　上） 150

↑商品を売り上げた

●他人が振り出した小切手を受け取ったときの仕訳

　小切手は、振り出した人（シロミ㈱）が「この小切手を持ってきた人（ゴエモン㈱）に、この金額を支払ってください」と銀行にお願いするための証券です。

　ですから、ゴエモン㈱がその小切手を銀行に持っていけば、現金に換えることができます。

　そこで、他人（シロミ㈱）が振り出した小切手は、現金と同様に扱います。したがって、他人振出の小切手（他人振出小切手）を受け取ったときは、現金（資産）が増えたとして処理します。

とても重要
当社（ゴエモン㈱）が振り出した小切手の処理はCASE20で説明します。

CASE13の仕訳

（現　　　　金）	150	（売　　　　上）	150

資産 😊 の増加↑

🔴 他人が振り出した小切手で支払ったときの仕訳

　他人振出小切手は現金と同様に扱うので、持っている他人振出小切手で仕入代金などを支払うことができます。

　他人振出小切手で仕入代金などを支払った場合は、**現金（資産）が減った**として処理します。したがって、仮にゴエモン㈱が仕入先から商品150円を仕入れ、シロミ㈱から受け取った小切手で代金を支払ったとすると、次のような仕訳になります。

（仕　　　　入）	150	（現　　　　金）	150

資産 😊 の減少↓

🔴 小切手のほかにも現金として扱うものがある！

　他人振出小切手のように、一般的には現金（紙幣や硬貨）ではないけれども、簿記上、現金として扱うものを**通貨代用証券**といいます。

　通貨代用証券は、他人振出小切手のほか、**送金小切手**（送金手段として銀行が振り出す小切手）や**郵便為替証書**（送金手段として郵便局で取り扱うもの）などがあります。

簿記上、現金として扱うもの

- 他人振出小切手
- 送金小切手
- 郵便為替証書　など

⇔ 問題編 ⇔
問題7

第3章　現　金　33

CASE 14 現金過不足

現金の帳簿残高と実際有高が異なるときの仕訳

家計簿をつけていて、家計簿上あるべき現金の金額と、実際にお財布の中にある現金の金額が違っていることがありますよね。
これと同じことが会社で起こった場合の仕訳を考えてみましょう。

取引 5月10日　現金の帳簿残高は120円であるが、実際有高を調べたところ100円であった。

用語　**帳簿残高**…帳簿（会社の日々の活動を記録するノート）において、計算上、あるべき現金の金額
　　　実際有高…会社の金庫やお財布に実際にある現金の金額

● 実際にある現金の金額が帳簿の金額と違うとき

会社では、定期的に帳簿上の現金の残高（帳簿残高）と実際に会社の金庫やお財布の中にある現金の金額（実際有高）が一致しているかどうかをチェックします。そして、もし金額が一致していなかったら、**帳簿残高が実際有高に一致するように修正**します。

帳簿残高＞実際有高の場合ですね。

● 現金の実際有高が帳簿残高よりも少ない場合の仕訳

CASE14では、現金の帳簿残高が120円、実際有高が100円なので、帳簿上の現金20円（120円－100円）を減らすことにより、現金の実際有高に一致させます。

（　　　　　）　　　　（現　　金）　　20

なお、借方（相手科目）は、**現金過不足**という勘定科目で処理します。

CASE14の仕訳

（現 金 過 不 足）　20　（現　　　　　金）　20

● 現金の実際有高が帳簿残高よりも多い場合の仕訳

一方、現金の実際有高が帳簿残高よりも多いときは、帳簿上の現金を増やすことにより、帳簿残高と実際有高を一致させます。

したがって、CASE14の現金の帳簿残高が100円で、実際有高が120円だった場合の仕訳は、次のようになります。

（現　　　　　金）　20　（現 金 過 不 足）　20

考え方
①実際有高のほうが20円（120円－100円）多い
　→ 帳簿残高を20円増やす → 借方
②貸方 → 現金過不足

CASE 15 現金過不足

現金過不足の原因が判明したときの仕訳

そうだ！電話代を払ったんだ！

ゴエモン㈱は、先日見つけた現金過不足の原因を調べました。
すると、電話代（通信費）を支払ったときに、帳簿に計上するのを忘れていたことがわかりました。

取引 5月25日　5月10日に生じていた現金の不足額20円の原因を調べたところ、10円は通信費の計上漏れであることがわかった。なお、5月10日に次の仕訳をしている。

（現　金　過　不　足）　20　（現　　　　金）　20

用語 通信費…電話代や郵便切手代など

● 原因が判明したときの仕訳（借方の場合）

現金過不足が生じた原因がわかったら、正しい勘定科目で処理します。
CASE15では、本来計上すべき通信費が計上されていない（現金過不足が借方に生じている）ので、**通信費（費用）**を計上します。

（通　信　費）　10　（　　　　　　）

費用の発生↑

費用の発生は借方！

これで、現金過不足が解消したので、**借方**に計上している現金過不足を減らします（**貸方**に記入します）。

CASE15の仕訳

（通　信　費）　10　（現金過不足）　10

原因が判明した分（10円）だけ現金過不足を減らします。

● 原因が判明したときの仕訳（貸方の場合）

　なお、現金過不足が**貸方**に生じていた（実際の現金のほうが多かった）ときは、正しい勘定科目で処理するとともに、**貸方**に計上している現金過不足を減らします（**借方**に記入します）。

　したがって、現金過不足20円が貸方に生じていて、そのうち10円の原因が売掛金の回収の記帳漏れだった場合の仕訳は、次のようになります。

（現　金　過　不　足）　10　（売　掛　金）　10

考え方
① 売掛金の回収 → 売掛金を減らす → 貸方
② 現金過不足の解消 → 現金過不足を減らす（借方に記入）

第3章　現　金　37

CASE 16 現金過不足

現金過不足の原因が決算日まで判明しなかったときの仕訳

この現金過不足の原因、やっぱりわからないニャ。

今日は会社の締め日（決算日）です。でも、ゴエモン㈱の帳簿には、いまだに原因がわからない現金過不足が10円（借方）あります。
この現金過不足はこのまま帳簿に計上しておいてよいのでしょうか。

取引 3月31日　決算日において現金過不足（借方）が10円あるが、原因が不明なので、雑損として処理する。

用語 決算日…会社のもうけを計算するための締め日
　　　　雑　損…特定の勘定科目に該当しない費用（損失）

決算整理
決算編で再登場！

●決算とは

　会社は一定期間（通常は1年）に一度、締め日（**決算日**）を設けて、1年間のもうけや資産・負債の状況をまとめる必要があります。このとき行う手続きを**決算**とか**決算手続**といい、決算において行う仕訳を**決算整理（仕訳）**といいます。

> 決算については決算編でも学習します。

> 3級で学習する決算手続きは9つあります。そのうちの1つが現金過不足の処理です。

●決算日まで原因がわからなかった現金過不足の処理

　現金過不足は、原因が判明するまでの一時的な勘定科目なので、その原因が判明しないからといって、いつまでも帳簿に残しておくことはできません。そこで、**決算日において原因が判明しないものは、雑損（費用）または雑益（収益）として処理**します。

とても重要

決算日における現金過不足（借方）の仕訳

CASE16 では、**借方**に現金過不足が残っているので、決算日においてこれを減らします（**貸方**に記入します）。

決算整理前 現金過不足		決算整理後 現金過不足	
10円		10円	10円減らす

|（　　　　　　）| |（現 金 過 不 足）| 10 |

ここで仕訳を見ると**借方**があいているので、**費用**の勘定科目を記入することがわかります。したがって、借方に**雑損（費用）**と記入します。

> CASE16 では「雑損とする」と指示がありますが、実際の問題では、雑損か雑益かは自分で判断しなければなりません。

CASE16の仕訳

|（雑　　　　損）| 10 |（現 金 過 不 足）| 10 |

費用の⤴発生⬆

> 「〜損」は費用の勘定科目です。
> | 費用 | 収益 |
> | 利益 | |

決算日における現金過不足（貸方）の仕訳

なお、決算日において、**貸方**に現金過不足が残っているときは、これを減らし（**借方**に記入し）、**貸方**に**雑益（収益）**と記入します。

したがって、CASE16 の現金過不足が貸方に残っている場合の仕訳は次のようになります。

|（現 金 過 不 足）| 10 |（雑　　　　益）| 10 |

> 「〜益」は収益の勘定科目です。
> | 費用 | 収益 |
> | 利益 | |

考え方

① 現金過不足を減らす（借方に記入）
② 貸方があいている → 収益🌸の勘定科目 → 雑益

決算整理前 現金過不足		決算整理後 現金過不足	
	10円	10円減らす	10円

⊖ 問題編 ⊖
問題8、9

第3章 現金 39

現金過不足のまとめ《一連の流れ》

CASE14
現金過不足の
発生時

・現金の帳簿残高が実際有高に一致するように帳簿上の現金を調整
・相手科目は現金過不足で処理

帳簿残高＞実際有高のとき	帳簿残高＜実際有高のとき
（現 金 過 不 足） 20	（現　　　　　金） 20
（現　　　　　金） 20	（現 金 過 不 足） 20

CASE15
原因判明時

・正しい勘定科目で処理するとともに、現金過不足を減らす

帳簿残高＞実際有高のとき	帳簿残高＜実際有高のとき
（通 信 費 な ど） 10	（現 金 過 不 足） 10
（現 金 過 不 足） 10	（売 掛 金 な ど） 10

CASE16
決算日
（原因不明）

・現金過不足を減らすとともに、雑損または雑益として処理

帳簿残高＞実際有高のとき	帳簿残高＜実際有高のとき
（雑　　　　　損） 10	（現 金 過 不 足） 10
（現 金 過 不 足） 10	（雑　　　　　益） 10

この章で新たにでてきた勘定科目

資　産	負　債
	―
―	**資本（純資産）**
	―

費　用	収　益
通 信 費 雑　　損	雑　　　益

その他
現金過不足

40

仕訳編

第4章

普通預金、定期預金、当座預金、当座借越

普通預金や定期預金は、私たち個人の生活でよく利用するものだけど、
商売用の預金には当座預金というものがあるらしい…。

ここでは普通預金、定期預金、当座預金の処理のほか、
当座借越の処理についてもみていきましょう。

CASE 17 普通預金

普通預金口座に預け入れたときの仕訳

ゴエモン㈱は、手許にある現金100円を東西銀行の普通預金口座に預け入れました。
この場合、どのような処理をしたらよいのでしょうか？

取引 ゴエモン㈱は現金100円を東西銀行の普通預金口座に預け入れた。

ここまでの知識で仕訳をうめると…

(　　　　　)　（現　　　金）　100

↑手許の現金 が減る↓

資産の増加は借方！
もう覚えましたか？

● 現金を普通預金口座に預け入れたときの仕訳

普通預金はたくさんあるとうれしいもの＝資産です。

したがって、現金を普通預金口座に預け入れたときは、**手許の現金（資産）が減り、普通預金（資産）が増える**ことになります。

CASE17の仕訳

（普　通　預　金）　100　（現　　　金）　100

普通預金 が増える↑

CASE 18 定期預金

定期預金口座に預け入れたときの仕訳

ゴエモン㈱は、東西銀行の普通預金口座から100円を引き出し、定期預金口座に預け入れました。この場合、どのような処理をしたらよいのでしょうか？

取引 ゴエモン㈱は東西銀行の普通預金口座から定期預金口座へ100円を預け入れた。

● 定期預金ってどんな預金？

普通預金は、いつでも預け入れ、引き出しができますが、**定期預金**は原則として満期時のみ引き出しが可能な預金です（預け入れはいつでもできます）。

> 預入期間は1か月、3か月、6か月、1年、2年、5年などがあります。

● 定期預金口座に預け入れたときの仕訳

定期預金は預金の一種なので、たくさんあるとうれしいもの＝資産です。

したがって、普通預金口座から定期預金口座に預け入れた場合には、**普通預金（資産）が減り、定期預金（資産）が増える**ことになります。

> ひとつの会社が複数の銀行に普通預金口座や定期預金口座を開設している場合は、勘定科目に銀行名を入れて、「普通預金—東西銀行」、「定期預金—東西銀行」などとすることもあります。

CASE18の仕訳

（定 期 預 金） 100 （普 通 預 金） 100

定期預金😊が増える⬆　　普通預金😊が減る⬇

> ⇔ 問題編 ⇔
> 問題10

CASE 19 当座預金

当座預金口座に預け入れたときの仕訳

ゴエモン㈱は、取引先への支払いが増えてきました。
そこで、現金による支払いだけでなく、今後は小切手による支払いができるようにしようと、当座預金口座を開くことにしました。

取引 ゴエモン㈱は、東西銀行と当座取引契約を結び、現金100円を当座預金口座に預け入れた。

用語 **当座預金**…預金の一種で、預金を引き出す際に小切手を用いることが特徴

●当座預金ってどんな預金？

当座預金とは、預金の一種で、預金を引き出すときに小切手を用いることが特徴です。

> ほかに「利息がつかない」という特徴もあります。

●現金を当座預金口座に預け入れたときの仕訳

当座預金は預金の一種なので、たくさんあるとうれしいもの＝資産です。

したがって、現金を当座預金口座に預け入れたときは、**手許の現金（資産）が減り、当座預金（資産）が増える**ことになります。

CASE19の仕訳

（当　座　預　金）　100　（現　　　　金）　100

当座預金 😊 が増える↑　　　手許の現金 😊 が減る↓

CASE 20 当座預金

小切手を振り出したときの仕訳

当座預金口座を開設したゴエモン㈱は、クロキチ㈱に対する買掛金の支払いを小切手で行うことにしました。
そこで、さっそく銀行からもらった小切手帳に金額とサインを記入して、クロキチ㈱に渡しました。

取引 ゴエモン㈱はクロキチ㈱に対する買掛金100円を支払うため、小切手を振り出して渡した。

ここまでの知識で仕訳をうめると…

（買　掛　金）100　（　　　　　　　）

⬆買掛金😢の支払い⬇

● 小切手を振り出したときの仕訳

　小切手を受け取った人（クロキチ㈱）は、銀行にその小切手を持っていくと、現金を受け取ることができます。そして、その現金は小切手を振り出した人（ゴエモン㈱）の当座預金口座から引き出されます。

第4章　普通預金、定期預金、当座預金、当座借越　45

したがって、小切手を振り出した人（ゴエモン㈱）は、小切手を振り出したときに**当座預金が引き出されたとして、当座預金（資産）**を減らします。

CASE20の仕訳

（買　掛　金）	100	（当　座　預　金）	100

資産😊の減少⬇

● 自己振出小切手を受け取ったときの仕訳

なお、自分が振り出した小切手（**自己振出小切手**）を受け取ったときは、当座預金（資産）が増えたとして処理します。したがって、売掛金100円の回収にあたって、以前に自分が振り出した小切手を受け取ったという場合の仕訳は、次のようになります。

> 小切手を振り出したとき、当座預金の減少で処理しているので、その反対です。

（当　座　預　金）	100	（売　掛　金）	100

考え方

①売掛金の回収 → 売掛金😊の減少⬇ → 貸方
②自己振出小切手を受け取った
　　　→ 当座預金😊の増加⬆→ 借方

● だれが振り出したかで小切手の処理が異なる！

以上のように、**自己振出小切手**は**当座預金**で処理しますが、**他人振出小切手**は**現金**で処理します。

このように、小切手の処理は「だれが振り出したか」によって異なるので、注意しましょう。

> 他人振出小切手はCASE13で学習しました。

> ただし、受け取った他人振出小切手をただちに当座預金口座に預け入れた場合などは、当座預金の増加で処理します。

⊜ 問題編 ⊜
問題11

とても重要

違いに注意！

・自己振出小切手…当座預金で処理

・他人振出小切手…現金で処理

CASE 21 当座借越

当座預金の残高を超えて引き出したときの仕訳

「普通は当座預金の残高を超える引き出しはできませんが、当座借越契約を結んでおけば当座預金の残高を超える引き出しができますよ」と銀行の担当者が言うので、ゴエモン㈱はさっそく、そのサービスを利用することにしました。

取引 ゴエモン㈱は買掛金120円を小切手を振り出して支払った。なお、当座預金の残高は100円であったが、ゴエモン㈱は東西銀行と借越限度額300円の当座借越契約を結んでいる。

用語 当座借越…当座預金の残高を超えて当座預金を引き出すこと

ここまでの知識で仕訳をうめると…

（買　掛　金）　120　（　　　　　　　）

⬆買掛金 の支払い⬇

● 当座借越とは

　通常、当座預金の残高を超えて当座預金を引き出すことはできませんが、銀行と当座借越契約という契約を結んでおくと、一定額（CASE21では300円）までは、当座預金の残高を超えて当座預金を引き出すことができます。

　このように、当座預金の残高を超えて当座預金を引き出すことを、**当座借越**といいます。

●当座預金残高を超えて引き出したときの仕訳

当座預金の残高を超えて引き出したときでも、**当座預金（資産）の減少**で処理します。

CASE21の仕訳

（買　掛　金）　120（当　座　預　金）　120

資産😊の減少↓

小切手振出前 当座預金😊		小切手振出後 当座預金😊
残高100円	▶	残高100円→
		貸方残高20　　120円を減らす

48

CASE 22 当座借越

決算日において、当座預金が貸方残高のときの仕訳

今日は会社の決算日です。
ゴエモン㈱では、当座預金口座の残高を超えて小切手を振り出しているので、当座預金がマイナスの状態(貸方残高)です。
この場合、決算日にどのような処理をするのでしょうか?

取引 3月31日 決算日において当座預金が20円の貸方残高であるため、当座借越に振り替える。

● 決算日において当座借越が生じているときの仕訳

決算日において当座借越が生じている(当座預金が貸方残高である)ときは、貸方の当座預金を**当座借越(負債)**に振り替えます。

具体的には、貸方に残っている当座預金を借方に記入します。

当座借越は銀行から借り入れているのと同じなので、負債です。

「振り替える」とは、ある勘定科目の金額を、別の勘定科目に移す処理のことをいいます。

決算整理前	当座預金		決算整理後	当座預金	
		20円		20円	← 20円

(当 座 預 金)　20　(　　　　　)

そして、貸方に**当座借越(負債)**を記入します。

第4章 普通預金、定期預金、当座預金、当座借越　49

CASE22の仕訳

（当 座 預 金） 20 （当 座 借 越） 20

負債の増加↑

> 当座借越（負債）で処理するか、借入金（負債）で処理するかは、問題文の指示にしたがってください。

なお、当座借越は、銀行から資金を借り入れている状態なので、**借入金（負債）** で処理することもあります。

● 再振替仕訳

決算日において、貸方の当座預金を**当座借越（負債）** に振り替えたときは、翌期首（翌期の期首）に前期の決算日に行った仕訳の逆仕訳をして振り戻します。この仕訳を**再振替仕訳**といいます。

◆決算日の仕訳

（当 座 預 金） 20 （当 座 借 越） 20

逆の仕訳

再振替仕訳

（当 座 借 越） 20 （当 座 預 金） 20

⇔ 問題編 ⇔
問題12

普通預金、定期預金のまとめ

CASE17
普通預金口座
への預入時

・普通預金（資産）の増加として処理
（普 通 預 金）　100　（現　　　　金）　100

CASE18
定期預金口座
への預入時

・定期預金（資産）の増加として処理
（定 期 預 金）　100　（普通預金など）　100

当座預金のまとめ《一連の流れ》

CASE19
当座預金口座
への預入時

・当座預金（資産）の増加として処理
（当 座 預 金）　100　（現　　　　金）　100

CASE20
小切手の
振出時

・当座預金（資産）の減少として処理
（買 掛 金 な ど）　100　（当 座 預 金）　100

当座借越のまとめ《一連の流れ》

CASE21
当座預金
の引出時

（買 掛 金 な ど）　120　（当 座 預 金）　120

CASE22
決算時

・決算において当座預金が貸方残高のときは当座借越（負
債）または借入金（負債）に振り替える
（当 座 預 金）　20　（当 座 借 越）　20
　　　　　　　　　　　　　　　　または借入金

CASE22
翌期首

・再振替仕訳（前期の決算日に行った仕訳の逆仕訳）
（当 座 借 越）　20　（当 座 預 金）　20
　　または借入金

第4章　普通預金、定期預金、当座預金、当座借越　51

この章で新たにでてきた勘定科目

資　産	負　債	費　用	収　益	その他
普通預金 定期預金 当座預金	当座借越 借入金 資本（純資産） —	—	—	—

仕訳編

第5章

小口現金

バス代や文房具代など、こまごまとした支払いは日々生じる…。
だから少額の現金（小口現金）を手許においておく必要があるんだ。

ここでは小口現金の処理についてみていきましょう。

CASE 23 小口現金

小口現金を前渡ししたときの仕訳

ゴエモン㈱では、盗難防止のため、受け取った現金は当座預金口座に預け入れています。しかし、電車代や文房具代などの細かい支払いは日々生じるため、少額の現金を手許に残し、小口現金として管理することにしました。

取引 6月1日　ゴエモン㈱では定額資金前渡法を採用し、小口現金500円を、小切手を振り出して小口現金係に渡した。

用語 定額資金前渡法…一定の金額の現金を小口現金係に前渡ししておく方法
小口現金…日々の細かい支払いのために手許においておく少額の現金

ここまでの知識で仕訳をうめると…

（　　　　　　　　）　（当　座　預　金）　500

　　　　　　　　　　　　↑小切手を振り出した
　　　　　　　　　　　　→当座預金の減少

● 小口現金ってどんな現金？

　企業の規模が大きくなると、経理部や営業部などの部署が設けられます。お金の管理は経理部で行いますが、営業部の社員が取引先に行くための電車代を支払ったり、事務で必要な文房具を買うために、いちいち経理部に現金をもらいにいくのは面倒です。
　そこで、通常、日々生じる細かい支払いに備えて、各部署や各課に少額の現金を手渡しておきます。この少額の現金のことを**小口現金**といいます。

また、各部署や各課で小口現金を管理する人を**小口現金係**といいます。

> 会社全体のお金を管理して取引を仕訳する人は会計係といいます。部署でいうなら経理部ですね。

　会計係は、一定期間（1週間や1か月）後に小口現金係から何にいくら使ったかの報告を受け、使った分だけ小口現金を補給します。このように一定の小口現金を前渡ししておくシステムを、**定額資金前渡法**（インプレスト・システム）といいます。

● 小口現金を前渡ししたときの仕訳
　小口現金は現金の一種なので、資産です。したがって、小口現金として前渡ししたときは、**小口現金（資産）の増加**として処理します。

CASE23の仕訳

（小　口　現　金）　500　（当　座　預　金）　500

資産の増加↑

第5章　小口現金　55

CASE 24

小口現金

小口現金係が小口現金で支払ったときの仕訳

ゴエモン㈱で小口現金の管理を任されている小口現金係のミケ君は、今日、文房具100円とお客さん用のお茶菓子200円を買い、小口現金で支払いました。

> **取引** 6月4日　小口現金係が文房具代（消耗品費）100円とお茶菓子代（雑費）200円を小口現金で支払った。
>
> **用語** **消耗品費**…ボールペンやコピー用紙など、一度使うとなくなってしまうもの（消耗品）の代金
> 　　　**雑　費**…どの勘定科目にもあてはまらない、少額で重要性の低い費用

● 小口現金係が小口現金で支払ったときの仕訳

　小口現金係が小口現金で支払いをしたとしても、小口現金係が帳簿に仕訳をするわけではありません。

　したがって、小口現金係が小口現金で支払ったときにはなんの仕訳もしません。

> 帳簿に記録するのは、あくまでも会計係（経理部）で、小口現金係はメモに残しておき、あとで会計係に報告します。

CASE24の仕訳

仕　訳　な　し

CASE 25 小口現金

会計係が小口現金係から支払報告を受けたときの仕訳

ゴエモン㈱ではゴエモン君が会計係として会社の帳簿をつけています。今日、小口現金係のミケ君から今週の小口現金の支払報告を受けました。

取引 6月5日 小口現金係より、文房具代（消耗品費）100円とお茶菓子代（雑費）200円を小口現金で支払ったという報告を受けた。なお、小口現金係に前渡ししている金額は500円である。

● 会計係が支払報告を受けたときの仕訳

会計係は、小口現金係から一定期間（1週間や1か月）に使った小口現金の金額とその内容の報告を受け、仕訳をします。

CASE25では、消耗品費100円と雑費200円に小口現金を使っているので、小口現金300円（100円＋200円）を減らすとともに、**消耗品費**と**雑費**を計上します。

> この時点で会計係に支払いの内容が伝わるので、会計係が仕訳します。

CASE25の仕訳

（消 耗 品 費）	100	（小 口 現 金）	300
（雑 　　　 費）	200		

> ○○費とつくのは費用の勘定科目です。
>

第5章 小口現金　57

CASE 26 小口現金

会計係が小口現金を補給したときの仕訳

今日は月曜日。ゴエモン㈱では金曜日に小口現金の支払報告を受け、次週の月曜日に使った分だけ補給するようにしています。
そこで、先週使った分(300円)の小切手を振り出し、小口現金を補給しました。

取引 6月8日　先週の小口現金係の支払報告に基づいて、小口現金300円を小切手を振り出して補給した。なお、ゴエモン㈱では定額資金前渡法を採用しており、小口現金として500円を前渡ししている。

● 会計係が小口現金を補給したときの仕訳

定額資金前渡法では、使った分（300円）だけ小口現金を補給します。したがって、補給分だけ**小口現金(資産)の増加**として処理します。

> 使った分（300円）だけ補給することにより、定額（500円）に戻ります。

CASE26の仕訳

（小　口　現　金）　300　（当　座　預　金）　300

補給前　小口現金
先週末の残高　200円

▶

補給後　小口現金
先週末の残高　200円
補給分　300円
補給後残高　500円

●支払報告と小口現金の補給が同時のときの仕訳

小口現金の補給は、支払報告を受けたときに、ただちに行うこともあります。

> 金曜日に報告を受けて、金曜日に補給するケースですね。

このように支払報告と小口現金の補給が同時のときは、①支払報告時の仕訳（CASE25）と②補給時の仕訳（CASE26）をまとめて行います。

①支払報告時の仕訳（CASE25）

（消 耗 品 費） 100 （小 口 現 金） 300
（雑　　　　費） 200

＋

②補給時の仕訳（CASE26）

（小 口 現 金） 300 （当 座 預 金） 300

↓

③支払報告と補給が同時の場合の仕訳

（消 耗 品 費） 100 （当 座 預 金） 300
（雑　　　　費） 200

> ①の貸方の小口現金と②の借方の小口現金が相殺されて消えます。

問題編
問題13、14

第5章 小口現金 59

小口現金のまとめ《一連の流れ》

CASE23
小口現金
の前渡時

・小口現金（資産）の増加として処理

（小 口 現 金）　500　（当座預金など）　500

CASE24
小口現金
の支払時

・小口現金係が小口現金で支払ったときにはなんの処理もしない

仕訳なし

CASE25
支払報告時

・使った分だけ小口現金の減少として処理

（雑 費 な ど）300
　（小 口 現 金）300

CASE26
支払報告時＝補給時

・支払報告時の仕訳＋補給時の仕訳

（雑 費 な ど）300
　（当座預金など）　300

CASE26
小口現金
の補給時

・使った分だけ小口現金の増加として処理

（小 口 現 金）300
　（当座預金など）　300

この章で新たにでてきた勘定科目

資　産	負　債	費　用	収　益	その他
	ー	消耗品費 雑　　費	ー	ー
小 口 現 金	資本（純資産）			
	ー			

60

仕訳編

第6章

手形と電子記録債権（債務）

今月はちょっと資金繰りが苦しいから、
代金の支払期日をなるべく延ばしたい…。
そんなときは、手形というものを使うといいらしい。
また、なにやら最近では、手形に代わる
決済手段があるらしい…。

ここでは手形と電子記録債権（債務）の処理についてみていきましょう。

CASE 27 約束手形

約束手形を振り出したときの仕訳

今月は資金繰りが少し苦しい状態です。そこで、代金の支払期日を遅らせる手段がないかと調べてみたところ、約束手形を使うとよさそうなことがわかったので、さっそく使ってみることにしました。

取引 ゴエモン㈱は、クロキチ㈱から商品100円を仕入れ、代金は約束手形を振り出して渡した。

用語 約束手形…「いつまでにいくらを支払う」ということを書いた証券

ここまでの知識で仕訳をうめると…

（仕　　　　入）　100　（　　　　　　　）

↑商品を仕入れた

● 約束手形とは？
　約束手形とは、一定の日にいくらを支払うという約束を記載した証券をいいます。

```
No. 12    約 束 手 形     支払期日：代金支払いの期限

         クロキチ株式会社 殿    支払期日   ×1年 9月 30日
                                支払地     東京都港区
約束手形の代金を      金額  ¥100※    支払場所   東西銀行港支店
受け取る人
                 上記金額をあなたまたはあなたの指図人へこの約束手形と引き換えにお支払いいたします。
                        ×1年 7月 10日
                 振出地  東京都港区××
振出人：約束手形を   住 所
振り出した人      振出人 ゴエモン株式会社    ゴエモン
                                            株式会社
```

62

掛け取引の場合の支払期日は取引の日から約1か月後ですが、約束手形の支払期日は、取引の日から2、3か月後に設定することができます。
　したがって、代金を掛けとするよりも約束手形を振り出すほうが、支払いを先に延ばすことができるのです。

● 約束手形を振り出したときの仕訳
　約束手形を振り出したときは、あとで代金を支払わなければならないという義務が生じます。
　この約束手形による代金の支払義務は、**支払手形（負債）**として処理します。

支払手形は負債なので、増えたら貸方！

CASE27の仕訳

（仕　　　　入）　100　（支　払　手　形）　100
　　　　　　　　　　　　負債の増加↑

● 約束手形の代金を支払ったときの仕訳
　また、約束手形の支払期日に手形代金を支払ったときは、代金の支払義務がなくなるので、**支払手形（負債）の減少**として処理します。
　したがって、CASE27の約束手形の代金を、仮に当座預金口座から支払ったとした場合の仕訳は、次のようになります。

（支　払　手　形）　100　（当　座　預　金）　100
負債の減少↓

⇨ 問題編 ⇦
問題15

第6章　手形と電子記録債権（債務）　63

CASE 28 約束手形

約束手形を受け取ったときの仕訳

今日、ゴエモン㈱はシロミ㈱に商品200円を売り上げました。
通常、シロミ㈱とは掛けで取引をしているのですが、今日はシロミ㈱から約束手形を受け取りました。

取引 ゴエモン㈱は、シロミ㈱に商品200円を売り上げ、約束手形を受け取った。

ここまでの知識で仕訳をうめると…

(　　　　　)　（売　　　　上）　200

　　　　　　　　↑商品を売り上げた

● 約束手形を受け取ったときの仕訳

約束手形を受け取ったときは、あとで代金を受け取ることができるという権利が生じます。この約束手形による代金を受け取る権利は、**受取手形（資産）**として処理します。

受取手形は資産なので、増えたら借方！

CASE28の仕訳

（受　取　手　形）　200　（売　　　　上）　200

資産 の増加↑

● 約束手形の代金を受け取ったときの仕訳

　また、約束手形の支払期日に手形代金を受け取ったときは、代金を受け取る権利がなくなるので、**受取手形（資産）の減少**として処理します。

　したがって、CASE28の約束手形の代金が、仮に当座預金口座に振り込まれたとした場合の仕訳は、次のようになります。

（当　座　預　金）200（受　取　手　形）200

資産の減少⬇

● 約束手形を取りまく登場人物の呼び名

　約束手形の取引において、約束手形を振り出した人を**振出人**、約束手形を受け取った人を**受取人**または**名宛人**といいます。

名前は覚えなくても、振り出した側か受け取った側かがわかれば仕訳はつくれます。

➡ 問題編 ⬅
問題16

第6章　手形と電子記録債権（債務）　65

CASE 29 電子記録債権(債務)

電子記録債権とは

これまで手形を用いてきたゴエモン㈱ですが、手形だと紛失のリスクがあり、心配です。なにかいい方法がないかと調べてみたところ、電子記録債権というものを見つけました。

● 電子記録債権とは

電子記録債権は、手形（や売掛金）の問題点を克服した新しい金銭債権です。

電子記録債権は、電子債権記録機関が管理する記録原簿（登記簿のようなもの）に必要事項を登録することによって権利が発生します。

● 電子記録債権の発生方式

電子記録債権の発生方式には、**(1)債務者請求方式**と**(2)債権者請求方式**の2つがありますが、本書では**(1)債務者請求方式**にもとづいて説明していきます。

> 手形の問題点とは…
> ・紛失等のリスクがある
> ・手形振出しの事務処理の手間がかかる
> ・印紙を添付しなければならないので、印紙代がかかる　など
>
> 電子記録債権は、ペーパーレスなので紛失等のリスクはありませんし、事務処理の手間も大幅に省けます。また、印紙の添付も不要です。そのため、近年は手形に代わり電子記録債権が普及しています。

> 細かい内容までおさえておかなくてもOKです。

---

(1) **債務者請求方式**…債務者側（買掛金等がある側）が発生記録の請求を行うことによって電子記録債権が発生する方式

(2) **債権者請求方式**…債権者側（売掛金等がある側）が発生記録の請求を行うことによって電子記録債権が発生する方式。この場合には、一定期間内に債務者の承諾が必要

CASE 30 電子記録債権(債務)
電子記録債権(債務)が発生したときの仕訳

ゴエモン㈱はクロキチ㈱から商品を仕入れており、クロキチ㈱に対する買掛金100円があります。この買掛金の支払いに電子記録債務を用いてみることにしました。

取引 ゴエモン㈱はクロキチ㈱に対する買掛金100円の支払いを電子債権記録機関で行うため、取引銀行を通じて債務の発生記録を行った。

● 電子記録債権(債務)が発生したときの仕訳

発生記録を行うことにより、債権者(クロキチ㈱)には**電子記録債権(資産)**が、債務者(ゴエモン㈱)には**電子記録債務(負債)**が発生します。

したがって、CASE30のクロキチ㈱(債権者)とゴエモン㈱(債務者)の仕訳は次のようになります。

CASE30の仕訳(債権者:クロキチ㈱)の仕訳

(電子記録債権) 100 (売　掛　金) 100

資産の増加↑　　　　資産の減少↓

CASE30の仕訳(債務者:ゴエモン㈱)の仕訳

(買　掛　金) 100 (電子記録債務) 100

負債の減少↓　　　　負債の増加↑

第6章 手形と電子記録債権(債務) 67

CASE 31 電子記録債権(債務)
電子記録債権(債務)が消滅したときの仕訳

CASE30の電子記録債務について、ゴエモン㈱の口座からクロキチ㈱の口座に払い込みがされました。

取引 ゴエモン㈱はCASE30の電子記録債務100円について、取引銀行の当座預金口座からクロキチ㈱の取引銀行の当座預金口座に払い込みを行った。

● 電子記録債権(債務)が消滅したときの仕訳

債務者(ゴエモン㈱)の口座から債権者(クロキチ㈱)の口座に払い込み(支払い)が行われると、債権者の**電子記録債権(資産)**および債務者の**電子記録債務(負債)**が消滅します。

したがって、CASE31のクロキチ㈱(債権者)とゴエモン㈱(債務者)の仕訳は次のようになります。

CASE31の仕訳(債権者:クロキチ㈱)の仕訳

(当 座 預 金) 100 (電子記録債権) 100

資産 の減少

CASE31の仕訳(債務者:ゴエモン㈱)の仕訳

(電子記録債務) 100 (当 座 預 金) 100

負債 の減少

問題編 問題17

約束手形のまとめ《一連の流れ》

CASE27、28
約束手形の
振出時(受取時)

振り出した人(振出人)の仕訳	受け取った人(名宛人)の仕訳
(仕 入 な ど) 100	(受 取 手 形) 100
(支 払 手 形) 100	(売 上 な ど) 100

CASE27、28
手形代金の
支払時(受取時)

振り出した人(振出人)の仕訳	受け取った人(名宛人)の仕訳
(支 払 手 形) 100	(当座預金など) 100
(当座預金など) 100	(受 取 手 形) 100

電子記録債権(債務)のまとめ

CASE30
発生時

債権者の仕訳	債務者の仕訳
(電子記録債権) 100	(買 掛 金) 100
(売 掛 金) 100	(電子記録債務) 100

CASE31
消滅時

債権者の仕訳	債務者の仕訳
(当座預金など) 100	(電子記録債務) 100
(電子記録債権) 100	(当座預金など) 100

この章で新たにでてきた勘定科目

資 産	負 債	費 用	収 益	その他
受 取 手 形 電子記録債権	支 払 手 形 電子記録債務 / 資本(純資産) —	—	—	—

仕訳編

貸付金・借入金、手形貸付金・手形借入金

だれかにお金を貸したり、銀行からお金を借りたり…。
通常はお金を借りると借用証書を渡すけど、
手形を渡すこともあるんだって。

ここでは、お金を貸し借りしたときの処理についてみていきましょう。

CASE 32 貸付金と借入金

お金を貸し付けたときの仕訳

ゴエモン㈱はクロキチ㈱から「お金を貸してほしい」と頼まれたので、借用証書を書いてもらい、現金100円を貸しました。

取引 ゴエモン㈱は、クロキチ㈱に現金100円を貸し付けた。

用語 貸付け…お金を貸すこと

お金を貸し付けたときの仕訳

CASE32では、ゴエモン㈱はクロキチ㈱に現金100円を渡しているので、**現金（資産）が減っています。**

| （　　　　　） | （現　　　金） | 100 |

資産の減少↓

> 貸付金は資産なので、増えたら借方！
>
> | 資　産 | 負　債 |
> |---|---|
> | | 資　本 |

また、貸し付けたお金はあとで返してもらうことができます。この、あとでお金を返してもらえる権利は、**貸付金（資産）** として処理します。

> 従業員に対する貸付金は従業員貸付金（資産）、取締役など役員に対する貸付金は役員貸付金（資産）という勘定科目で処理することもあります。

CASE32の仕訳

| （貸　付　金） | 100 | （現　　　金） | 100 |

資産の増加↑

CASE 33 貸付金と借入金

貸付金を返してもらったときの仕訳

取引 ゴエモン㈱は、クロキチ㈱から貸付金100円の返済を受け、利息10円とともに現金で受け取った。

ここまでの知識で仕訳をうめると…

（現　　　金）　　　　（　　　　　　　）

↑現金で受け取った↑

● 貸付金を返してもらったときの仕訳

貸付金を返してもらったときは、あとでお金を返してもらえる権利がなくなるので、**貸付金（資産）の減少**として処理します。

また、貸付金にかかる利息は、**受取利息（収益）** として処理します。

「受取〜」は収益の勘定科目！

CASE33の仕訳

（現　　　金）110（貸　付　金）100
　　　　　　　　　（受　取　利　息） 10

貸付金と利息の合計　　　収益の発生↑

⇔ 問題編 ⇔
問題18

第7章 貸付金・借入金、手形貸付金・手形借入金　73

CASE 34 貸付金と借入金

お金を借り入れたときの仕訳

ゴエモン㈱は会社を大きくするため、資金が必要になりました。
そこで、取引銀行からお金を借りてくることにしました。

取引 ゴエモン㈱は、取引銀行から現金600円を借り入れた。

用語 借入れ…お金を借りてくること

ここまでの知識で仕訳をうめると…

（現　　　金）　600　（　　　　　　　）

↑現金を借り入れた↑

● お金を借り入れたときの仕訳

　銀行などから借りたお金はあとで返さなければなりません。このあとでお金を返さなければならない義務は、**借入金（負債）** として処理します。

> 借入金は負債なので、増えたら貸方！
>
> | 資　産 | 負　債 |
> |---|---|
> | | 資　本 |

> 取締役など役員からの借入金は役員借入金（負債）という勘定科目で処理することもあります。

CASE34の仕訳

（現　　　金）　600　（借　入　金）　600
　　　　　　　　　　　負債の増加↑

74

CASE 35 貸付金と借入金

借入金を返したときの仕訳

銀行からお金を借りて10か月後、当初の約束どおりゴエモン㈱は取引銀行からの借入金を返済しました。
また、借り入れていた10か月分の利息もあわせて支払いました。

取引 ゴエモン㈱は、取引銀行に借入金600円を返済し、利息とともに現金で支払った。なお、利息の年利率は2％で借入期間は10か月である。

● 借入金を返したときの仕訳

借入金を返したときは、あとでお金を返さなければならない義務がなくなるので、**借入金（負債）の減少**として処理します。

また、借入金にかかる利息は、次の計算式によって**月割りで計算**し、**支払利息（費用）**として処理します。

> 「支払～」は費用の勘定科目！

利息＝借入（貸付）金額×年利率× $\dfrac{借入（貸付）期間}{12か月}$

> 貸付金の受取利息を計算するときもこの式で計算します。

CASE35の支払利息

・600円 × 2％ × $\dfrac{10か月}{12か月}$ ＝ 10円

> 借入金と利息の合計

CASE35の仕訳

（借　入　金）　600　（現　　　金）　610
（支　払　利　息）　10

費用 の発生↑

> 問題編
> 問題19

第7章　貸付金・借入金、手形貸付金・手形借入金

CASE 36 手形貸付金と手形借入金

お金を貸し付け、手形を受け取ったときの仕訳

ゴエモン㈱は、クロキチ㈱に現金を貸しました。
そしてこのとき、借用証書ではなく、約束手形を受け取りました。

取引 ゴエモン㈱は、クロキチ㈱に現金100円を貸し付け、約束手形を受け取った。

ここまでの知識で仕訳をうめると…

| （　　　　　　） | （現　　　金） | 100 |

↑現金を貸し付けた↓

● お金を貸し付け、手形を受け取ったときの仕訳

お金を貸し付けたときは、通常は借用証書を受け取りますが、借用証書の代わりに約束手形を受け取ることもあります。この場合は、通常の貸付金と区別するために**手形貸付金（資産）**として処理します。

> 手形による貸付金だから「手形貸付金」。そのまんまですね。

CASE36の仕訳

| （手 形 貸 付 金） | 100 | （現　　　金） | 100 |

資産の増加↑

――問題編――
問題20

CASE 37 手形貸付金と手形借入金

お金を借り入れ、手形を渡したときの仕訳

CASE36（手形貸付金）の取引を、クロキチ㈱の立場からみてみましょう。

こちら側の処理

取引　クロキチ㈱は、ゴエモン㈱から現金100円を借り入れ、約束手形を渡した。

ここまでの知識で仕訳をうめると…

（現　　　金）　100　（　　　　　　　）

現金を借り入れた↑

● お金を借り入れ、手形を渡したときの仕訳

　お金を借り入れて、借用証書の代わりに手形を渡したときは、通常の借用証書による借入金と区別するために**手形借入金（負債）**として処理します。

手形による借入金だから「手形借入金」ですね。

CASE37の仕訳

（現　　　金）　100　（手 形 借 入 金）　100

負債の増加↑

問題編
問題21、22

第7章　貸付金・借入金、手形貸付金・手形借入金　77

貸付金（手形貸付金）のまとめ《一連の流れ》

CASE32、36 貸付時

・通常の貸付けは貸付金（資産）、手形による貸付けは手形貸付金（資産）の増加として処理

通常の貸付けの場合	手形による貸付けの場合
（貸　付　金）100	（手形貸付金）100
（現　　　金）100	（現　　　金）100

CASE33 返済時（利息の受取時）

・利息を受け取ったときは受取利息（収益）として処理

通常の貸付けの場合	手形による貸付けの場合
（現　　　金）110	（現　　　金）110
（貸　付　金）100	（手形貸付金）100
（受　取　利　息）10	（受　取　利　息）10

借入金（手形借入金）のまとめ《一連の流れ》

CASE34、37 借入時

・通常の借入れは借入金（負債）、手形による借入れは手形借入金（負債）の増加として処理

通常の借入れの場合	手形による借入れの場合
（現　　　金）600	（現　　　金）100
（借　入　金）600	（手形借入金）100

CASE35 返済時（利息の支払時）

・利息を支払ったときは支払利息（費用）として処理

通常の借入れの場合	手形による借入れの場合
（借　入　金）600	（手形借入金）100
（支　払　利　息）10	（支　払　利　息）10
（現　　　金）610	（現　　　金）110

この章で新たにでてきた勘定科目

資　産	負　債		費　用	収　益	その他
貸　付　金 手形貸付金	手形借入金		支払利息	受取利息	―
	資本（純資産）				
	―				

78

仕訳編

第8章

その他の債権債務

3級で学習する債権債務のうち、
売掛金(クレジット売掛金)・買掛金、受取手形・支払手形、
電子記録債権(債務)、貸付金・借入金、手形貸付金・手形借入金
についてはわかったけど…。

ここでは、それ以外の債権・債務の処理についてみていきましょう。

CASE 38 未払金と未収入金
商品以外のものを後払いで買ったときの仕訳

ゴエモン㈱は、シロミ㈱から倉庫（建物）を買い、代金は月末に支払うことにしました。
「代金後払いということは買掛金？」と思い、仕訳をしようとしましたが、どうやら「買掛金」で処理するのではないようです。

取引 ゴエモン㈱は、シロミ㈱から倉庫（建物）を100円で購入し、代金は月末に支払うこととした。

● 商品以外のものを後払いで買ったときの仕訳

CASE38では建物（資産）を買っているので、**建物（資産）** が増えます。

（建　　　物）　100　（　　　　　　）

資産の増加↑

> 建物や土地などのことを固定資産（こていしさん）といいます。固定資産の種類や詳しい処理方法は第11章で学習します。

また、建物や土地、備品など商品以外のものを代金後払いで買ったときの、あとで代金を支払わなければならない義務は**未払金（負債）** で処理します。

> 未払金は負債なので、増えたら貸方！
> | 資　産 | 負　債 |
> | | 資　本 |

CASE38の仕訳

（建　　　物）　100　（未　払　金）　100

負債の増加↑

つまり、商品を買った（仕入れた）ときの未払額は**買掛金**で、商品以外のものを買った（購入した）ときの未払額は**未払金**で処理するのです。

> まちがえやすいので要注意！

とても重要　買掛金と未払金の違い

何を買った？	文末のことば	勘定科目
商　品	～を仕入れた。	買掛金（負債）
商品以外のもの （建物や備品など）	～を購入した。	未払金（負債）

● 未払金を支払ったときの仕訳

なお、後日未払金を支払ったときは、**未払金（負債）の減少**として処理します。

したがって、仮に、CASE38の未払金を現金で支払ったとした場合の仕訳は次のようになります。

（未　払　金）　100　（現　　　金）　100

負債 の減少⬇

問題編
問題23

第8章　その他の債権債務　81

CASE 39 未払金と未収入金

商品以外のものを売って代金はあとで受け取るときの仕訳

CASE38の取引（建物の売買）をシロミ㈱の立場からみてみましょう。シロミ㈱はゴエモン㈱に対して倉庫（建物）を100円で売り、代金は月末に受け取ることにしました。

こちら側の処理

取引　シロミ㈱は、ゴエモン㈱に倉庫（建物）を100円で売却し、代金は月末に受け取ることとした。

● 商品以外のものを売ったときの仕訳

CASE39では、建物（資産）を売っているので、建物（資産）が減ります。

| （　　　　　） | （建　　物） | 100 |

資産の減少

また、建物や土地、備品など、商品以外のものを売って、あとで代金を受け取るときの、あとで代金を受け取ることができる権利は**未収入金（資産）**で処理します。

「未払金の逆だから、未収入金かな？」って想像できましたか？

資産	負債
	資本

未収入金は未収金とすることもあります。

CASE39の仕訳

| （未 収 入 金） | 100 | （建　　物） | 100 |

資産の増加

つまり、商品を売った（売り上げた）ときの未収額は**売掛金**で、商品以外のものを売った（売却した）ときの未収額は**未収入金**で処理するのです。

とても重要　売掛金と未収入金の違い

何を売った？	文末のことば	勘定科目
商　　品	〜を売り上げた。	売掛金（資産）
商品以外のもの（建物や備品など）	〜を売却した。	未収入金（資産）

● 未収入金を回収したときの仕訳

なお、後日、未収入金を回収したときは、**未収入金（資産）の減少**として処理します。

したがって、CASE39の未収入金を現金で回収した場合の仕訳は、次のようになります。

こちら側の処理

（現　　　金）100（未　収　入　金）100
　　　　　　　　　　資産　の減少

問題編
問題24

第8章　その他の債権債務　83

CASE 40 前払金と前受金
商品の注文時に内金を支払ったときの仕訳

ゴエモン㈱は、クロキチ㈱にキャンドル（商品）100円を注文しました。しかし、このキャンドルは、いま在庫が切れていて10日後に入荷されるそうです。そこで、キャンドルの注文をするとともに、内金として20円を支払いました。

取引 ゴエモン㈱はクロキチ㈱に商品100円を注文し、内金として20円を、現金で支払った。

用語 内　金…商品の代金の一部を前払いしたときのお金

ここまでの知識で仕訳をうめると…

| （　　　　　　） | （現　　　金） | 20 |

↑現金で支払った↓

> 手付金（てつけきん）ということもあります。

> この時点ではまだ商品を受け取っていない（注文しただけ）ので、仕入れの仕訳はしません。

● 商品の注文時に内金を支払ったときの仕訳

商品を注文したときに代金の一部を内金として前払いすることがあります。内金を支払うことにより、買主（ゴエモン㈱）は、あとで商品を受け取ることができるため、このあとで商品を受け取ることができる権利を**前払金（資産）**として処理します。

CASE40の仕訳

| （前　払　金） | 20 | （現　　　金） | 20 |

資産の増加↑

CASE 41 前払金と前受金

内金を支払って商品を仕入れたときの仕訳

内金を支払って10日後。

ゴエモン㈱はクロキチ㈱からキャンドル（商品）を受け取りました。

代金100円のうち、20円は内金として支払っている分を充て、残りは掛けとしました。

取引　ゴエモン㈱はクロキチ㈱から商品100円を受け取り、代金のうち20円は注文時に支払った内金と相殺し、残額は掛けとした。

● 商品を受け取ったときの仕訳

商品を受け取ったときに仕入れの処理をします。

（仕　　　入）　100　（　　　　　　　）

また、商品を受け取ると、あとで商品を受け取る権利がなくなるので、**前払金（資産）の減少**として処理します。

なお、内金を相殺した残額は掛けとしているため、その残額は**買掛金**で処理します。

CASE41の仕訳

（仕　　　入）　100　（前　払　金）　20
　　　　　　　　　　　（買　掛　金）　80

差額
100円−20円

第8章　その他の債権債務　85

CASE 42 前払金と前受金
商品の注文時に内金を受け取ったときの仕訳

CASE40の取引（内金の支払い）を、クロキチ㈱の立場からみてみましょう。
クロキチ㈱はゴエモン㈱からキャンドル（商品）の注文を受け、このとき内金20円を現金で受け取りました。

↑こちら側の処理

取引　クロキチ㈱は、ゴエモン㈱から商品100円の注文を受け、内金として20円を現金で受け取った。

ここまでの知識で仕訳をうめると…

（現　　　金）　20　（　　　　　　）

↑現金で受け取った↑

● 商品の注文時に内金を受け取ったときの仕訳

商品の注文時に内金を受け取ったことにより、売主（クロキチ㈱）は、あとで商品を渡さなければならない義務が生じます。

この、あとで商品を渡さなければならない義務は、**前受金（負債）** として処理します。

> この時点ではまだ商品を渡していないため、売上げの仕訳はしません。

CASE42の仕訳

（現　　　金）　20　（前　受　金）　20

負債の増加↑

CASE 43 前払金と前受金

内金を受け取って商品を売り上げたときの仕訳

CASE41 の取引（商品の仕入れ）を、クロキチ㈱の立場からみてみましょう。クロキチ㈱は、ゴエモン㈱にキャンドル（商品）を渡し、代金100円のうち、20円は内金として受け取っている分を充て、残りは掛けとしました。

取引 クロキチ㈱は、ゴエモン㈱に商品100円を渡し、代金のうち20円は注文時に受け取った内金と相殺し、残額は掛けとした。

● 商品を渡したときの仕訳

商品を渡したときに売上げの処理をします。

| （　　　　　　　） | （売　　　上） | 100 |

また、商品を渡すことにより、あとで商品を渡さなければならない義務がなくなるので、**前受金（負債）の減少**として処理します。

なお、内金を相殺した残額は掛けとしているため、その残額は**売掛金**で処理します。

CASE43の仕訳

| （前　受　金） | 20 | （売　　　上） | 100 |
| （売　掛　金） | 80 | | |

差額
100円－20円

➡ 問題編 ⬅
問題25、26

第8章 その他の債権債務　87

CASE 44 仮払金と仮受金

旅費の概算額を前渡ししたときの仕訳

従業員のトラ君が名古屋に出張に行くことになりました。旅費としていくらかかるかわからないので、概算額として100円をトラ君に渡しました。
この場合は、旅費として処理してよいのでしょうか？

取引 従業員の出張のため、旅費交通費の概算額100円を現金で前渡しした。

用語 旅費交通費…バス代、タクシー代、電車代、宿泊費など

ここまでの知識で仕訳をうめると…

（　　　　　　）　（現　　　金）　100

　　　　　　　　↑現金😊で前渡しした↓

● 旅費の概算額を前渡ししたときの仕訳

　従業員の出張にかかる電車代やバス代、宿泊費などの概算額を前渡ししたときには、**仮払金**という**資産**の勘定科目で処理しておきます。

支払いの内容と金額が確定するまでは、旅費交通費などの勘定科目で処理してはいけません。

CASE44の仕訳

（仮　払　金）　100　（現　　　金）　100

資産😊の増加↑

仮払金は資産なので、増えたら借方！

CASE 45 仮払金と仮受金

仮払金の内容と金額が確定したときの仕訳

名古屋に出張に行っていたトラ君が帰ってきました。
名古屋までの電車代や宿泊費の合計（旅費）は80円だったという報告があり、20円については現金で戻されました。

取引 従業員が出張から戻り、概算払額100円のうち、旅費交通費として80円を支払ったと報告を受け、残金20円は現金で受け取った。

ここまでの知識で仕訳をうめると…

（現　　　　金）20（　　　　　　　）

↑残金は現金で受け取った↑

● **仮払金の内容と金額が確定したときの仕訳**

仮払いとして前渡ししていた金額について、支払いの内容と金額が確定したときは、**仮払金（資産）**を該当する勘定科目に振り替えます。

CASE45では、旅費交通費として80円を使い、残金20円を現金で受け取っているため、**仮払金（資産）100円**を**旅費交通費（費用）80円**と**現金20円**に振り替えます。

CASE45の仕訳

（旅費交通費）	80	（仮　払　金）	100
（現　　　金）	20		

第8章　その他の債権債務　89

CASE 46 仮払金と仮受金

内容不明の入金があったときの仕訳

名古屋に出張中のトラ君から当座預金口座に入金がありましたが、なんのお金なのかはトラ君が戻ってこないとわかりません。
この場合の処理はどうしたらよいのでしょう？

取引　出張中の従業員から当座預金口座に100円の入金があったが、その内容は不明である。

ここまでの知識で仕訳をうめると…

（当 座 預 金） 100 （　　　　　　　）

↑当座預金口座に入金があった↑

入金自体は当座預金の増加として処理します。

仮受金は負債なので、増えたら貸方！

資　産	負　債
	資　本

● 内容不明の入金があったときの仕訳

内容不明の入金があったときは、その内容が明らかになるまで**仮受金**という**負債**の勘定科目で処理しておきます。

CASE46の仕訳

（当 座 預 金） 100 （仮 受 金） 100

負債の増加↑

CASE 47 仮払金と仮受金
仮受金の内容が明らかになったときの仕訳

名古屋に出張に行っていたトラ君が帰ってきたので、先の入金100円の内容を聞いたところ、「名古屋の得意先の売掛金を回収した金額」ということがわかりました。

取引 従業員が出張から戻り、先の当座預金口座への入金100円は、得意先から売掛金を回収した金額であることが判明した。

ここまでの知識で仕訳をうめると…

（　　　　　　）　　（売　掛　金）　100

↑売掛金😊の回収↓

● 仮受金の内容が明らかになったときの仕訳

仮受金の内容が明らかになったときは、**仮受金（負債）を該当する勘定科目に振り替え**ます。

CASE47では、仮受金の内容が売掛金の回収と判明したので、**仮受金（負債）を売掛金（資産）に振り替え**ます。

CASE47の仕訳

（仮　受　金）　100　（売　掛　金）　100

負債😿の減少↓

問題編
問題27、28

第8章 その他の債権債務

CASE 48 立替金
先方負担の仕入諸掛りを立て替えたときの仕訳

ゴエモン㈱は、クロキチ㈱で買った商品（100円）を会社まで配送してもらうことにしました。このときにかかった配送費用10円はクロキチ㈱が負担する約束ですが、ゴエモン㈱が一時的に立て替えておきました。

取引 ゴエモン㈱は、クロキチ㈱より商品100円を仕入れ、代金は掛けとした。なお、引取運賃（先方負担）10円を現金で支払った。

用語 先方負担…先方（クロキチ㈱）が負担する費用

ここまでの知識で仕訳をうめると…

（仕 入）	（買 掛 金）	100
	（現 金）	10

● 仕入諸掛り（先方負担）があるときの仕訳

当社負担の仕入諸掛りの処理はCASE11で学習しましたね。

商品を仕入れるときにかかった**仕入諸掛り**を当社（ゴエモン㈱）が負担する場合は、仕入原価に含めて処理しますが、先方（クロキチ㈱）が負担すべき仕入諸掛りを当社が立て替えた場合は、**立替金（資産）**として処理します。

立て替えた金額はあとでクロキチ㈱に返してもらえます。「あとで返してもらえる権利」なので、立替金は資産です。

CASE48の仕訳

（仕	入）	100	（買	掛	金）	100
（立	替 金）	10	（現		金）	10

資産 ☺ の増加⤴

なお、立替金で処理しないで、**買掛金を減額**することもあります。

> 試験では、この方法はあまり出題されません。

（仕	入）	100	（買	掛	金）	90
			（現		金）	10

100円－10円

仕入諸掛りの処理をまとめると、次のようになります。

とても重要 仕入諸掛りの処理（まとめ）

だれが負担する？	処　理
当社（仕入側）負担	仕入原価に含める
先方（売上側）負担	立替金（資産） （または買掛金と相殺）

> 試験で出題されるのは、ほとんどの場合当社負担です。なお、だれが負担するかの指示がないときは、すべて当社負担と考えて処理してください。

第8章　その他の債権債務　93

CASE 49 立替金

先方負担の売上諸掛りを立て替えたときの仕訳

ゴエモン㈱はシロミ㈱に商品を売り上げ、その商品を配送しました。このときにかかった配送費用10円はシロミ㈱が負担する約束ですが、ゴエモン㈱が一時的に立て替えておきました。

> 取引　ゴエモン㈱は、シロミ㈱へ商品150円を売り上げ、代金は掛けとした。なお、発送運賃（先方負担）10円を現金で支払った。

ここまでの知識で仕訳をうめると…

（売　掛　金）	150	（売　　　上）	150
		（現　　　金）	10

> 当社負担の売上諸掛りの処理はCASE12で学習しましたね。

● 売上諸掛り（先方負担）があるときの仕訳

商品を売り上げるときにかかった**売上諸掛り**を当社（ゴエモン㈱）が負担する場合は、発送費（費用）として処理しますが、先方（シロミ㈱）が負担すべき売上諸掛りを当社が立て替えた場合は、**立替金（資産）**として処理します。

CASE49の仕訳

（売　掛　金）	150	（売　　　上）	150
（立　替　金）	10	（現　　　金）	10

資産の増加↑

なお、売掛金も立替金もともに、「あとで先方から代金を受け取ることができる権利」なので、**立替金を売掛金に含めて処理**することもあります。

（売　掛　金）160　（売　　　上）150
　　　　　　　　　　（現　　　金） 10

150円＋10円
売掛金　立替金

売上諸掛りの処理をまとめると、次のようになります。

売上諸掛りの処理（まとめ）

だれが負担する？	処　理
当社（売上側）負担	発送費（費用）
先方（仕入側）負担	立替金（資産） （または売掛金に含める）

試験では、使用できる勘定科目一覧が与えられます。この勘定科目一覧に「立替金」がなければ、売掛金に含める方法と判断してください。

第8章　その他の債権債務

CASE 50 立替金

従業員が支払うべき金額を会社が立て替えたときの仕訳

ゴエモン㈱は、本来従業員のミケ君が支払うべき個人の生命保険料を、現金で立て替えてあげました。

取引 ゴエモン㈱は、従業員が負担すべき生命保険料40円を現金で立て替えた。

ここまでの知識で仕訳をうめると…

（　　　　　　　）　（現　　　金）　40

↑現金で立て替えた
会社の現金 の減少↓

●従業員が支払うべき金額を会社が立て替えたときの仕訳

本来従業員が支払うべき金額を会社が立て替えたときは、あとで従業員からその金額を返してもらう権利が生じます。したがって、**従業員立替金（資産）**として処理します。

> 単に立替金（資産）という勘定科目で処理することもあります。

CASE50の仕訳

（従業員立替金）　40　（現　　　金）　40

資産 の増加↑

CASE 51 立替金

従業員に給料を支払ったときの仕訳①

今日は給料日。
従業員のミケ君に支払うべき給料は500円ですが、先にミケ君のために立て替えた金額が40円あるので、それを差し引いた残額を現金で支払いました。

取引 従業員に支払う給料500円のうち、先に立て替えた40円を差し引いた残額を現金で支払った。

● 従業員に給料を支払ったときの仕訳

従業員に給料を支払ったときは、**給料（費用）** として処理します。

| （給　　料） | 500 | （　　　　　） | 　 |

費用 の発生↑

> 従業員が働いてくれるおかげで売上げが上がるので、給料は収益を上げるために必要な支出＝費用ですね。
>
> 費用／収益
> 利益

また、CASE51では従業員に対する立替金分を差し引いているため、**従業員立替金（資産）を減らし**、残額460円（500円－40円）を**現金（資産）の減少**として処理します。

CASE51の仕訳

資産 の減少↓

| （給　　料） | 500 | （従業員立替金） | 40 |
| | | （現　　　金） | 460 |

第8章 その他の債権債務 97

CASE 52 預り金

従業員に給料を支払ったときの仕訳②

従業員が受け取る給料のうち、一部は所得税として国に納めなければなりません。ゴエモン㈱では、従業員が納めるべき所得税を給料の支払時に会社で預かり、あとで従業員に代わって国に納めることにしています。

取引 給料500円のうち、源泉徴収税額50円を差し引いた残額を従業員に現金で支払った。

用語 源泉徴収税額…給料から天引きされた所得税額

ここまでの知識で仕訳をうめると…

（給　　　　料）　500　（現　　　　金）

　↑給料💰の支払い　　　↑現金☀️で支払った↓

預り金は、預かったお金をあとで返さなければならない（国に納めなければならない）義務なので、負債です。

資　産	負　債
	資　本

なお、従業員預り金（負債）や所得税預り金（負債）で処理することもあります。
また、社会保険料を預かっている場合には社会保険料預り金（負債）で処理することもあります。

● 従業員に給料を支払ったときの仕訳

給料の支払時に給料から天引きした源泉徴収税額は、あとで従業員に代わって会社が国に納めなければなりません。つまり、源泉徴収税額は一時的に従業員から預かっているお金なので、**預り金（負債）** として処理します。

CASE52の仕訳　　　↙負債💭の増加↑

（給　　　料）　500　（預　り　金）　50
　　　　　　　　　　　（現　　　金）　450
　　　　　　　　　　　　　　　　　貸借差額

CASE 53 預り金

預り金を支払ったときの仕訳

取引 預り金として処理していた源泉徴収税額50円を、税務署に現金で納付した。

ここまでの知識で仕訳をうめると…

（　　　　　　）　（現　　金）50

↑現金で納付した↓

● 預り金を支払ったときの仕訳

預かっていた源泉徴収税額を現金で納付したときは、預かったお金をあとで返さなければならない義務がなくなるので、**預り金（負債）の減少**として処理します。

CASE53の仕訳

（預　り　金）50　（現　　金）50

負債の減少↓

問題編
問題29、30

第8章　その他の債権債務　99

CASE 54 受取商品券

商品を売り上げ、商品券を受け取ったときの仕訳

今日、ゴエモン㈱はお客さんに商品を売り上げ、代金は自治体が発行した商品券（100円）と現金（50円）で受け取りました。

> **取引** ゴエモン㈱は商品150円を売り上げ、自治体が発行した商品券100円と現金50円を受け取った。

ここまでの知識で仕訳をうめると…

（現　　　金）　50　（売　　　上）　150

● 自治体等が発行した商品券を受け取ったときの仕訳

CASE54のように、自治体や商店街などが発行した商品券を受け取った場合、この商品券はあとで発行者に買い取ってもらうことができます。

このときの、自治体や商店街などに商品券を買い取ってもらえる権利は、**受取商品券（資産）** として処理します。

受取商品券→あとで買い取ってもらえる権利→資産。

CASE54の仕訳

資産の増加↑

（受 取 商 品 券）　100　（売　　　上）　150
（現　　　金）　 50

CASE 55 受取商品券

商品券を買い取ってもらったときの仕訳

ゴエモン㈱は商品券を発行した自治体に商品券を買い取ってもらいました。

取引 ゴエモン㈱は所有している自治体発行の商品券100円を買い取ってもらい、代金は現金で受け取った。

● 商品券を買い取ってもらったときの仕訳

商品券の発行者に、所有している商品券を買い取ってもらったときは、**受取商品券（資産）の減少**として処理します。

CASE55の仕訳

（現　　　金）　100　（受 取 商 品 券）　100

問題編
問題31

CASE 56 差入保証金

店舗を借り入れる際に敷金や保証金を支払ったときの仕訳

ゴエモン㈱では、新規に店舗を借りることにしました。
賃借契約にあたって、敷金1か月分を支払いました。この敷金は、退去時に返してもらえるものですが、この場合、なにか処理をする必要があるのでしょうか？

取引 ゴエモン㈱は、店舗の賃借にあたって、敷金100円を現金で支払った。

ここまでの知識で仕訳をうめると…

（　　　　　　　）　（現　　　金）　100

↑現金😊で支払った↓

● 敷金や保証金を支払ったときの仕訳

会社が事務所や店舗物件を借りるとき、敷金や保証金を差し入れることがあります。

敷金や保証金は退去時に返してもらうことができます。この場合の、差し入れた敷金や保証金（退去時に返してもらえる権利）は、**差入保証金（資産）** として処理します。

> 大家さん（貸主）に敷金や保証金を渡すことを「差し入れる」といいます。

> 一般的には、借主が負担すべき修繕費や未払いの家賃を差し引いた残額が返還されます。

CASE56の仕訳

（差入保証金）　100　（現　　　金）　100

資産😊の増加↑

●退去時に敷金や保証金が返還されたときの仕訳

借りていた事務所や店舗物件の退去時に、差し入れていた敷金や保証金が返還されたときは、**差入保証金（資産）の減少**として処理します。

したがって、仮にCASE56で借りていた店舗の退去時に、敷金100円が返還された（普通預金口座に入金された）場合の仕訳は、次のようになります。

（普 通 預 金） 100 （差入保証金） 100

資産の減少

問題編
問題32

未払金と未収入金のまとめ《一連の流れ》

CASE38、39
建物などの
購入時(売却時)

①商品以外のものを買ったときの未払額は、未払金（負債）
で処理
②商品以外のものを売ったときの未収額は、未収入金（資
産）で処理

①買った側の仕訳	②売った側の仕訳
（建物など）100	（未収入金）100
（未　払　金）100	（建物など）100

CASE38、39
代金の支払時
(回収時)

・未払金（負債）または未収入金（資産）を減らす

①買った側の仕訳	②売った側の仕訳
（未　　払　　金）100	（現金など）100
（現金など）100	（未収入金）100

前払金と前受金のまとめ《一連の流れ》

CASE40、42
内金の支払時
(受取時)

①内金を支払ったときは、前払金（資産）で処理
②内金を受け取ったときは、前受金（負債）で処理

①内金を支払った側の仕訳	②内金を受け取った側の仕訳
（前　払　金）20	（現金など）20
（現金など）20	（前　受　金）20

CASE41、43
仕入時(売上時)

・前払金（資産）または前受金（負債）を減らす

①内金を支払った側の仕訳	②内金を受け取った側の仕訳
（仕　　　　入）100	（前　受　金）20
（前　払　金）20	（売掛金など）80
（買掛金など）80	（売　　　上）100

仮払金のまとめ《一連の流れ》

CASE44
仮払時

・仮払金（資産）で処理

（仮　払　金）100	（現金など）100

CASE45
内容・金額の
確定時

・仮払金（資産）を該当する勘定科目に振り替える

（旅費交通費など）80	（仮　払　金）100
（現金など）20	

仮受金のまとめ《一連の流れ》

CASE46 仮受時

・仮受金（負債）で処理

（当座預金など） 100 （仮 受 金） 100

CASE47 内容判明時

・仮受金（負債）を該当する勘定科目に振り替える

（仮 受 金） 100 （売 掛 金 な ど） 100

立替金のまとめ《仕入諸掛りと売上諸掛り》

CASE48、49

	仕入諸掛りの支払時	売上諸掛りの支払時
当社負担	仕入原価に含める	発送費
先方負担	立替金 （または買掛金と相殺）	立替金 （または売掛金に含める）

（従業員）立替金・預り金のまとめ《一連の流れ》

CASE50 立替時

・従業員立替金（資産）で処理

（従 業 員 立 替 金） 40 （現 金 な ど） 40

CASE51、52 給料支払時

・従業員立替金（資産）を減らす
・源泉徴収税額があるときは、預り金（負債）で処理

（給 料） 500 （従 業 員 立 替 金） 40
                （預 り 金） 50
                （現 金 な ど） 410

CASE53 源泉徴収税額の納付時

・預り金（負債）を減らす

（預 り 金） 50 （現 金 な ど） 50

第8章 その他の債権債務 105

受取商品券のまとめ《一連の流れ》

CASE54
商品の
売上時

・受取商品券（資産）で処理
（受 取 商 品 券） 100 （売　　　　上） 150
（現 金 な ど） 50

CASE55
商品券の
精算時

・受取商品券（資産）を減らす
（現 金 な ど） 100 （受 取 商 品 券） 100

差入保証金のまとめ

CASE56
敷金、保証金
の差入時

・差入保証金（資産）で処理
（差 入 保 証 金） 100 （現 金 な ど） 100

CASE56
敷金、保証金
の返還時

・差入保証金（資産）を減らす
（普 通 預 金 な ど） 100 （差 入 保 証 金） 100

この章で新たにでてきた勘定科目

資　産	負　債	費　用	収　益	その他
未 収 入 金 前 払 金 仮 払 金 立 替 金 従業員立替金 受取商品券 差入保証金 建　　物	未 払 金 前 受 金 仮 受 金 預 り 金 従業員預り金 所得税預り金 社会保険料預り金 **資本（純資産）** －	旅費交通費 給　　料	－	－

仕訳編

第9章
その他の費用

文房具や切手、収入印紙を購入したとき、
事務所の固定資産税を支払ったとき、
従業員の健康保険料や厚生年金保険料を
支払ったときは、どんな勘定科目で
処理すればいいんだろう？
また、決算日において、使っていない切手や
収入印紙があるんだけど、
これってなにか処理をするのかな…？

ここでは、その他の費用についてみていきましょう。

CASE 57 消耗品費

消耗品を買ったときの仕訳

ゴエモン㈱ではティッシュペーパーやコピー用紙などの消耗品は、買ったときに消耗品費（費用）として処理しています。
今日は、プリンターやファックスで使うコピー用紙を買ってきました。

取引 ゴエモン㈱はコピー用紙（消耗品）100円を購入し、現金で支払った。

ここまでの知識で仕訳をうめると…

|（　　　　　　）|　|（現　　　金）|100|

← 現金で支払った↓

● 消耗品を買ってきたときの仕訳

ティッシュペーパーやコピー用紙など、すぐに使ってなくなってしまうものを**消耗品**といいます。

消耗品を買ってきたときは**消耗品費（費用）**として処理します。

CASE57の仕訳

|（消 耗 品 費）|100|（現　　　金）|100|

費用の発生↑

⇔ 問題編 ⇔
問題33

CASE 58 通信費

切手やはがきを買ってきたときの仕訳

取引 ゴエモン㈱は、郵便切手150円分を購入し、現金で支払った。

ここまでの知識で仕訳をうめると…

| (|) | （現　　金） | 150 |

↑現金😊で支払った↓

● 切手やはがきを買ってきたときの仕訳

　郵便切手や郵便はがきを買ってきたときは、**通信費（費用）**で処理します。

CASE58の仕訳

（通　信　費）　150　（現　　金）　150

費用✏の発生↑

> なお、収入印紙を買ってきたときは、租税公課（費用）で処理します。租税公課については**CASE59**で説明します。

第9章　その他の費用　109

CASE 59 租税公課

固定資産税などを支払ったときの仕訳

ゴエモン㈱は、建物にかかる固定資産税の納税通知書（40円）を受け取ったので、現金で支払いました。

取引 ゴエモン㈱は、会社の建物の固定資産税40円を現金で支払った。

用語 固定資産税…建物や土地などの固定資産にかかる税金

ここまでの知識で仕訳をうめると…

（　　　　　　　）　　（現　　　金）　40

　　　　　　　　　　現金で 支払った

● 固定資産税などを支払ったときの仕訳

　建物や土地などの固定資産を所有していると**固定資産税**がかかりますし、自動車を所有していると**自動車税**がかかります。

　固定資産税、自動車税などの税金で、会社にかかるものは費用として計上します。このように、費用として計上する税金を**租税公課**といい、租税公課を支払ったときは**租税公課（費用）**として処理します。

印紙税（一定の文書にかかる税金で、収入印紙を文書に貼付して消印することによって納付します）も租税公課で処理します。

費用	収益
利益	

CASE59の仕訳

（租　税　公　課）　40　（現　　　金）　40

費用 の発生

CASE 60 貯蔵品

決算日に切手やはがき、収入印紙が残っているときの仕訳

50円分
（通信費で処理している）

70円分
（租税公課で処理している）

今日は決算日。
当期に購入した郵便切手50円分と、収入印紙70円分が残っています。
この場合、決算日にどんな処理をすればよいのでしょうか？

取引 3月31日 決算日において郵便切手50円分と収入印紙70円分が残っている。いずれも当期に購入したもので、購入時に郵便切手は通信費、収入印紙は租税公課で処理している。

決算整理
決算編で再登場！

● 決算日に切手やはがき、収入印紙が残っているときの仕訳

郵便切手や郵便はがき、収入印紙が決算日において残っている場合には、残っている分だけ、**通信費（費用）** や**租税公課（費用）** から**貯蔵品（資産）** に振り替えます。

◆郵便切手の購入時の仕訳

（通　信　費）　××（現金など）　××

◆収入印紙の購入時の仕訳

（租　税　公　課）　××（現金など）　××

第9章 その他の費用　111

CASE60の仕訳

（貯　蔵　品）	120	（通　信　費）	50
		（租　税　公　課）	70

資産の増加↑　　　費用の取り消し↓

●再振替仕訳

　決算日において、**貯蔵品（資産）**に振り替えた費用は、翌期首（次期の期首）に前期の決算日に行った仕訳の逆仕訳をして振り戻します（再振替仕訳）。

◆決算日の仕訳

（貯　蔵　品）	120	（通　信　費）	50
		（租　税　公　課）	70

再振替仕訳　　　　　　　　　逆の仕訳

（通　信　費）	50	（貯　蔵　品）	120
（租　税　公　課）	70		

問題編
問題34

CASE 61 法定福利費

従業員の社会保険料（会社負担分）を納付したときの仕訳

従業員の健康保険料や厚生年金保険料は、会社と従業員で折半します。
今日、健康保険料と厚生年金保険料の会社負担分を納付しました。
会社負担分の社会保険料はどのように処理するのでしょうか？

取引　ゴエモン㈱は、従業員の健康保険料と厚生年金保険料について、会社負担分である100円を現金で納付した。

ここまでの知識で仕訳をうめると…

（　　　　　　　）（現　　金）100

↑現金で納付した↓

● 社会保険料（会社負担分）を納付したときの仕訳

健康保険料や厚生年金保険料などの社会保険料は、基本的には会社と従業員で折半して納付します。
このうち、会社負担分の社会保険料については、**法定福利費（費用）**で処理します。

CASE61の仕訳

（法定福利費）100（現　　金）100

費用 の発生↑

> 従業員負担分については、一般的には会社が給料から天引きして、会社負担分とあわせて納付します。
> その場合の処理については次ページの参考で説明します。

第9章　その他の費用　113

従業員負担分と会社負担分をあわせて納付したとき

　従業員の健康保険料や厚生年金保険料など、従業員負担分と会社負担分がある社会保険料について、従業員負担分と会社負担分をあわせて納付したときの仕訳について、具体例を用いてみておきましょう。

(1) 給料支払時の仕訳

　給料支払時に給料から差し引いた従業員負担分の社会保険料は、**預り金（負債）** または **社会保険料預り金（負債）** として処理します。

> **例1** 給料1,000円について、従業員負担の健康保険料100円および厚生年金保険料150円を控除した残額を普通預金口座から振り込んだ。

（給　　　料）　1,000　（社会保険料預り金）　250　← 100円＋150円
　　　　　　　　　　　（普 通 預 金）　750　← 1,000円−250円

(2) 社会保険料の納付時の仕訳

　従業員負担分の社会保険料と会社負担分の社会保険料をあわせて納付したときは、従業員負担分については、**預り金（負債）** または **社会保険料預り金（負債）** の減少で処理し、会社負担分については、**法定福利費（費用）** で処理します。

> **例2** 健康保険料と厚生年金保険料について、**例1** の従業員負担額に会社負担額（従業員負担額と同額）を加えて普通預金口座から支払った。

（社会保険料預り金）　250　（普 通 預 金）　500　← 借方合計
（法 定 福 利 費）　250

⇔ 問題編 ⇔
問題35

ICカードに入金したときの仕訳

電車代やバス代などの交通費を支払ったときは、**旅費交通費（費用）** で処理します。なお、最近はICカードを利用して電車やバスを利用することも多くなっていますが、電車やバスを利用するため、あらかじめICカードに入金したとき（チャージしたとき）は、入金時に、入金額を **旅費交通費（費用）** として処理します。

> 入金時に仮払金で処理する場合もありますので、問題文の指示にしたがってください。

消耗品のまとめ

CASE57
消耗品の購入時

・消耗品費（費用）で処理

（消 耗 品 費）　100　　（現 金 な ど）　100

通信費、租税公課、貯蔵品のまとめ

CASE58
通信費の
支払時

・郵便切手や郵便はがきの購入時は、通信費（費用）で処理

（通　　信　　費）　150　　（現 金 な ど）　150

CASE59
租税公課の
支払時

・固定資産税や自動車税、印紙税（収入印紙）などの税金の
　支払時は、租税公課（費用）で処理

（租 税 公 課）　40　　（現 金 な ど）　40

CASE60
決算時

・郵便切手や郵便はがきが残っているときは、通信費（費
　用）から貯蔵品（資産）に振り替える
・収入印紙が残っているときは、租税公課（費用）から貯蔵
　品（資産）に振り替える

（貯　　蔵　　品）　120　　（通　　信　　費）　50
　　　　　　　　　　　　　　（租　税　公　課）　70

CASE60
翌期首

・再振替仕訳（前期の決算日に行った仕訳の逆仕訳）

（通　　信　　費）　50　　（貯　　蔵　　品）　120
（租　税　公　課）　70

法定福利費のまとめ

CASE61
社会保険料（会社負
担分）の納付時

・会社負担分の社会保険料は、法定福利費（費用）で処理

（法 定 福 利 費）　100　　（現 金 な ど）　100

この章で新たにでてきた勘定科目

資　産	負　債
	—
貯　蔵　品	資本（純資産）
	—

費　用	収　益
消耗品費	
租税公課	—
法定福利費	

その他
—

仕訳編

第10章

貸倒れと貸倒引当金

先が読めない世の中だから、得意先が倒産してしまうことだってある。そうなると売掛金や受取手形が回収できなくなるかもしれないから、心の準備とともに簿記上でもこれに備えておこう。

ここでは、貸倒れと貸倒引当金についてみていきましょう。

CASE 62 貸倒れと貸倒引当金

当期に発生した売掛金が貸し倒れたとき

当期からお付き合いしている得意先のシャム㈱が倒産してしまい、当期に掛けで売り上げた代金100円が回収できなくなってしまいました。

取引 ×1年10月20日　得意先シャム㈱が倒産し、売掛金100円（当期に発生）が貸し倒れた。

用語 当　期…（会社の）今年度のこと
貸倒れ…得意先の倒産などによって、売掛金や受取手形が回収できなくなること

● 貸倒れとは

得意先の倒産などにより、得意先に対する売掛金や受取手形が回収できなくなることを**貸倒れ**といいます。

売掛金が貸し倒れたときは、もはやその売掛金を回収することはできないので、**売掛金を減少**させます。

（　　　　　　）　（売　掛　金）　100

また、借方科目は、貸し倒れた売掛金や受取手形が**当期に発生した**ものなのか、それとも**前期以前に発生**していたものなのかによって異なります。

> 回収できない売掛金を残しておいてもしかたないので、売掛金を減少させます。

> 当期（今年度）に売り上げたか、前期（前年度）以前に売り上げたのかの違いですね。

● 当期に発生した売掛金が貸し倒れたときの仕訳

CASE62では、当期に発生した売掛金が貸し倒れています。

このように、**当期に発生した売掛金が貸し倒れたときは、貸倒損失（費用）として処理**します。

前期以前に発生した売掛金が当期に貸し倒れた場合は、CASE64で学習します。

CASE62の仕訳

（貸　倒　損　失）　100（売　　掛　　金）　100

費用　の発生↑

第10章　貸倒れと貸倒引当金　　121

CASE 63 貸倒れと貸倒引当金

売掛金や受取手形の決算日における仕訳

今日は決算日。シャム㈱の倒産によって、売掛金や受取手形は必ずしも回収できるわけではないことを痛感しました。
そこで、万一に備えて決算日時点の売掛金400円について、2%の貸倒れを見積ることにしました。

取引 3月31日　決算日において、売掛金の期末残高400円について、2%の貸倒引当金を設定する（差額補充法）。

用語 期　　末…（会社の）今年度（当期）の最後の日。決算日のこと
　　　　貸倒引当金…将来発生すると予想される売掛金や受取手形の貸倒れに備えて設定する勘定科目
　　　　差額補充法…当期末に見積った貸倒引当金と貸倒引当金の期末残高の差額だけ、貸倒引当金として処理する方法

決算整理
決算編で再登場!

● 貸倒引当金とは

　CASE62のシャム㈱のように、売掛金や受取手形は貸し倒れてしまうおそれがあります。
　そこで、決算日に残っている売掛金や受取手形が、将来どのくらいの割合で貸し倒れる可能性があるかを見積って、あらかじめ準備しておく必要があります。
　この貸倒れに備えた金額を**貸倒引当金**といいます。

貸倒額を見積って、貸倒引当金として処理することを「貸倒引当金を設定する」といいます。

● 決算日における貸倒引当金の設定①

　CASE63では、売掛金の期末残高400円に対して2%の貸倒引当金を設定しようとしています。したがって、

設定する貸倒引当金は8円（400円×2%）となります。

なお、貸倒引当金の設定額は次の計算式によって求めます。

$$\begin{array}{c}\text{貸倒引当金}\\\text{の設定額}\end{array} = \begin{array}{c}\text{売掛金、受取手形}\\\text{の期末残高}\end{array} \times \text{貸倒設定率}$$

> 試験では、何％見積るか（貸倒設定率）は問題文に与えられます。

CASE63の貸倒引当金の設定額

・400円×2% = 8円

ここで、**貸倒引当金は資産（売掛金や受取手形）のマイナスを意味する勘定科目**なので、**貸方**に記入します。

（ ）	（貸 倒 引 当 金）	8

また、**借方**は**貸倒引当金繰入**という**費用**の勘定科目で処理します。

したがって、CASE63の仕訳は次のようになります。

> 貸倒引当金繰入…費用っぽくない勘定科目ですが、費用です。

CASE63の仕訳

（貸倒引当金繰入）	8	（貸 倒 引 当 金）	8

費用の発生↑

● 決算日における貸倒引当金の設定②

仮に、ゴエモン㈱が前期より貸倒引当金を設定しており、貸倒引当金が期末において5円残ったとしましょう。このように、貸倒引当金の期末残高がある場合は、**当期の設定額と期末残高との差額だけ追加で貸倒引当金を計上**します。

> この方法を差額補充法といいます。

第10章 貸倒れと貸倒引当金 123

貸倒引当金残高がある場合の設定額

①貸倒引当金の設定額：400円×2％＝8円
②貸倒引当金の期末残高：5円
③追加で計上する貸倒引当金：8円－5円＝3円

貸倒引当金残高がある場合の仕訳

（貸 倒 引 当 金 繰 入）　　3　（貸 倒 引 当 金）　　　3

費用の発生↑

　なお、**貸倒引当金の期末残高**（たとえば15円）**が当期設定額**（8円）**よりも多い場合**は、その差額（15円－8円＝7円）だけ貸倒引当金を減らし、貸方は**貸倒引当金戻入**という**収益**の勘定科目で処理します。

CASE 64

貸倒れと貸倒引当金

前期以前に発生した売掛金が貸し倒れたときの仕訳

なんということでしょう！ 得意先のシロミ㈱が倒産してしまいました。ゴエモン㈱は、泣く泣くシロミ㈱に対する売掛金50円（前期に売り上げた分）を貸倒れとして処理することにしました。

取引 ×2年6月10日　得意先シロミ㈱が倒産し、売掛金（前期に発生）50円が貸し倒れた。なお、貸倒引当金の残高が8円ある。

ここまでの知識で仕訳をうめると…

（　　　　　　）　　　（売　掛　金）　50

↑売掛金 が貸し倒れた↓

● 前期以前に発生した売掛金が貸し倒れたときの仕訳

CASE64のように前期に発生した売掛金には、前期の決算日（×2年3月31日）において、貸倒引当金が設定されています。

したがって、前期（以前）に発生した売掛金が貸し倒れたときは、まず貸倒引当金の残高 **8円** を取り崩します。

（貸 倒 引 当 金）　8　（売　掛　金）　50

> 貸倒引当金は、決算日に設定されるので、当期に発生した売掛金には貸倒引当金が設定されていません。ですから、当期に発生した売掛金が貸し倒れたとき（CASE62）は全額、貸倒損失（費用）で処理するのです。

> 貸倒引当金は貸方の科目なので、取り崩すときは借方に記入します。

第10章　貸倒れと貸倒引当金　125

そして、**貸倒引当金を超える金額** 42円（50円－8円）は**貸倒損失（費用）**として処理します。

なお、貸倒れの処理をまとめると、次のようになります。

貸倒れの処理（まとめ）

いつ発生したもの？	処理
当期に発生した売掛金等の貸倒れ	全額、**貸倒損失（費用）**で処理
前期以前に発生した売掛金等の貸倒れ	①**貸倒引当金**を減らす ②**貸倒引当金**を超える額は**貸倒損失（費用）**で処理

受取手形が貸し倒れたときも処理は同じです。

CASE 65 貸倒れと貸倒引当金

前期に貸倒処理した売掛金を当期に回収したときの仕訳

シロミ㈱が倒産した年の翌年4月20日。ゴエモン㈱は、前期に貸倒処理したシロミ㈱に対する売掛金50円を、運良く回収することができました。

取引 ×3年4月20日　前期（×2年度）に貸倒処理したシロミ㈱に対する売掛金50円を現金で回収した。

ここまでの知識で仕訳をうめると…

（現　　　金）　50　（　　　　　　　　）

● 前期に貸倒処理した売掛金を回収したときの仕訳

前期（以前）に貸倒処理した売掛金が当期に回収できたときは、貸倒引当金や売掛金などの勘定科目は用いず、**償却債権取立益**という収益の勘定科目で処理します。

とても重要

償却（貸倒処理）した債権（売掛金や受取手形）を取り立てることができたということで、償却債権取立益ですね。

CASE65の仕訳

（現　　　金）　50　（償却債権取立益）　50

収益の発生↑

問題編
問題36、37

第10章 貸倒れと貸倒引当金　127

貸倒れと貸倒引当金のまとめ 《一連の流れ》

CASE62
売掛金等（当期発生）の貸倒時

- 売掛金などを減らし、全額、貸倒損失（費用）で処理
  （貸 倒 損 失） 100 （売 掛 金 な ど） 100

CASE63
決算日①
貸倒引当金の期末残高がないとき
決算日②
貸倒引当金の期末残高があるとき

- 売掛金と受取手形の期末残高に対して貸倒引当金を設定
  売掛金（受取手形）の期末残高×貸倒設定率
  （貸倒引当金繰入） 8 （貸 倒 引 当 金） 8
- 売掛金と受取手形の期末残高に対して貸倒引当金を設定
  ①貸倒引当金の設定額：
  　売掛金（受取手形）の期末残高×貸倒設定率
  ②貸倒引当金の期末残高
  ③当期計上額：①－②
  （貸倒引当金繰入） 3 （貸 倒 引 当 金） 3

CASE64
売掛金等（前期以前に発生）の貸倒時

- 設定してある貸倒引当金を取り崩す
- 貸倒引当金を超える貸倒額は貸倒損失（費用）で処理
  （貸 倒 引 当 金） 8 （売 掛 金 な ど） 50
  （貸 倒 損 失） 42

CASE65
前期以前に貸倒処理した売掛金等の回収時

- 回収額は償却債権取立益（収益）で処理
  （現 金 な ど） 50 （償却債権取立益） 50

この章で新たにでてきた勘定科目

資　産	負　債	費　用	収　益	その他
—	—	貸倒損失 貸倒引当金繰入	貸倒引当金戻入 償却債権取立益	貸倒引当金*
—	資本（純資産）			*資産のマイナスを 表す勘定科目
	—			

仕訳編

第11章
有形固定資産と減価償却

店舗や事務所、パソコン、トラックなどは長期的に使うものだけど、
価値はだんだん減っていく…。
この価値の減少は簿記ではどのように処理するのだろう？

ここでは、有形固定資産の処理についてみていきましょう。

CASE 66 有形固定資産と減価償却

固定資産を購入したときの仕訳

? ゴエモン㈱は、今年（当期）から2号店を出店するため、店舗（建物）を購入しました。
店舗の価額は1,800円ですが、これ以外に登記料140円と不動産屋さんに対する仲介手数料60円がかかりました。

取引 ×2年4月1日　ゴエモン㈱は、建物1,800円を購入し、代金は月末に支払うこととした。なお、購入にあたっての登記料140円と仲介手数料60円は現金で支払った。

用語 登　記　料…登記（取得した建物や土地が自分のものだと公示するため、登記簿に記載すること）にかかる費用
　　　　仲介手数料…建物や土地を不動産屋を通じて売買したときに発生する、不動産屋に支払う手数料

ここまでの知識で仕訳をうめると… ← 商品以外のものを買ったときの未払額

（　　　　　　）	（未　払　金）	1,800
	（現　　　金）	200

↑ 現金で支払った ↓

● 建物や土地、車などを固定資産という

建物や土地などは、購入後、長期にわたって使用します。このように、会社が長期的に（1年を超えて）使用するために所有する資産を**固定資産**といいます。
なお、固定資産のうち、建物や備品など、具体的な形のあるものを**有形固定資産**といいます。

> 固定資産のうち、具体的な形がないものは無形固定資産（むけいこていしさん）といいます。無形固定資産については2級で学習します。

有形固定資産の勘定科目には、**建物**、**土地**、**備品**、**車両運搬具**などがあります。

取得したもの		勘定科目
事務所、店舗、倉庫など	→	建　　物
事務所や店舗などの敷地	→	土　　地
机やイス、商品棚、パソコンなど	→	備　　品
トラックや営業車など	→	車両運搬具

● 固定資産を購入したときの仕訳

固定資産を購入したときは、その固定資産を購入して使うまでにかかった金額（**取得原価**）で記入します。

CASE66では、建物本体の価額（1,800円）以外に登記料（140円）と仲介手数料（60円）がかかっているため、登記料と仲介手数料（**付随費用**）も建物の取得原価に含めて処理します。

固定資産の取得原価 ＝ 固定資産本体の価額 ＋ 仲介手数料など
　　　　　　　　　　　　購入代価　　　　　　付随費用

CASE66の建物の取得原価

・1,800円 + 140円 + 60円 = 2,000円

CASE66の仕訳

（建　　　　物）2,000　（未　払　金）1,800
　資産の増加　　　　　　（現　　　金）　200

なお、各固定資産の付随費用には次のようなものがあります。

試験では、問題文に「〇〇（固定資産）の購入にあたって、××を支払った」とあったら、××は付随費用と考えてください。

第11章　有形固定資産と減価償却　131

勘定科目	付随費用
建　　物	登記料、仲介手数料など
土　　地	登記料、整地費用など
備　　品	引取運賃など
車両運搬具	購入手数料など

改良や修繕をしたとき

　建物に非常階段を設置したり、建物の構造を防火・防音にするなど、有形固定資産の価値を高めるための工事（**改良**）にかかった支出を**資本的支出**といい、資本的支出は、**建物（資産）**など、該当する有形固定資産の勘定科目で処理します。
　また、雨漏りを直したり、汚れを落とすなど、現在の状態を維持するための工事（**修繕**）にかかった支出を**収益的支出**といい、収益的支出は、**修繕費（費用）**で処理します。

例　建物の改良と修繕を行い、300円を小切手を振り出して支払った。なお、このうち資本的支出は100円で、収益的支出は200円である。

（建　　　物）　100　　（当 座 預 金）　300
（修　繕　費）　200

問題編
問題38、39

CASE 67 有形固定資産と減価償却

固定資産の決算日における処理①

今日は決算日。
固定資産を持っていると、決算日に減価償却という手続きを行わないといけないようです。
そこでゴエモン㈱は、当期首に買った建物について減価償却を行うことにしました。

取引 ×3年3月31日　ゴエモン㈱は当期首（×2年4月1日）に購入した建物（取得原価2,000円）について減価償却を行う。なお、減価償却方法は定額法（耐用年数30年、残存価額は取得原価の10％）による。

用語 期　　首…（会社の）今年度（当期）の初めの日
　　　　減価償却…固定資産を使うことによって生じた価値の減少分を、費用として計上すること
　　　　定 額 法…固定資産の価値の減少が、毎年同額だけ生じるとして計算する減価償却の方法

決算整理
決算編で再登場！

● 価値が減った分だけ費用として計上！

　固定資産は、長期的に会社で使われることによって、売上げを生み出すのに貢献しています。
　また、固定資産を使うとその価値は年々減っていきます。
　そこで、固定資産の価値の減少分を見積って、毎年、費用として計上していきます。この手続きを**減価償却**といい、減価償却によって費用として計上される金額を**減価償却費**といいます。

> 店舗があるから商品を売り上げることができますし、トラックがあるから商品を配送することができますよね。

第11章　有形固定資産と減価償却　133

減価償却費の計算に必要な要素

減価償却費は、固定資産の**取得原価**、**耐用年数**、**残存価額**を使って計算します。

ここで**耐用年数**とは、その固定資産が、取得したときから何年使えるかという**固定資産の利用年数**のことをいいます。また、**残存価額**とは、その固定資産を耐用年数まで使ったときに**残っている価値**をいいます。

> 取得原価…固定資産の購入にかかった金額。

> 耐用年数…固定資産の寿命。

> 残存価額…最後まで使ったときに残っている価値。

減価償却費の計算

減価償却費の計算方法にはいろいろありますが、3級で学習するのは**定額法**という方法です。

定額法は、固定資産の価値の減少分は毎年同額であると仮定して計算する方法で、**取得原価から残存価額を差し引いた金額を、耐用年数で割って計算**します。

とても重要

$$減価償却費（定額法）＝\frac{取得原価－残存価額}{耐用年数}$$

CASE67では、取得原価が2,000円、残存価額が取得原価の10％ですから、残存価額は200円（2,000円×10％）となります。

　また、耐用年数が30年なので、1,800円（2,000円－200円）を30年で割って減価償却費60円を求めます。

> 残存価額が0円なら、取得原価（2,000円）を耐用年数（30年）で割るだけですね。

CASE67の建物の減価償却費

$$\frac{2{,}000円 - \overbrace{2{,}000円 \times 10\%}^{200円}}{30年} = 60円$$

（減価償却費）　　60　（　　　　　　）

費用の発生↑

> 減価償却費は費用なので、借方に記入します。
>

●減価償却費の記帳方法

　減価償却費の記帳方法（帳簿への記入方法）には、**直接法**と**間接法**がありますが、3級で学習するのは間接法です。

> どちらの方法によるかで、貸方の勘定科目が変わります。

　間接法は、固定資産の金額を直接減らさず、**減価償却累計額**という**資産のマイナスを表す勘定科目**で処理する方法です。したがって、仕訳の貸方には**減価償却累計額**を記入します。

> アタマに固定資産名をつけて「建物減価償却累計額」や「備品減価償却累計額」とすることが多いです。

CASE67の仕訳

（減 価 償 却 費）　　60　（減価償却累計額）　　60

↑資産のマイナスを表す勘定科目

CASE 68 有形固定資産と減価償却

固定資産の決算日における処理②

今日は決算日（3月31日）。そこで、ゴエモン㈱は12月1日に買った建物について減価償却を行うことにしました。
ところで、使いはじめて4か月しかたっていない固定資産の減価償却費はどのように計算するのでしょう？

取引 ×3年3月31日　決算につき、×2年12月1日に購入した建物（取得原価2,000円）について減価償却を行う。なお、減価償却方法は定額法（耐用年数30年、残存価額は取得原価の10％）、記帳方法は間接法による。

決算整理
決算編で再登場！

ここまでの知識で仕訳をうめると…

（減 価 償 却 費）　　　　（減価償却累計額）

● 期中に取得した固定資産の減価償却

先ほどの CASE67 は期首に固定資産を取得していたので、1年分の減価償却費を計上しましたが、CASE68 のように**期中**（期首と期末の間の期間。ここでは12月1日）**に取得した固定資産の減価償却費は、使った期間の分だけ月割りで計算して計上**します。

CASE68では、当期の建物の使用期間は12月1日から3月31日までの4か月間なので、4か月分の減価償却費を計上します。

とても重要

第11章　有形固定資産と減価償却　137

CASE68の建物の減価償却費

① 1年分の減価償却費：$\dfrac{2{,}000\text{円} - \overbrace{2{,}000\text{円} \times 10\%}^{200\text{円}}}{30\text{年}}$

$= 60\text{円}$

② 当期分の減価償却費：$60\text{円} \times \dfrac{4\text{か月}}{12\text{か月}} = 20\text{円}$

CASE68の仕訳

（減 価 償 却 費）　20　（減価償却累計額）　20

⇔ 問題編 ⇔
問題40

CASE 69 有形固定資産と減価償却

固定資産を売却したときの仕訳

ゴエモン㈱は、4年前に400円で購入した商品棚（備品）を250円で売ることにしました。
この商品棚の4年間の減価償却費合計額（減価償却累計額）は180円です。
この場合、どのような処理をしたらよいでしょう？

取引 ×5年4月1日　ゴエモン㈱は、備品（取得原価400円、減価償却累計額180円、間接法で記帳）を250円で売却し、代金は月末に受け取ることとした。なお、ゴエモン㈱の会計期間は4月1日から3月31日までの1年である。

ここまでの知識で仕訳をうめると…

（未 収 入 金） 250 （備　　　品）

代金は月末に受け取る　　備品を売却した

● 固定資産を売却したときの仕訳

　固定資産を売却したときは、その固定資産がなくなるので、**固定資産の取得原価**（400円）**と減価償却累計額**（180円）**をそれぞれ減らします。**

（未 収 入 金）　250　（備　　　品）　400
（減価償却累計額）　180　　　　　　　　　取得原価

第11章　有形固定資産と減価償却　139

そして、売却価額と帳簿価額（取得原価－減価償却累計額）との差額は、**固定資産売却益（収益）**または**固定資産売却損（費用）**で処理します。
　CASE69では、帳簿価額（400円－180円＝220円）よりも高い金額（250円）で売っているので、**もうけている状態**です。したがって、売却価額と帳簿価額との差額30円（250円－220円）は**固定資産売却益（収益）**で処理（仕訳の貸方に記入）します。

CASE69の仕訳

（未 収 入 金）	250	（備　　　　品）	400
（減価償却累計額）	180	（固定資産売却益）	30

　なお、仮にCASE69の売却価額が200円であったとした場合は、帳簿価額（400円－180円＝220円）よりも低い金額（200円）で売っているので、**損をしている状態**です。したがって、売却価額と帳簿価額との差額20円（220円－200円）は、**固定資産売却損（費**

用）で処理（仕訳の<u>借方</u>に記入）します。

（未 収 入 金）	200	（備　　　　品）	400
（減価償却累計額）	180		
（固定資産売却損）	20		

費用 🦩 の発生↑　（貸借差額）

第11章　有形固定資産と減価償却　141

CASE 70 有形固定資産と減価償却
固定資産を売却したときの仕訳（期中・期末売却）

ゴエモン㈱は、当期の1月31日（期中）において、3年10か月前に900円で購入したトラック（車両運搬具）を200円で売ることにしました。
このように、期中で固定資産を売却したときは、どんな処理をするのでしょうか？

取引 ×6年1月31日　ゴエモン㈱は、×2年4月1日に購入したトラック（取得原価900円、期首の減価償却累計額540円、減価償却方法は定額法、残存価額は0円、耐用年数は5年、間接法で記帳）を200円で売却し、代金は月末に受け取ることとした。なお、ゴエモン㈱の会計期間は4月1日から3月31日までの1年である。

ここまでの知識で仕訳をうめると…

　　　　　　　　間接法　　　　　　　　　　　トラックは車両運搬具で処理

（減価償却累計額）	540	（車両運搬具）	900
（未 収 入 金）	200		

● 期中・期末に固定資産を売却したときの仕訳（間接法）

　固定資産を期中（ここでは1月31日）や期末（ここでは3月31日）に売却したときは、**当期に使った期間の分の減価償却費を月割りで計算**して計上します。

　CASE70では、当期のトラック（車両運搬具）の使用期間は4月1日から1月31日までの10か月間なの

> 期中に固定資産を買ったときの減価償却費の計算も、月割計算をしましたよね。

で、10か月分の減価償却費を計上します。

CASE70の当期分の減価償却費

① 1年分の減価償却費：900円÷5年＝180円

② 当期分の減価償却費：180円× $\frac{10か月}{12か月}$ ＝ 150円

（減価償却累計額）	540	（車両運搬具）	900
（未 収 入 金）	200		
（減 価 償 却 費）	150		

そして、貸借差額は**固定資産売却益（収益）**または**固定資産売却損（費用）**で処理します。

CASE70の仕訳

（減価償却累計額）	540	（車両運搬具）	900
（未 収 入 金）	200		
（減 価 償 却 費）	150		
（固定資産売却損）	10		

10 ← 貸借差額

借方に差額が生じるので、費用の勘定科目（固定資産売却損）を記入します。

⇔ 問題編 ⇔
問題41、42

第11章　有形固定資産と減価償却

有形固定資産と減価償却のまとめ《一連の流れ》

CASE66
固定資産の
購入時

・取得原価＝購入代価＋付随費用

（建　　　物*）2,000　　　（未 払 金 な ど）2,000
*または「土地」、「備品」、「車両運搬具」など

CASE67、68
決算日

・減価償却費＝$\dfrac{\text{取得原価－残存価額}}{\text{耐用年数}}$

*期中に購入した固定資産の減価償却費は月割計算

（減 価 償 却 費）　　60　　　（減価償却累計額）　　60

CASE69
固定資産の売却時
（期首売却）

・売却価額と帳簿価額の差額は固定資産売却損（費用）または固定資産売却益（収益）で処理

（未 収 入 金 な ど）　250　　　（備　　　　品）　400
（減価償却累計額）　180　　　（固定資産売却益）　　30

CASE70
固定資産の売却時
（期中・期末売却）

・当期分の減価償却費を計上

（減価償却累計額）　540　　　（車 両 運 搬 具）　900
（未 収 入 金 な ど）　200
（減 価 償 却 費）　150
（固定資産売却損）　　10

この章で新たにでてきた勘定科目

資　産	負　債
土　　　地	―
備　　　品	資本（純資産）
車両運搬具	―

費　用	収　益
修　繕　費 減価償却費 固定資産売却損	固定資産売却益

その他
減価償却累計額*
*資産のマイナスを 表す勘定科目

144

仕訳編

第12章
株式の発行、剰余金の配当と処分

株式会社を設立しよう!
…と思い立ったら、
まずは、株式を発行するところからスタートだ。

ここでは、株式の発行、
剰余金の配当と処分についてみていきましょう。

CASE 71 株式会社とは

株式会社とは

《これはゴエモン君が会社を設立したときのお話です》

去年まで個人商店（ゴエモン商店）を営んでいたゴエモン君。お店も大きくなってきたので、今年から株式会社にしたいと考えています。
そこで、株式会社について調べてみることにしました。

> ここ（CASE71）は試験に出題されることはありませんので、さらっと読んでおいてください。

● 株式会社とは？

お店と会社の違いに、規模の大きさがあります。
事業規模が小さいお店では、元手はそれほど必要ではありません。

> 通常、店主個人の貯金をお店の元手（資本金）として開業します。

ところが、事業規模が大きくなると、多くの元手が必要となります。そこで、必要な資金を集めるため、**株式という証券**を発行して多数の人から少しずつ出資してもらうのです。

このように、**株式**を発行することによって多額の資金を集めて営む企業形態を、**株式会社**といいます。

> 1株5万円の株式を2,000人に買ってもらえば1億円という大金を集めることができますよね。

● 株主と取締役

株式会社では、出資してくれた人を**株主**といいます。株主からの出資があって会社が成り立っているので、株主は会社の所有者（オーナー）ともいわれます。したがって、株主は会社の方向性についても口を出せますし、究極的には会社を解散させることもできます。

しかし、株主は何万人といるわけですから、株主が直接、日々の会社の経営を行うことはできません。

そこで、株主は出資した資金を経営のプロである**取締役**に任せ、日々の会社の経営は取締役が行います。

また、株主からの出資があって、会社が活動し、利益を得ることができるので、会社が得た利益は株主に分配（**配当**といいます）されます。

> これを所有（株主）と経営（取締役）の分離といいます。

> 利益が多ければ多いほど、株主への分配も多いわけですから、出資者も、もうける力のある会社、魅力的な会社に出資するわけですね。

● 株主総会と取締役会

会社には何人かの取締役がいます。そして、取締役は**取締役会**という会議を行い、会社の経営方針を決めていきます。

なお、会社の基本的な経営方針や利益の使い道（株主への配当など）は、株主が集まる**株主総会**で決定されます。

> お店では出資者＝店主（経営者）なので、お店のもうけを店主が使うことができましたが、株式会社では出資者（株主）≠経営者（取締役）なので、経営者が会社のもうけを勝手に使うことはできません。

第12章 株式の発行、剰余金の配当と処分　147

CASE 72 株式の発行

会社を設立して株式を発行したときの仕訳

株式会社を設立することを決めたゴエモン君。会社の設立にあたって、まずは株式を発行する必要があります。
そこで、1株@10円の株式を100株発行することにしました。

取引 ゴエモン㈱は、会社の設立にあたって株式100株を1株あたり10円で発行し、全株式の払い込みを受け、払込金額は普通預金とした。

ここまでの知識で仕訳をうめると…

（普 通 預 金） 1,000 （　　　　　　　　）

　↑普通預金とした → 資産の増加↑
　　@10円×100株＝1,000円

● 株式を発行したときの仕訳

会社の設立にあたって、株式を発行したときは、**原則として払込金額の全額を資本金（資本）として処理**します。

資本金（資本）の増加なので、貸方に記入します。

CASE72の仕訳

（普 通 預 金） 1,000 （資　本　金） 1,000

　　　　　　　　　　　　　資本の増加↑

148

CASE 73 株式の発行

増資をしたときの仕訳

会社設立後、しばらくして、さらに事業を拡大するため、資金が必要となりました。
そこで資本金を増やすべく、株式を発行することにしました。

取引 増資のため、株式20株を1株あたり10円で発行し、全株式の払い込みを受け、払込金額は当座預金とした。

用語 増　資…資本金を増やすこと

● 増資をしたときの仕訳

会社の設立後に新株を発行して資本金を増やすことを**増資**といいます。

増資で株式を発行したときも、設立のときと同様に、**原則として払込金額の全額を資本金（資本）として処理**します。

CASE73の仕訳

（当　座　預　金）　200　（資　　本　　金）　200
　　　　　　　　　　　　　　資本の増加↑
　　　　　　　　　　　　　　@10円×20株

⇔ 問題編 ⇔
問題43

第12章　株式の発行、剰余金の配当と処分　149

CASE 74 当期純損益の振り替え

当期純利益を計上したときの仕訳

株式会社を設立して1年、おかげさまで当期は利益260円を計上することができました。
この利益って、最終的にどこにいくのでしょうか？

取引 ×2年3月31日 ゴエモン㈱は第1期の決算において当期純利益260円を計上した。

●当期純利益を計上したときの処理

第18章で学習しますが、収益から費用を差し引いて、当期のもうけ（当期純利益）や損失（当期純損失）を計算します。

この、当期のもうけ（当期純利益）や損失（当期純損失）は損益勘定で計算されます。

CASE74では、当期純利益を計上していますが、利益（もうけ）が出たということは、会社が使える資本（元手）が増えたということなので、資本（純資産）の増加として処理します。

具体的には、**損益勘定から繰越利益剰余金という資本（純資産）の勘定の貸方に振り替えます。**

> 繰越利益剰余金は、利益（剰余金ともいいます）を集計しておくための勘定です。

> 当期純利益（または当期純損失）の振り替えについては、CASE121でくわしく学習します。

CASE74の仕訳

（損	益）	260	（繰越利益剰余金）	260

> 当期純利益→元手（資本）を増やす→繰越利益剰余金（資本）の貸方に振り替える。
>
> | 資　産 | 負　債 |
> |---|---|
> | | 資　本 |

繰越利益剰余金

当期純利益 260円

損　益

費　用	収　益
当期純利益 260円	

● 当期純損失を計上したときの処理

一方、当期純損失を計上したときは、資本（元手）の減少として、**損益勘定から繰越利益剰余金勘定の借方**に振り替えます。

したがって、仮にゴエモン㈱が当期純損失200円を計上したとするならば、次のような仕訳になります。

（繰越利益剰余金）	200	（損	益）	200

> 当期純損失→元手（資本）を減らす→繰越利益剰余金（資本）の借方に振り替える。

繰越利益剰余金

当期純損失 200円

損　益

費　用	収　益
	当期純損失 200円

⊜ 問題編 ⊜
問題44

第12章　株式の発行、剰余金の配当と処分　151

CASE 75 剰余金の配当、処分

剰余金を配当、処分したときの仕訳

第1期　ゴエモン㈱　株主総会

これでいいですか？

株主配当金　500円

いいで〜す！

株主

株式会社では、利益は出資してくれた株主のものだから、その使い道は株主の承認が必要とのこと。そこで、ゴエモン㈱も株主総会を開いて、利益の使い道について株主から承認を得ました。

取引　×2年6月20日　ゴエモン㈱の第1期株主総会において、繰越利益剰余金1,000円を次のように配当、処分することが承認された。

　　株主配当金 500円　利益準備金 50円

用語　**株主総会**…株主が会社の基本的な経営方針や利益の使い道（配当、処分）などを決定する場

剰余金の配当と処分とは

　株式会社では、会社の利益（剰余金）は出資者である株主のものです。ですから、会社の利益は株主に配当として分配する必要があります。

　しかし、すべての利益を配当として分配してしまうと、会社に利益が残らず、会社が成長することができません。そこで、利益のうち一部を社内に残しておくことができます。また、会社法の規定により、積み立てが強制されるものもあります。

　このように利益の使い道を決めることを**剰余金の配当と処分**といいます。

> 剰余金の配当や処分は経営者が勝手に決めることはできず、株主総会の承認が必要です。

152

● 剰余金の配当と処分の項目には何がある？

剰余金の配当とは、株主に対する配当をいい、**剰余金の処分**とは、配当以外の利益の使い道をいいます。

なお、剰余金の処分項目には、会社法で積み立てが強制されている**利益準備金（資本）**などがあります。

● 剰余金の配当と処分の仕訳

株主総会で剰余金の配当や処分が決まったときには、繰越利益剰余金からそれぞれの勘定科目に振り替えます。ただし、株主配当金は株主総会の場では金額が決定するだけで、支払いは後日となるので、**未払配当金（負債）**で処理します。

CASE75の仕訳　〔貸方合計〕

（繰越利益剰余金）　550　（未　払　配　当　金）　500
　　　　　　　　　　　　（利　益　準　備　金）　 50

第12章　株式の発行、剰余金の配当と処分　153

配当・処分前		配当・処分後

繰越利益剰余金　　　　　　　**繰越利益剰余金**

	1,000円	未払配当金 500円	1,000円
		利益準備金　50円	
		繰り越される金額 450円	

▶

未 払 配 当 金

	500円

利 益 準 備 金

	50円

配当金を支払ったときの仕訳

　株主総会後、株主に配当金を支払ったときは、未払配当金（負債）が減るとともに、現金や当座預金（資産）が減ります。

（未 払 配 当 金）　　500（現 金 な ど）　　500

負債😣の減少⬇

◈ 問題編 ◈
　問題45

株式の発行のまとめ

CASE72
設立時

- 払込金額を資本金として処理

（普　通　預　金）　1,000　　（資　　本　　金）　1,000

CASE73
増資時

- 払込金額を資本金として処理

（当　座　預　金）　　200　　（資　　本　　金）　　200

剰余金の配当と処分のまとめ《一連の流れ》

CASE74
決算時

- 損益勘定から繰越利益剰余金勘定に振り替える

（損　　　　　益）　　260　　（繰越利益剰余金）　　260

CASE75
剰余金の配当、
処分時

- 繰越利益剰余金勘定から各勘定に振り替える

（繰越利益剰余金）　　550　　（未　払　配　当　金）　　500
　　　　　　　　　　　　　　　（利　益　準　備　金）　　　50

この章で新たにでてきた勘定科目

資　産	負　債	費　用	収　益	その他
	未払配当金	－	－	損　　　　益
－	**資本（純資産）**			
	資　本　金 利 益 準 備 金 繰越利益剰余金			

第12章　株式の発行、剰余金の配当と処分　155

仕訳編

第13章
法人税等と消費税

個人が所得税や住民税を納めるように、
会社だって法人税や住民税、
それに事業税も納めなければならないし、
モノを買ったり売ったりしたら消費税も発生する…。

ここでは、法人税等と消費税の処理についてみていきましょう。

CASE 76 法人税等

法人税等を中間申告、納付したときの仕訳

株式会社（法人）は、そのもうけに応じて法人税を納付しなければなりません。また、ゴエモン㈱のように会計期間が1年の会社では、期中において中間納付が必要とのこと。そこで、今日、法人税を中間納付しました。

取引 ゴエモン㈱（決算年1回、3月31日）は、法人税の中間納付を行い、税額100円を小切手を振り出して納付した。

用語 法 人 税…株式会社などの法人のもうけにかかる税金
中間納付…決算日が年1回の会社において、会計期間の途中で半年分の法人税等を仮払いすること

これまでの知識で仕訳をうめると…

（　　　　　　）　（当 座 預 金）　100

↑小切手を振り出した↓

● 法人税・住民税・事業税の処理

株式会社などの法人には、利益に対して**法人税**が課されます。また、法人が支払うべき**住民税**や**事業税**も法人税と同じように課されます。

そこで、法人税・住民税・事業税は**法人税、住民税及び事業税**として処理します。

「法人税等」で処理することもあります。

● 法人税等を中間申告、納付したときの仕訳

　法人税等は会社（法人）の利益に対して何％という形で課されるため、その金額は決算にならないと確定できません。

　しかし、年1回の決算の会社では、会計期間の中途で半年分の概算額を申告（**中間申告**といいます）し、納付しなければならないことになっています。

　なお、法人税等の中間申告・納付額はあくまでも概算額である（確定したものではない）ため、**仮払法人税等（資産）** として処理します。

「仮払〜」は資産です。

CASE76の仕訳

（仮払法人税等）　100　（当座預金）　100

資産 の増加↑

第13章　法人税等と消費税　159

CASE 77 法人税等

法人税等が確定したとき（決算時）の仕訳

ゴエモン㈱では、決算によって、当期の法人税等が210円と確定しました。
しかし、当期中に中間納付した法人税等が100円あります。
この場合、どのような処理をするのでしょう？

取引 決算の結果、法人税、住民税及び事業税が210円と計算された。なお、この金額から中間納付額100円を差し引いた金額を未払分として計上した。

決算整理
決算編で再登場！

● 法人税等が確定したとき（決算時）の仕訳

決算によって、当期の法人税等の金額が確定したときは、<u>借方に**法人税、住民税及び事業税**</u>を計上します。

（法人税,住民税及び事業税）　210　（　　　　　　　）

なお、法人税等の金額が確定したわけですから、中間申告・納付時に<u>借方に計上した**仮払法人税等（資産）**</u>を減らします（貸方に記入します）。

（法人税,住民税及び事業税）　210　（仮払法人税等）　100

　　　　　　　　　　　　　　　　　　資産の減少⬇

「未払〜」は負債です。

資産	負債
	資本

また、確定した金額と仮払法人税等の金額の差額は、これから納付しなければならない金額なので、**未払法人税等（負債）**として処理します。

160

CASE77の仕訳

（法人税、住民税及び事業税）	210	（仮 払 法 人 税 等）	100
		（未 払 法 人 税 等）	110

負債 ☁ の増加⬆　　貸借差額

● 未払法人税等を納付したとき（確定申告時）の仕訳

　決算において確定した法人税等は、原則として決算日後2か月以内に申告（**確定申告**といいます）し、納付します。

　なお、未払法人税等を納付したときは、**未払法人税等（負債）** を減らします。

　したがって、仮にCASE77で生じた未払法人税等110円を現金で納付したとすると、このときの仕訳は次のようになります。

（未 払 法 人 税 等）	110	（現　　　　　金）	110

負債 ☁ の減少⬇

⇔ 問題編 ⇔
問題46

第13章　法人税等と消費税　**161**

CASE 78 消費税

消費税を支払ったときの仕訳

100円のコーヒーカップを買ったときに税込価額110円を支払うように、モノを買ったときには、消費税も支払っています。
今日、ゴエモン㈱は税込価額110円の商品を仕入れ、代金は現金で支払いました。このときの仕訳について考えてみましょう。

取引 ゴエモン㈱はクロキチ㈱より商品110円（税込価額）を仕入れ、代金は現金で支払った。なお、消費税率は10％である。

これまでの知識で仕訳をうめると…

（仕　　　　入）	（現　　　　金）　110
↑商品を仕入れた	↑現金で支払った

● 消費税とは

消費税はモノやサービスに対して課される税金で、モノを買った人やサービスを受けた人が負担する（支払う）税金です。

● 消費税のしくみ

たとえば、ゴエモン㈱がクロキチ㈱から商品を仕入れ、税込価額110円（うち消費税10円）を支払い、この商品をシロミ㈱に売り上げ、税込価額330円（うち消費税30円）を受け取ったとします。この場合、ゴエモン㈱は、受け取った消費税30円と支払った消費税10円の差額20円を税務署に納付することになります。

● 消費税を支払ったときの仕訳

商品を仕入れて消費税を支払ったときは、支払った消費税額は仕入価額に含めず、**仮払消費税（資産）** として処理します。

この処理方法を税抜方式といいます。

CASE78の消費税額と仕入価額

①支払った消費税額：110円 × $\dfrac{10\%}{100\% + 10\%}$ = 10円

②仕入価額（税抜）：110円 − 10円 = 100円

本書では消費税率10%で計算しています。
試験では、問題文に税率が指示されるので、それにしたがって解答してください。

CASE78の仕訳

（仕 入） 100 （現 金） 110
（仮 払 消 費 税） 10

資産の増加↑　　税抜価額

第13章 法人税等と消費税　163

CASE 79 消費税

消費税を受け取ったときの仕訳

今度は消費税を受け取ったときの仕訳を考えてみましょう。
今日、ゴエモン㈱は税込価額330円の商品をシロミ㈱に売り上げ、代金は現金で受け取りました。

取引 商品330円（税込価額）を売り上げ、代金は現金で受け取った。なお、消費税率は10％である。

これまでの知識で仕訳をうめると…

| （現　　　　金） | 330 | （売　　　　上） | |

　↑現金で受け取った　　↑商品を売り上げた

● 消費税を受け取ったときの仕訳

商品を売り上げて消費税を受け取ったときは、受け取った消費税額は売上価額に含めず、**仮受消費税（負債）** として処理します。

CASE79の消費税額と売上価額

①受け取った消費税額：$330円 \times \dfrac{10\%}{100\% + 10\%} = 30円$

②売上価額（税抜）：330円 − 30円 = 300円

CASE79の仕訳

税抜価額

（現 金）	330	（売 上）	300
		（仮 受 消 費 税）	30

負債 の増加↑

第13章 法人税等と消費税　165

CASE 80 消費税

消費税の決算時の仕訳

今日は決算日。
どうやら決算において、仮払消費税と仮受消費税は相殺するようです。
そこで、ゴエモン㈱は仮払消費税10円と仮受消費税30円を相殺することにしました。

取引　決算につき、仮払消費税10円と仮受消費税30円を相殺し、納付額を確定する。

決算整理
決算編で再登場！

支払った消費税のほうが多かったら還付（税金が戻ること）されます。

● 消費税の決算時の仕訳

会社は支払った消費税（仮払消費税）と受け取った消費税（仮受消費税）の差額を税務署に納付します。

そこで、決算において仮払消費税（資産）と仮受消費税（負債）を相殺します。なお、貸借差額は**未払消費税（負債）**として処理します。

CASE80の仕訳

（仮受消費税）	30	（仮払消費税）	10
		（未払消費税）	20

負債の増加↑　貸借差額

● 消費税を納付したときの仕訳

　消費税の確定申告をして、納付したとき（未払消費税を支払ったとき）は、**未払消費税（負債）の減少**として処理します。

　したがって、CASE80の未払消費税20円を現金で納付したときの仕訳は次のようになります。

（未 払 消 費 税）　20（現　　　　金）　20

負債 😖 の減少⬇

⇔ 問題編 ⇔
問題47

第13章　法人税等と消費税　167

法人税等のまとめ《一連の流れ》

CASE76 中間申告・納付時

（仮払法人税等）100	（当座預金など）100

CASE77 決算時

（法人税、住民税及び事業税）210	（仮払法人税等）100
	（未払法人税等）110

CASE77 確定申告・納付時

（未払法人税等）110	（現　金　な　ど）110

消費税のまとめ《一連の流れ》

CASE78 支払時

・支払った消費税額は仮払消費税（資産）で処理

（仕　　　　　入）100	（現　金　な　ど）110
（仮 払 消 費 税）　10	

CASE79 受取時

・受け取った消費税額は仮受消費税（負債）で処理

（現　金　な　ど）330	（売　　　　　上）300
	（仮 受 消 費 税）　30

CASE80 決算時

・仮払消費税と仮受消費税を相殺し、差額は未払消費税（負債）で処理

（仮 受 消 費 税）　30	（仮 払 消 費 税）　10
	（未 払 消 費 税）　20

CASE80 納付時

・未払消費税（負債）の減少として処理

（未 払 消 費 税）　20	（現　金　な　ど）　20

この章で新たにでてきた勘定科目

資　産	負　債		費　用	収　益		その他
仮払法人税等 仮払消費税	未払法人税等 仮受消費税 未払消費税		―	―		法人税、住民税及び事業税 （法人税等）
	資本（純資産）					
	―					

仕訳編

第14章

費用・収益の前払い・前受けと未払い・未収、訂正仕訳

1年間の費用を前払いしたときや、1年間の収益を前受けしたときは、
当期分の費用や収益が正しく計上されるように
決算日に調整しなくてはいけないらしい…。
それに、まちがえて仕訳してしまったときも、
正しく修正しなければいけないよね。

ここでは、費用・収益の前払い・前受けと未払い・未収、
そして訂正仕訳についてみていきましょう。

CASE 81 費用の前払い
家賃を支払った（費用を前払いした）ときの仕訳

事務所を借りたニャ

11月1日 ゴエモン㈱は、事務所用として建物の一部屋を借りることにしました。
そして、1年分の家賃120円を小切手を振り出して支払いました。

取引 ×1年11月1日 事務所の家賃120円（1年分）を、小切手を振り出して支払った。

ここまでの知識で仕訳をうめると…

（　　　　　）　　　（当 座 預 金）　120

　　　　　　　　↑小切手を振り出した↓

● 家賃を支払った（費用を前払いした）ときの仕訳

事務所や店舗の家賃を支払ったときは、**支払家賃（費用）**として処理します。

CASE81の仕訳

（支 払 家 賃）　120　（当 座 預 金）　120

費用の発生↑

1年分の家賃を支払っているので、1年分の金額で処理します。

CASE 82 費用の前払い

決算日の処理（費用の前払い）

今日は決算日。ゴエモン㈱は、×1年11月1日に1年分の家賃（120円）を支払っています。このうち11月1日から3月31日までの分は当期の費用ですが、×2年4月1日から10月31日までの分は次期の費用です。この場合、どんな処理をしたらよいでしょう？

> **取引** ×2年3月31日 決算日（当期：×1年4月1日～×2年3月31日）につき次期の家賃を前払処理する。なお、ゴエモン㈱は11月1日に家賃120円（1年分）を支払っている。

決算整理 決算編で再登場！

● 費用の前払い

CASE81では、×1年11月1日（1年分の家賃を支払ったとき）に、支払家賃（費用）として処理しています。

◆1年分の家賃を支払ったときの仕訳

| （支 払 家 賃） | 120 | （当 座 預 金） | 120 |

このうち、×1年11月1日から×2年3月31日までの5か月分は当期の家賃ですが、×2年4月1日から10月31日までの7か月分は次期の家賃です。

したがって、いったん計上した1年分の支払家賃（費用）のうち、**7か月分を減らします**。

第14章 費用・収益の前払い・前受けと未払い・未収、訂正仕訳 173

```
×1年4/1      11/1    ×2年3/31        10/31
            家賃の    期末
            支払日   (決算日)
    ←―――当期―――→←―――次期―――→
           当期分：5か月分 次期分：7か月分
                    支払家賃（費用）を減らす
```

CASE82の次期の支払家賃

・次期の支払家賃：$120円 \times \dfrac{7か月}{12か月} =$ 70円

（　　　　　　　）　　（支　払　家　賃）　　70

費用 の取り消し↓

> 前払費用…先に支払っている→支払った分だけサービスを受けることができる権利→資産
>
> | 資　産 | 負　債 |
> |---|---|
> | | 資　本 |

なお、CASE82は、次期分の費用を当期に前払いしているので、前払いしている金額だけ次期にサービスを受ける権利があります。そこで、借方は**前払費用（資産）**で処理します。

CASE82の仕訳

> 家賃の前払いなので、「前払家賃」で処理します。

（前　払　家　賃）　　70　（支　払　家　賃）　　70

資産 の増加↑

```
決算           支払家賃              前払家賃
整理後
       1年分の家賃  次期分を減らす       70円
         120円   → 70円      ＋
                当期分(11/1～3/31)
                  50円
```

● **再振替仕訳**

決算日（前期末）において、次期分として前払処理した費用は、翌期首（次期の期首）に逆の仕訳をして振り戻します（再振替仕訳）。

◆決算日の仕訳

（前 払 家 賃） 70 （支 払 家 賃） 70

再振替仕訳　　　　　　　　　逆の仕訳

（支 払 家 賃） 70 （前 払 家 賃） 70

再振替仕訳をすることによって、前期（×
1年度）に前払処理した費用が当期（×2
年度）の費用となります。

第14章　費用・収益の前払い・前受けと未払い・未収、訂正仕訳　175

CASE 83 費用の未払い

お金を借り入れた（利息を後払いとした）ときの仕訳

12月1日　ゴエモン㈱は、事業拡大のため、銀行から現金600円を借りました。
この借入金にかかる利息（利率は2％）は1年後の返済時に支払うことになっています。

取引　×1年12月1日　ゴエモン㈱は銀行から、借入期間1年、年利率2％、利息は返済時に支払うという条件で、現金600円を借り入れた。

● お金を借り入れたとき（利息は後払い）の仕訳

銀行からお金を借り入れたときは、**現金（資産）が増加**するとともに**借入金（負債）**が増加します。

なお、返済時に利息を支払うため、この時点では利息の処理はしません。

> これはすでに学習しましたね。

CASE83の仕訳

| （現　　　　金） | 600 | （借　入　金） | 600 |

CASE 84 費用の未払い

決算日の処理（費用の未払い）

取引 ×2年3月31日　決算日（当期：×1年4月1日～×2年3月31日）につき、当期分の利息を未払処理する。なお、ゴエモン㈱は12月1日に銀行から、借入期間1年、年利率2％、利息は返済時に支払うという条件で、現金600円を借り入れている。

● 費用の未払い

借入金の利息は返済時（×2年11月30日）に支払うため、まだ費用として計上していません。しかし、×1年12月1日から×2年3月31日までの4か月分の利息は当期の費用なので、この4か月分を**支払利息（費用）**として処理します。

第14章　費用・収益の前払い・前受けと未払い・未収、訂正仕訳　177

CASE84の当期の支払利息

・当期の支払利息：$600円 \times 2\% \times \dfrac{4か月}{12か月} =$ 　4円

（支 払 利 息）　　　4（　　　　　　　　　）

費用の発生↑

なお、CASE84 では、当期分の費用をまだ支払っていないので、次期に支払わなければならないという義務が生じます。

そこで、貸方は**未払費用（負債）**で処理します。

> 未払費用…まだ支払っていない→あとで支払わなければならない義務→負債
>
> | 資　産 | 負　債 |
> |---|---|
> | | 資　本 |

CASE84の仕訳

> 利息の未払いなので、「未払利息」で処理します。

（支 払 利 息）　　　4（未 払 利 息）　　　4

負債の増加↑

決算整理後

支 払 利 息		未 払 利 息
当期分　4円	+	当期分　4円

●再振替仕訳

決算日に当期分として未払処理した費用は、翌期首（次期の期首）に逆の仕訳をして振り戻します。

（未 払 利 息）　　　4（支 払 利 息）　　　4

CASE 85 収益の前受け

地代を受け取った（収益を前受けした）ときの仕訳

×2年1月1日　ゴエモン㈱は、余っている土地を有効利用しようと、トラミ㈱に貸すことにしました。
このとき、トラミ㈱から1年分の地代240円を小切手で受け取りました。

取引　×2年1月1日　ゴエモン㈱はトラミ㈱に土地を貸し、地代240円（1年分）を小切手で受け取った。

ここまでの知識で仕訳をうめると…

| （現　　　　金） | 240 | |

　↑小切手 で受け取った↑

● **地代を受け取った（収益を前受けした）ときの仕訳**
　土地を貸し付けて、地代を受け取ったときは、**受取地代（収益）**として処理します。

「受取〜」とついたら収益です。

CASE85の仕訳

| （現　　　　金） | 240 | （受　取　地　代） | 240 |

　　　　　　　　　　　　　収益 の発生↑

第14章　費用・収益の前払い・前受けと未払い・未収、訂正仕訳　179

CASE 86 収益の前受け

決算日の処理（収益の前受け）

今日は決算日（3月31日）。
ゴエモン㈱は、×2年1月1日に受け取った1年分の地代（240円）のうち、次期分（×2年4月1日から12月31日）について前受処理をしました。

取引 ×2年3月31日 決算日（当期：×1年4月1日～×2年3月31日）につき次期分の地代を前受処理する。なお、ゴエモン㈱は1月1日に地代240円（1年分）を受け取っている。

決算整理 決算編で再登場!

● 収益の前受け

CASE85では、×2年1月1日（1年分の地代を受け取ったとき）に、受取地代（収益）として処理しています。

◆1年分の地代を受け取ったときの仕訳

| （現　　　金） | 240 | （受　取　地　代） | 240 |

このうち、×2年1月1日から3月31日までの3か月分は当期の地代ですが、×2年4月1日から12月31日までの9か月分は次期の地代です。
したがって、いったん計上した1年分の受取地代（収益）のうち、**9か月分を減らします。**

CASE86の次期の受取地代

・次期の受取地代：$240円 \times \dfrac{9か月}{12か月} = $ 180円

（受　取　地　代）　180（　　　　　　　　）

収益 🌸 の取り消し ⬇

　CASE86では、次期分の収益を当期に前受けしているので、その分のサービスを提供する義務が生じます。そこで、貸方は**前受収益（負債）**で処理します。

> 前受収益…受け取った分だけサービスを提供する義務
> → 負債
>
> | 資　産 | 負　債 |
> |---|---|
> | | 資　本 |

CASE86の仕訳

（受　取　地　代）　180（前　受　地　代）　180

負債 ☁ の増加 ⬆

> 地代の前受けなので、「前受地代」で処理します。

決算整理後

受取地代 🌸

次期分を減らす 180円 ← 1年分の地代 240円

当期分(1/1～3/31) 60円

＋

前受地代 ☁

180円

🍡 再振替仕訳

　決算日に次期分として前受処理した収益は、翌期首に逆の仕訳をして振り戻します。

（前　受　地　代）　180（受　取　地　代）　180

第14章　費用・収益の前払い・前受けと未払い・未収、訂正仕訳　181

CASE 87 収益の未収

お金を貸し付けた（利息をあとで受け取る）ときの仕訳

? ×2年2月1日　ゴエモン㈱は、トラノスケ㈱に現金800円を貸しました。
この貸付金にかかる利息（利率は3％）は1年後の返済時に受け取ることになっています。

取引 ×2年2月1日　ゴエモン㈱は、トラノスケ㈱に貸付期間1年、年利率3％、利息は返済時に受け取るという条件で現金800円を貸し付けた。

● お金を貸し付けたときの仕訳

お金を貸し付けたときは、**現金（資産）** が減少するとともに**貸付金（資産）** が増加します。

なお、返済時に利息を受け取るため、この時点では利息の処理はしません。

これはすでに学習しましたね。

CASE87の仕訳

| （貸　付　金） | 800 | （現　　　金） | 800 |

CASE 88 収益の未収

決算日の処理（収益の未収）

今日は決算日（3月31日）。

ゴエモン㈱は、×2年2月1日にトラノスケ㈱に現金800円を貸していますが、利息（利率3％）は返済時（×3年1月31日）に受け取る約束です。したがって、当期分の利息を未収処理しました。

取引 ×2年3月31日 決算日（当期：×1年4月1日～×2年3月31日）につき当期分の利息を未収処理する。なお、ゴエモン㈱は2月1日にトラノスケ㈱に貸付期間1年、年利率3％、利息は返済時に受け取るという条件で現金800円を貸し付けている。

決算整理 決算編で再登場！

● 収益の未収

貸付金の利息は返済時（×3年1月31日）に受け取るため、まだ収益として計上していません。しかし、×2年2月1日から3月31日までの2か月分の利息は当期の収益なので、この2か月分を**受取利息（収益）**として処理します。

第14章 費用・収益の前払い・前受けと未払い・未収、訂正仕訳

CASE88の当期の受取利息

・当期の受取利息：$800円 \times 3\% \times \dfrac{2か月}{12か月} =$ 4円

| （　　　　　） | （受 取 利 息） | 4 |

収益 🌸 の発生 ↑

> 未収収益…まだ受け取っていない→あとで受け取ることができる権利→😊 資産
>
> | 資　産 | 負　債 |
> | | 資　本 |

　なお、CASE88では、当期分の収益をまだ受け取っていないため、次期に受け取ることができます。そこで、借方は<ruby>未<rt>み</rt></ruby> <ruby>収<rt>しゅう</rt></ruby> <ruby>収<rt>しゅう</rt></ruby> <ruby>益<rt>えき</rt></ruby>（資産）で処理します。

CASE88の仕訳

> 利息の未収なので、「未収利息」で処理します。

| （未 収 利 息） | 4 | （受 取 利 息） | 4 |

資産 😊 の増加 ↑

【決算整理後】

| 受取利息 🌸 | | 未 収 利 息 😊 |
| 当期分　4円 | ➕ | 4円 |

● 再振替仕訳

　決算日に当期分として未収処理した収益は、翌期首に逆の仕訳をして振り戻します。

| （受 取 利 息） | 4 | （未 収 利 息） | 4 |

⊜ 問題編 ⊜
問題48

184

CASE 89 訂正仕訳

誤った仕訳を訂正するときの仕訳

あれっ、まちがって仕訳してる。

ゴエモン㈱は、クロキチ㈱に対する買掛金を支払ったときに、まちがった仕訳をしていたことに気付きました。
まちがった仕訳を訂正したいのですが、どのようにしたらよいでしょう？

取引 ゴエモン㈱は、仕入先クロキチ㈱に対する買掛金100円を現金で支払ったときに、借方科目を仕入と仕訳してしまっていたので、これを訂正する。

● 誤った仕訳を訂正する仕訳のつくり方

誤った仕訳をしていたときは、これを訂正しなければなりません。この際に行う仕訳を**訂正仕訳**といいます。

訂正仕訳をつくるには、まず①**正しい仕訳**を考えます。

CASE89では、「買掛金を現金で支払った」という取引なので、正しい仕訳は次のようになります。

CASE89 の正しい仕訳…①

| （買　掛　金） | 100 | （現　　　金） | 100 |

次に②**誤った仕訳**を考えます。

CASE89では、借方科目を**仕入**で処理しているので、誤った仕訳は次のようになります。

第14章 費用・収益の前払い・前受けと未払い・未収、訂正仕訳　185

CASE89 の誤った仕訳…②

| （仕 | 入） | 100 | （現 | 金） | 100 |

　そして③誤った仕訳の逆仕訳をします。これによって誤った仕訳が取り消されることになります。

CASE89 の誤った仕訳の逆仕訳…③

| （現 | 金） | 100 | （仕 | 入） | 100 |

　上記の①正しい仕訳と③誤った仕訳の逆仕訳を足した仕訳が訂正仕訳となります。

CASE89 の正しい仕訳…①

> 正しい仕訳。

| （買 掛 金） | 100 | ~~（現　　　金）~~ | ~~100~~ |

＋

CASE89 の誤った仕訳の逆仕訳…③

> 誤った仕訳を取り消す仕訳。

| ~~（現　　　金）~~ | ~~100~~ | （仕 入） | 100 |

↓

CASE89 の仕訳（訂正仕訳）

> 借方と貸方の現金100（円）は相殺されてなくなります。

| （買 掛 金） | 100 | （仕 入） | 100 |

⊖ 問題編 ⊖
問題 49、50

● 186

費用・収益の前払い・前受けのまとめ《一連の流れ》

CASE81、85 費用の前払時 収益の前受時
①費用の支払いの処理
②収益の受け取りの処理

①費用の支払い	②収益の受け取り
（支 払 家 賃）120	（現 金 な ど）240
（当座預金など）120	（受 取 地 代）240

CASE82、86 決算日
①次期分の費用を減らす。相手科目は前払費用（資産）
②次期分の収益を減らす。相手科目は前受収益（負債）

①費用の前払い	②収益の前受け
（前 払 家 賃）70	（受 取 地 代）180
（支 払 家 賃）70	（前 受 地 代）180

CASE82、86 翌期首
・再振替仕訳（前期の決算日に行った仕訳の逆仕訳）

①費用の前払い	②収益の前受け
（支 払 家 賃）70	（前 受 地 代）180
（前 払 家 賃）70	（受 取 地 代）180

費用・収益の未払い・未収のまとめ《一連の流れ》

CASE83、87 取引の発生時
・取引の仕訳を行う（費用の支払い、収益の受け取りは生じていない）

CASE84、88 決算日
①当期分の費用を計上。相手科目は未払費用（負債）
②当期分の収益を計上。相手科目は未収収益（資産）

①費用の未払い	②収益の未収
（支 払 利 息）4	（未 収 利 息）4
（未 払 利 息）4	（受 取 利 息）4

CASE84、88 翌期首
・前期末の決算日に行った仕訳の逆仕訳

①費用の未払い	②収益の未収
（未 払 利 息）4	（受 取 利 息）4
（支 払 利 息）4	（未 収 利 息）4

訂正仕訳のまとめ

CASE89
訂正仕訳

①正しい仕訳を行う

（買　掛　金）　100　（現　　　　金）　100

②誤った仕訳を考える

（仕　　　　入）　100　（現　　　　金）　100

③誤った仕訳の逆仕訳を行う

（現　　　　金）　100　（仕　　　　入）　100

④訂正仕訳（①＋③）

（買　掛　金）　100　（仕　　　　入）　100

この章で新たにでてきた勘定科目

資　産	負　債	費　用	収　益	その他
前払費用 未収収益	未払費用 前受収益	支払家賃	受取地代	―
	資本（純資産）			
	―			

帳簿編

第15章

帳簿への記入

簿記（帳簿記入）というからには帳簿が必要。
帳簿には必ずつくらなくてはいけない帳簿と
必要に応じてつくればいい帳簿があるんだって。

ここでは、さまざまな帳簿への記入についてみていきましょう。

CASE 90 帳簿

仕訳帳と総勘定元帳

仕訳はなんとなくわかったゴエモン君。「仕訳の次は何をしたらいいのかな?」と思い、開業マニュアルを読んでみると、仕訳の次は転記という作業をするようです。

取引 4月 1日 株式500円を発行し、現金を受け取った。
4月10日 クロキチ㈱より商品200円を仕入れ、現金50円を支払い、残額は掛けとした。

● 仕訳と仕訳帳

仕訳編で学習した仕訳は、取引のつど、**仕訳帳**という帳簿に記入します。

仕訳帳の形式と記入方法を示すとこのようになります。

- 取引の日付を記入
- 仕訳とコメント(小書き)を記入
- 総勘定元帳*の番号を記入 *後述
- 借方と貸方に分けて金額を記入
- 仕訳帳の頁数

仕 訳 帳   1

×年		摘　　　　要	元丁	借　方	貸　方
4	1	(現　　金) ← 借方の勘定科目	1	500	
		貸方の勘定科目 →(資 本 金)	18		500
		株式の発行 ← コメントをつける			
	10	(仕　　入)　諸　　口	20	200	
		同じ側に複数の勘定科目が(現　　金)	1		50
		あるときは「諸口」と記入(買 掛 金)	11		150
		クロキチ㈱より仕入れ		仕訳を記入したら線を引く	

仕訳をしたら総勘定元帳に転記する！

仕訳帳に仕訳をしたら、**総勘定元帳**という帳簿に記入（**転記**といいます）します。総勘定元帳は勘定科目（口座）ごとに金額を記入する帳簿です。

現金勘定、買掛金勘定、資本金勘定、仕入勘定の記入方法を示すと次のようになります。

総勘定元帳（略式）の場合

試験では、前記の総勘定元帳を簡略化した総勘定元帳（略式）で出題されることもあります。

略式の総勘定元帳では、日付、相手科目、金額のみを記入します。

CASE90の取引を略式の総勘定元帳に記入すると次のようになります。

CASE 91 帳簿

現金出納帳と当座預金出納帳への記入

現金や当座預金は、日々の取引でよく使います。そこで、ゴエモン㈱では現金出納帳と当座預金出納帳という帳簿を設けて管理することにしました。

> お小遣い帳のようなものですね。

● **現金出納帳**
現金出納帳は入金と出金の明細を記録する帳簿です。

現金出納帳の形式と記入方法は次のとおりです。

取引の内容を記入　収入金額を記入　支出金額を記入　残高を記入

現 金 出 納 帳

×年		摘　　要	収入	支出	残高
5	1	前月繰越 ←前月からの繰越額を記入	200		200
	3	クロキチ㈱に仕入代金支払い		80	120
	10	シロミ㈱から売掛金回収	100		220
	25	消耗品の購入		50	170
	31	次月繰越		170	
		収入欄合計と支出欄合計を記入 →	300	300	
6	1	前月繰越	170		170

収入・支出の内容を記入

月末の残高を「次月繰越」として、「支出欄」に赤字で記入します（ただし、試験では黒字で記入してください）。

当座預金出納帳

当座預金出納帳は当座預金の預け入れと引き出しの明細を記録する帳簿です。

当座預金出納帳の形式と記入方法は次のとおりです。

> 基本的には現金出納帳と同じです。

> 自分が振り出した小切手の番号を記入

> 借方残高の場合は「借」、貸方残高（当座借越）の場合は「貸」と記入。前日と同じ場合は「〃」と記入

当座預金出納帳

×年		摘 要	小切手番号	預 入	引 出	借貸	残 高
6	1	前月繰越		700		借	700
	12	シロミ㈱から売掛金回収		100		〃	800
	19	クロキチ㈱に買掛金支払い	001		150	〃	650
	25	家賃の支払い	002		200	〃	450
	30	次月繰越			450		
				800	800		
7	1	前月繰越		450		借	450

第15章 帳簿への記入 195

CASE 92 帳簿

小口現金出納帳への記入

小口現金も、日々よく使います。
そこで、小口現金についても小口現金出納帳を設けて記入し、管理することにしました。

取引 今週の小口現金の支払状況は次のとおりである（前渡額1,000円）。

　4月2日　電車代　　　　200円
　　3日　コピー用紙代　　300円
　　4日　お茶菓子代　　　100円
　　5日　バス代　　　　　150円

●小口現金出納帳

小口現金出納帳は小口現金をいつ何に使ったのかを記録する帳簿です。

なお、小口現金をいつ補給するのかによって、小口現金出納帳への記入方法が異なります。

●週（または月）の初めに補給する場合の記入方法

週（または月）の初めに会計係が小口現金を補給する場合の記入方法は次のとおりです。

補給額を記入　支払いの内容を記入　支払金額を記入　支払金額を内訳ごとに記入

小 口 現 金 出 納 帳

受　入	×年		摘　　　要	支　払	内　　　　訳		
					旅費交通費	消耗品費	雑　費
1,000	4	1	小口現金受け入れ				
		2	電車代 ← 旅費交通費	200 →	200		
		3	コピー用紙代 ← 消耗品費	300		300	
		4	お茶菓子代 ← 雑費	100			100
		5	バス代 ← 旅費交通費	150 →	150		
			合　計 合計額 →	750	350	300	100
		5	次週繰越	250			
1,000				1,000			
250		8	前週繰越				
750		〃	本日補給				

週末（または月末）の残高250円（1,000円－750円）を「次週繰越（または次月繰越）」として、赤字（試験では黒字）で記入します。

週（または月）の初めに補給される金額（前週に使った金額）750円を記入します。

週末（または月末）に補給する場合の記入方法

　週末（または月末）に会計係が小口現金を補給する場合の記入方法は次のとおりです。

合計欄より上の記入は、上記と同じなので省略します。

小 口 現 金 出 納 帳

受　入	×年		摘　　　要	支　払	内　　　　訳		
					旅費交通費	消耗品費	雑　費
			⋮				
			合　計	750	350	300	100
750		5	本日補給				
		〃	次週繰越	1,000			
1,750				1,750			
1,000		8	前週繰越				

週末（または月末）に補給される金額（使った金額）750円を記入します。

週末（または月末）に補給されたので定額（1,000円）が次週に繰り越されます。

⇔ 問題編 ⇔
問題52、53

第15章　帳簿への記入　197

CASE 93

帳　簿

仕入帳と買掛金元帳への記入

ゴエモン㈱は、仕入れの管理をするため、仕入帳に記入することにしました。
また、ゴエモン㈱は、クロキチ㈱とは掛け取引をしています。そこで、買掛金の状況を把握するために、買掛金元帳にも記入することにしました。

取引 今月の取引は次のとおりである。

9月 5日　アビ㈱より写真立て10個（@20円）を仕入れ、現金で支払った。

12日　クロキチ㈱よりコーヒーカップ10個（@10円）とティーポット10個（@30円）を掛けで仕入れた。

17日　クロキチ㈱より掛けで仕入れたコーヒーカップ5個（@10円）を返品した。

30日　クロキチ㈱の買掛金300円を現金で支払った。

● **仕入帳と買掛金元帳**

仕入帳は商品の仕入れに関する明細を記録する帳簿です。

また、**買掛金元帳**（**仕入先元帳**ともいいます）は仕入先別に買掛金の状況を把握するために記録する帳簿です。

仕入帳と買掛金元帳の形式と記入例を示すと次のようになります。

> 買掛金を管理するための帳簿なので、掛けで仕入れたときは記入しますが、現金で仕入れたときは記入しません。

仕入れに関する取引のみ記入します。

仕入れの内容を記入

複数の商品を仕入れたときは商品ごとの合計額を内訳欄に記入

その日の仕入金額の合計額を記入

仕　入　帳

×年		摘　　　　要		内　訳	金　額
9	5	アビ㈱ ←仕入先　　　　現金 ←支払方法			@20円×10個 200
		写真立て←商品名 10個　@20円←数量、単価			
	12	クロキチ㈱　　　　　　掛け			
		コーヒーカップ　10個　@10円		100	
		ティーポット　10個　@30円		300	400
	17	クロキチ㈱　　　　　　掛け返品 ← 返品は赤字（試験では黒字）で記入			
		コーヒーカップ　5個　@10円			50
	30	①返品を含まない仕入高　　総 仕 入 高			600
	〃	②返品の合計額　　　　　仕 入 戻 し 高			50
		③①－②　　　　　　　純 仕 入 高			550

200円＋400円

クロキチ㈱に対する買掛金の増減のみ記入します。

買　掛　金　元　帳

仕入先ごとに記入 ➡ クロキチ㈱

借方残高の場合は「借」、貸方残高の場合は「貸」と記入。前日と同じ場合は「〃」と記入

×年		摘　要	借　方	貸　方	借／貸	残　高
9	1	前月繰越		300	貸	300
	12	掛け仕入れ		⊕ 400	〃	700
	17	返品	⊖ 50		〃	650
	30	買掛金の支払い	⊖ 300		〃	350
	〃	次月繰越	350			
借方欄合計と貸方欄合計を記入 ➡			700	700		
10	1	前月繰越		350	貸	350

⊜ 問題編 ⊜
問題54、55

第15章　帳簿への記入　199

CASE 94 帳簿

売上帳と売掛金元帳への記入

ゴエモン㈱は、売上げについて売上帳に記入するとともに、売掛金の状況を把握するために売掛金元帳にも記入することにしました。

取引 今月の取引は次のとおりである。

10月 7日 シロミ㈱にコーヒーカップ20個（@18円）と花びん10個（@30円）を掛けで売り上げた。

15日 タマ㈱にティーポット10個（@50円）を売り上げ、現金を受け取った。

20日 シロミ㈱に掛けで売り上げた花びん1個（@30円）が返品された。

31日 シロミ㈱の売掛金700円を現金で回収した。

● **売上帳と売掛金元帳**

売上帳は商品の売上げの明細を記録する帳簿です。
また、**売掛金元帳**（**得意先元帳**ともいいます）は得意先別に売掛金の状況を把握するために記録する帳簿です。

売上帳と売掛金元帳の形式と記入例を示すと次のようになります。

> 記入の仕方は仕入帳と同じです。

> 買掛金元帳と同様、売掛金の増加、減少取引のみ記入します。

> 記入の仕方は仕入帳と同じです。

売　上　帳

×年		摘　　　　要		内　訳	金　額
10	7	シロミ㈱ ←得意先	掛け ←支払方法		
商品名→		コーヒーカップ　20個　@18円 ←数量、単価		360	
		花びん　　　　　10個　@30円		300	660
	15	タマ㈱	現金		
		ティーポット　10個　@50円			500
	20	シロミ㈱	掛け返品 ←		
		花びん　　　　1個　@30円			30
	31	①返品を含まない売上高	総　売　上　高		1,160
	〃	②返品の合計額	売　上　戻　り　高		30
		③ ①－②	純　売　上　高		1,130

返品は赤字（試験では黒字）で記入

660円＋500円

> 記入の仕方は買掛金元帳と同じです。

売　掛　金　元　帳

得意先ごとに記入 →　シロミ㈱

×　年		摘　　要	借　方	貸　方	借／貸	残　高
10	1	前月繰越	700		借	700
	7	掛け売上げ	⊕ 660		〃	1,360
	20	返品		⊖ 30	〃	1,330
	31	売掛金の回収		⊖ 700	〃	630
	〃	次月繰越		630		
借方欄合計と貸方欄合計を記入→			1,360	1,360		
11	1	前月繰越	630		借	630

⊖ 問題編 ⊖
問題56、57

第15章　帳簿への記入　201

CASE 95 帳簿

商品有高帳への記入

ゴエモン㈱は、商品の在庫を管理するために商品有高帳を作成して、記入することにしました。

取引　今月の商品（コーヒーカップ）の仕入れと売上げの状況は次のとおりである。

　11月 1日　前月繰越　10個　@10円
　　　 5日　仕　　入　20個　@13円
　　　12日　売　　上　15個　@22円（売価）
　　　18日　仕　　入　15個　@16円
　　　24日　売　　上　18個　@25円（売価）

● 商品有高帳の形式

商品有高帳は商品の種類別に、仕入れ（受け入れ）や売上げ（払い出し）のつど、数量、単価、金額を記録して商品の増減や在庫を管理するための帳簿です。

商 品 有 高 帳
コーヒーカップ　←商品の種類ごとに記入

（先入先出法）

日付	摘要	受　入			払　出			残　高		
		数量	単価	金額	数量	単価	金額	数量	単価	金額

受入欄：仕入れた（受け入れた）商品の数量、単価、金額を記入

払出欄：売り上げた（払い出した）商品の数量、単価、金額を原価で記入

残高欄：残っている商品の数量、単価、金額を記入

商品有高帳の記入方法

同じ商品でも、仕入れる時期によって仕入単価が異なることがあります。そして、仕入単価の異なる商品を売り上げたとき、いくらの仕入単価のものを売り上げた（払い出した）かによって、商品有高帳の払出欄に記入する金額が異なります。

ここで、払い出した（売り上げた）商品の1個あたりの仕入原価を**払出単価**といい、払出単価の決め方の違いによって商品有高帳への記入が異なります。

> 商品の払出単価の決め方にはいくつかの方法がありますが、3級では先入先出法と移動平均法の2つを学習します。

先入先出法

先入先出法とは、先に受け入れたものから先に払い出したと仮定して、商品の払出単価を決める方法をいいます。したがって、先入先出法の場合、単価が違う商品を受け入れたら分けて記入します。

> CASE95を先入先出法で商品有高帳に記入した場合、このようになります。

> 先に受け入れたものから先に払い出し、足りない分（15個－10個＝5個）は後に仕入れたもの（@13円）を払い出したとして記入します。

商 品 有 高 帳
コーヒーカップ

（先入先出法）

日付		摘　要	受　入			払　　出			残　　高		
			数　量	単　価	金　額	数　量	単　価	金　額	数　量	単　価	金　額
11	1	前月繰越	10	10	100				10	10	100
	5	仕　入	20	13	260				10	10	100
									20	13	260
	12	売　上				10	10	100	15	13	195
						5	13	65			
	18	仕　入	15	16	240				15	13	195
									15	16	240
	24	売　上				15	13	195	12	16	192
						3	16	48			
	30	次月繰越				12	16	192			
			45	－	600	45	－	600			
12	1	前月繰越	12	16	192				12	16	192

先(11/1)に受け入れたもの → 10　10　100
後(11/5)に受け入れたもの → 20　13　260
15個
20個－5個
先(11/5)に受け入れたもの → 15　13　195
後(11/18)に受け入れたもの → 15　16　240
18個
15個－3個

> 月末の残高欄の数量、単価、金額を「次月繰越」として赤字（試験では黒字）で記入

第15章　帳簿への記入　203

移動平均法

移動平均法とは、商品の受け入れのつど、平均単価を計算して、その平均単価を払出単価とする方法をいいます。

> CASE95 を移動平均法で商品有高帳に記入した場合、このようになります。

数量： 10個 ＋ 20個 ＝ 30個
金額： 100円 ＋ 260円 ＝ 360円
単価： $\dfrac{360円}{30個}$ ＝＠12円

商 品 有 高 帳
コーヒーカップ

（移動平均法）

日付		摘　要	受　入			払　出			残　高		
			数量	単価	金額	数量	単価	金額	数量	単価	金額
11	1	前月繰越	10	10	100				10	10	100
	5	仕　入	20	13	260				30	12	360
	12	売　上				15	12	180	15	12	180
	18	仕　入	15	16	240				30	14	420
	24	売　上				18	14	252	12	14	168
	30	次月繰越				12	14	168			
			45	－	600	45	－	600			
12	1	前月繰越	12	14	168				12	14	168

数量： 15個 ＋ 15個 ＝ 30個　金額： 180円 ＋ 240円 ＝ 420円　単価： $\dfrac{420円}{30個}$ ＝＠14円

払出欄の合計金額が売上原価

商品有高帳の記入はすべて（仕入）原価で行うので、払出欄の金額は売り上げた商品に対する仕入原価（**売上原価**といいます）を表します。

日付		摘　要	受　入			払　出			残　高		
			数量	単価	金額	数量	単価	金額	数量	単価	金額
11	1	前月繰越	10	10	100				10	10	100
	5	仕　入	20	13	260				30	12	360
	12	売　上				15	12	180	15	12	180
	18	仕　入	15	16	240				30	14	420
	24	売　上				18	14	252	12	14	168
	30	次月繰越				12	14	168			
			45	－	600	45	－	600			

> 合計432円（180円 ＋ 252円）は売上原価を表します。

204

したがって、売り上げた金額（**売上高**といいます）から払出欄の合計金額（**売上原価**）を差し引くと、その商品の**利益**（**売上総利益**といいます）を計算することができます。

売上高 − 売上原価 ＝ 売上総利益

なお、CASE95（移動平均法の場合）の売上総利益を計算すると次のようになります。

CASE95（移動平均法の場合）の売上総利益

・780円*1 − 432円*2 ＝ 348円
　　売上高　　　売上原価　　売上総利益

＊1

11月1日	前月繰越	10個	@10円
5日	仕　入	20個	@13円
12日	売　上	15個	@22円（売価）
18日	仕　入	15個	@16円
24日	売　上	18個	@25円（売価）

売　上　高
→ @22円 × 15個 ＝ 330円
→ @25円 × 18個 ＝ 450円
　　合　計：　　　780円

＊2　商品有高帳の払出欄の合計金額（180円 ＋ 252円 ＝ 432円）

問題編
問題58、59

CASE 96 帳簿
受取手形記入帳と支払手形記入帳への記入

ゴエモン㈱では、手形による取引もあるので、受取手形記入帳と支払手形記入帳にも記入することにしました。

● 受取手形記入帳

受取手形記入帳は、受取手形の明細を記録する帳簿です。なお、以下のような取引があった場合の受取手形記入帳の形式と記入例を示すと、次のようになります。

10月3日の取引：A
シロミ㈱に商品200円を売り上げ、代金は同社振出の約束手形（№12、満期日12月3日、支払場所：北東銀行）で受け取った。
（受取手形） 200 　（売　上） 200

12月3日の取引：B
№12の約束手形200円が決済され、当座預金口座に入金された。
（当座預金） 200 　（受取手形*） 200
　　　　　　　　＊減少取引はてん末欄に記入

● 支払手形記入帳

支払手形記入帳は、支払手形の明細を記録する帳簿です。なお、以下のような取引があった場合の支払手形記入帳の形式と記入例を示すと、次のようになります。

問題編
問題60、61

固定資産台帳

固定資産台帳は、所有する固定資産の状況を記録する帳簿です。

固定資産台帳には、次のような内容が記載されます。

> 固定資産の取得日、名称、期末数量、償却方法、耐用年数など、固定資産の基本データを記入

取得日	名称	期末数量	償却方法	耐用年数
×1年4月1日	備品A	2	定額法	5年
×2年10月1日	備品B	4	定額法	8年

A 取得原価	B 期首減価償却累計額	C 差引期首帳簿価額	D 当期減価償却費	期末帳簿価額
1,000	200	800	200	600
4,000	0	4,000	250	3,750

- A: 取得原価を記入
- B: 期首における減価償却累計額を記入
- C: 期首における帳簿価額（A − B）を記入
- D: 当期の減価償却費を記入
- 期末における帳簿価額（C − D）を記入

CASE 97 帳簿

帳簿のまとめ

何種類もの帳簿がでてきて少し混乱してしまったゴエモン君。
そこで、帳簿を種類ごとにまとめてみることにしました。

● 主要簿と補助簿

帳簿のうち、**仕訳帳**と**総勘定元帳**は必ず作成しなければならない帳簿で、**主要簿**とよばれます。

一方、それ以外の帳簿は必要に応じて作成されるもので、主要簿に対して**補助簿**とよばれます。

また、補助簿は現金出納帳や売上帳のように特定の取引の明細を記録する**補助記入帳**と、商品有高帳や売掛金元帳のように特定の勘定の明細を商品別や取引先別に記録する**補助元帳**に分けることができます。

「そういう分類があるんだ」くらいにおさえておいてください。

帳簿の種類		帳簿の名称	内　容
主 要 簿		仕　訳　帳	日々の取引の仕訳を記入
		総 勘 定 元 帳	勘定科目（口座）ごとに金額を記入
補 助 簿	補助記入帳	現 金 出 納 帳	現金の明細を記録
		当座預金出納帳	当座預金の明細を記録
		小口現金出納帳	小口現金の状況を記録
		仕　入　帳	仕入れに関する明細を記録
		売　上　帳	売上げに関する明細を記録
		受取手形記入帳	受取手形の明細を記録
		支払手形記入帳	支払手形の明細を記録
	補助元帳	商 品 有 高 帳	商品別に商品の受払状況を記録
		買 掛 金 元 帳	仕入先別に買掛金の状況を記録
		売 掛 金 元 帳	得意先別に売掛金の状況を記録
		固 定 資 産 台 帳	固定資産の状況を記録

⇨ 問題編 ⇦
問題62

帳簿編

第16章
試算表

毎日の取引を仕訳して、転記もちゃんとしたはずだけど、
もしかしたらまちがっているかもしれない…。
こんなときのために、仕訳や転記ミスを
チェックできるシステムがあるらしい…。

ここでは、試算表についてみていきましょう。

CASE 98 試算表

試算表の作成

日々の仕訳や転記の際にはまちがえないように注意していますが、取引が増えてくると心配です。
そこで、仕訳や転記ミスをチェックするために、定期的に試算表というものを作ることにしました。

例 2月の取引を転記した総勘定元帳は次のとおりである。

現　　金		
2/1 前月繰越 200	2/26 買　掛　金 110	
2/25 売　掛　金 150		

資　本　金	
	2/1 前月繰越 150

繰越利益剰余金	
	2/1 前月繰越 100

売　掛　金	
2/1 前月繰越 120	2/25 現　　金 150
2/6 売　　上 200	

買　掛　金	
2/18 仕　　入 10	2/1 前月繰越 70
2/26 現　　金 110	2/3 仕　　入 100
	2/15 仕　　入 80

売　　上	
	2/6 売掛金 200

仕　　入	
2/3 買掛金 100	2/18 買掛金 10
2/15 買掛金 80	

※ 2月1日時点の残高（前月繰越）
　現金：200円　売掛金：120円　買掛金：70円　資本金：150円　繰越利益剰余金：100円

212

● 試算表で仕訳や転記が正しいかチェックしよう！

　会社は、日々の取引が正確に仕訳されて、総勘定元帳に転記されているかを定期的に確認しなければなりません。

　そこで、月末や期末（決算日）において**試算表**という表を作成して、仕訳や転記が正しくされているかどうかを確認します。なお、試算表には**合計試算表**、**残高試算表**、**合計残高試算表**の3種類があります。

> 帳簿をもとにもうけや財産を計算するので、帳簿の記入が正しくないといけないのです。

● 合計試算表の作成

　合計試算表には、総勘定元帳の勘定口座ごとに**借方合計**と**貸方合計**を集計していきます。

　たとえば、CASE98の総勘定元帳の現金勘定を見ると、借方合計は350円（200円＋150円）、貸方合計は110円です。

　したがって、合計試算表の現金の欄に次のように記入します。

　同様に、ほかの勘定科目欄をうめていきます。

第16章　試算表　213

● 残高試算表の作成

残高試算表には、総勘定元帳の勘定口座ごとに**残高**を集計していきます。

たとえば、CASE98の現金勘定の借方合計は350円、貸方合計は110円なので、残高240円（350円－110円）を借方に記入します。

第16章 試算表

同様に、ほかの勘定科目欄をうめていきます。

● 合計残高試算表の作成

合計残高試算表は、合計試算表と残高試算表をあわせた試算表で、次のような形式になっています。

合 計 残 高 試 算 表

借方残高	借方合計	勘 定 科 目	貸方合計	貸方残高
240	350	現　　　　金	110	
170	320	売　　掛　　金	150	
	120	買　　掛　　金	250	130
		資　　本　　金	150	150
		繰越利益剰余金	100	100
		売　　　　上	200	200
170	180	仕　　　　入	10	
580	970		970	580

合計試算表の記入と同じ

残高試算表の記入と同じ

⇔ 問題編 ⇔
問題63

第16章 試算表　217

帳簿編

第17章
伝票と仕訳日計表、証ひょう

取引は仕訳帳に仕訳…しなくてもいいんだって？
仕訳帳の代わりになる便利な紙片が大活躍。
また、伝票の記入内容を集計する
仕訳日計表という表も便利。

ここでは、伝票と仕訳日計表、証ひょうについてみていきましょう。

CASE 99 三伝票制

三伝票制

いままでは日々の取引を仕訳帳に記入していましたが、取引が増えるにしたがって、記帳の手間も増えてしまいました。
この記帳の手間をなんとかしたいと思ったゴエモン君。調べてみたら、伝票というものを使うとよさそうだということがわかりました。

● 伝票は記帳作業の強い味方！

これまで、取引が発生したら仕訳帳に仕訳することを前提に説明してきましたが、仕訳帳は1冊のノートのようなものなので、取引が多くなっても手分けして記帳することができず、少々不便です。

そこで、小さなサイズで、また切り離すこともできる**伝票**という紙片を仕訳帳に代えて使うことがあります。

> 伝票は仕訳帳の代わりになります。

伝票には、入金取引を記入する**入金伝票**、出金取引を記入する**出金伝票**などいくつかの種類があるので、取引の種類ごとに記帳作業を数人で手分けして行うことができるのです。

● 三伝票制

どの種類の伝票を使うかによって、伝票制度は**三伝票制**と**五伝票制**に分類できますが、日商試験では五伝票制は出題の範囲外なので、本書では三伝票制について説明します。

三伝票制とは、**入金伝票**（入金取引を記入）、**出金伝票**（出金取引を記入）、**振替伝票**（入金取引にも出金取引にも該当しない取引を記入）の3種類の伝票に記入（**起票**といいます）する方法をいいます。

> 入金取引は、仕訳の借方が現金となる取引、出金取引は貸方が現金となる取引です。

第17章　伝票と仕訳日計表、証ひょう　221

CASE 100 三伝票制

入金伝票の起票

入金伝票 ×1年10月6日	
科　目	金　額

入金伝票に記入してみよう！

ゴエモン㈱は売掛金100円を現金で受け取りました。
この取引は入金取引なので、入金伝票に記入しますが、どのように記入したらよいでしょうか。

取引 10月6日　ゴエモン㈱は、売掛金100円を現金で受け取った。なお、ゴエモン㈱は三伝票制を採用している。

ここまでの知識で仕訳をうめると…

（現　　　金）　100　（売　掛　金）　100

↑入金取引→入金伝票

● 入金伝票を起票しよう！

　入金伝票には入金取引が記入されます。したがって、**入金伝票の借方は「現金」と決まっています**ので、科目欄に仕訳の相手科目を記入し、金額欄に金額を記入します。

CASE100の起票

入金伝票　←借方「現金」 ×1年10月6日	
科　目	金　額
相手科目を記入→ **売掛金**	**100**

CASE 101 三伝票制

出金伝票の起票

ゴエモン㈱は買掛金100円を現金で支払いました。
この取引は出金取引なので、出金伝票に記入しますが、どのように記入したらよいでしょうか。

次は出金伝票だ！

取引 10月9日　ゴエモン㈱は、買掛金100円を現金で支払った。なお、ゴエモン㈱は三伝票制を採用している。

ここまでの知識で仕訳をうめると…

（買　掛　金）100（現　　　金）100

↑ 出金取引→出金伝票

● 出金伝票を起票しよう！

出金伝票には出金取引が記入されます。したがって、**出金伝票の貸方は「現金」と決まっています**ので、科目欄に仕訳の相手科目を記入し、金額欄に金額を記入します。

CASE101の起票

貸方「現金」
相手科目を記入

第17章　伝票と仕訳日計表、証ひょう　223

CASE 102 三伝票制

振替伝票の起票

振 替 伝 票 ×1年10月12日				
借方科目	金　額	貸方科目	金　額

そして振替伝票！

> ゴエモン㈱は商品100円を売り上げ、代金は掛けとしました。
> この取引は入金取引でも出金取引でもない取引なので、振替伝票に記入しますが、どのように記入したらよいでしょうか。

取引 10月12日　ゴエモン㈱は、商品100円を売り上げ、代金は掛けとした。なお、ゴエモン㈱は三伝票制を採用している。

ここまでの知識で仕訳をうめると…

（売　掛　金）　100　（売　　　上）　100

入金取引でも出金取引でもない取引 → 振替伝票

● **振替伝票を起票しよう！**

　三伝票制の場合、振替伝票には入金取引でも出金取引でもない取引が記入されます。したがって、仕訳の借方または貸方の勘定科目が決まっているわけではないので、入金伝票や出金伝票とは異なり、仕訳の形で記入します。

CASE102の起票

仕訳の形で記入

振 替 伝 票 ×1年10月12日			
借方科目	金　額	貸方科目	金　額
売掛金	100	売　上	100

224

CASE 103 三伝票制

一部現金取引の起票

ゴエモン㈱は商品100円を仕入れて、60円は現金で支払い、残りの40円は掛けとしました。
この取引のように、出金取引（または入金取引）とその他の取引が混在している場合はどのように記入したらよいでしょうか？

取引 10月19日　ゴエモン㈱は、商品100円を仕入れ、代金のうち60円は現金で支払い、残額は掛けとした。なお、ゴエモン㈱は三伝票制を採用している。

ここまでの知識で仕訳をうめると…

（仕　　入）	100	（現　　金）	60
		（買　掛　金）	40

● 一部現金取引を起票しよう！

CASE103のように、取引の中には、現金（入金・出金）取引とそれ以外の取引が混在しているもの（**一部現金取引**といいます）があります。

このような一部現金取引の起票方法には、①**取引を分解して起票する方法**と、②**2つの取引が同時にあったと考えて起票する方法**があります。

● 取引を分解して起票する方法

CASE103の取引は、「商品60円を仕入れ、現金で支

第17章　伝票と仕訳日計表、証ひょう　225

払った」という**出金取引**と「商品40円を仕入れ、掛けとした」という**その他の取引**の2つに分解することができます。

したがって、前者は**出金伝票**に後者は**振替伝票**に記入します。

● 2つの取引が同時にあったと考えて起票する方法

CASE103の取引は、「商品100円を掛けで仕入れた」あとに「買掛金のうち60円をただちに現金で支払った」と考えても、仕訳は同じになります。

したがって、「商品100円を仕入れ、代金は掛けとした」という**その他の取引**を**振替伝票**に記入し、「買掛金のうち60円をただちに現金で支払った」という**出金取引**を**出金伝票**に記入します。

問題編
問題64、65

CASE 104 仕訳日計表

仕訳日計表の作成と総勘定元帳への転記

伝票に記入したら、総勘定元帳に転記するのですが、どうも転記のときにミスをしてしまいます。そこで、転記ミス防止のために仕訳日計表という表を作ってから、総勘定元帳に転記することにしました。

例 ×1年5月1日に作成された次の伝票にもとづいて、仕訳日計表を作成し、総勘定元帳（現金勘定）に転記しなさい。

入金伝票　　No.101
売掛金(A商事) 200

入金伝票　　No.102
貸付金　　　 350

出金伝票　　No.201
買掛金(乙商事) 100

出金伝票　　No.202
貸付金　　　 150

振替伝票　　No.301
仕　　入　　150
買掛金(甲商事)150

振替伝票　　No.302
仕　　入　　250
買掛金(乙商事)250

振替伝票　　No.303
買掛金(乙商事) 10
仕　　入　　　10

振替伝票　　No.304
売掛金(A商事)400
売　　上　　400

振替伝票　　No.305
売掛金(B商事)300
売　　上　　300

振替伝票　　No.306
売　　上　　　20
売掛金(A商事) 20

振替伝票　　No.307
受取手形　　120
売掛金(B商事)120

振替伝票　　No.308
買掛金(乙商事)110
支払手形　　110

用語 仕訳日計表…伝票に記入した1日分の取引を勘定科目ごとに集計しておく表

仕訳日計表とは

仕訳日計表とは、伝票に記入した1日分の取引を勘定科目ごとに集計しておく表のことをいいます。また、1週間分の伝票を集計する**仕訳週計表**というものもあります。

仕訳日計表は試算表の一種なので、伝票の記入と集計が正しければ、仕訳日計表の貸借合計は一致します。

総勘定元帳の番号（丁数）を記入する欄

仕 訳 日 計 表
×1年5月1日　　　　　　21

借　　方	元丁	勘 定 科 目	元丁	貸　　方
××		現　　　金		××
××		売　掛　金		××
⋮		⋮		⋮
××				××

貸借合計は一致します

したがって、仕訳日計表を利用することにより、集計ミスや転記ミスを防ぐことができるのです。

伝票から仕訳日計表に記入しよう！

伝票から仕訳日計表を作成するときは、仕訳をイメージしながら集計します。

入金伝票の仕訳

| No.101： | （現　　　金）200 | （売掛金・A商事） | 200 |
| No.102： | （現　　　金）350 | （貸　付　金） | 350 |

出金伝票の仕訳

| No.201： | （買掛金・乙商事）100 | （現　　　金） | 100 |
| No.202： | （貸　付　金）150 | （現　　　金） | 150 |

振替伝票の仕訳

No.301：	（仕　　　入）150	（買掛金・甲商事）	150
No.302：	（仕　　　入）250	（買掛金・乙商事）	250
No.303：	（買掛金・乙商事） 10	（仕　　　入）	10
No.304：	（売掛金・A商事）400	（売　　　上）	400
No.305：	（売掛金・B商事）300	（売　　　上）	300
No.306：	（売　　　上） 20	（売掛金・A商事）	20
No.307：	（受　取　手　形）120	（売掛金・B商事）	120
No.308：	（買掛金・乙商事）110	（支　払　手　形）	110

CASE104の仕訳日計表

仕 訳 日 計 表

×1年5月1日

21

借　　方	元丁	勘 定 科 目	元丁	貸　　方
550		現　　　金		250
400円 +300円 〉120		受 取 手 形		200円 +20円 +120円 〉340
700		売　掛　金		
100円 +10円 +110円 〉150		貸　付　金		350
220		支 払 手 形		150円 +250円 〉110
		買　掛　金		400
20		売　　　上		700
400		仕　　　入		10
2,160				2,160

● 230

● 仕訳日計表から総勘定元帳に転記しよう！

　仕訳日計表に金額を集計したあと、総勘定元帳に転記します。

　なお、総勘定元帳の摘要欄には「**仕訳日計表**」、仕丁欄には**仕訳日計表のページ数**（CASE 104では「㉑」）を記入します。また、仕訳日計表の元丁欄には、**総勘定元帳の丁数**（CASE 104では「①」）を記入します。

> 各勘定の番号のことです。

> たとえば、現金勘定への転記はこのようになります。

● 得意先元帳、仕入先元帳を作成することもある！

　試験では、総勘定元帳への転記のほかに、得意先元帳（売掛金元帳）や仕入先元帳（買掛金元帳）に記入する問題が出題されることもあります。

　この場合は、会社ごとに伝票から直接記入し、得意先元帳や仕入先元帳の摘要欄には**伝票名**を、仕丁欄には**伝票番号**を記入します。

第17章　伝票と仕訳日計表、証ひょう　231

たとえば、CASE104の伝票から得意先元帳（A商事）に記入すると次のようになります。

> 問題編
> 問題66、67

CASE 105 証ひょう

証ひょうからの記帳

帳簿に記録するとき、納品書や請求書、領収書など、取引の事実が記載されている書類にもとづいてやらないといけないんだって！これらの書類のどこをみて、どういうふうに仕訳すればいいのかな？

● 証ひょうとは

取引は、取引の事実を表す書類にもとづいて帳簿に記録しなければなりません。この書類を**証ひょう**といいます。

証ひょうには、納品書、請求書、領収書（控え）などの書類のほか、相手方に渡した小切手や手形の控え、通帳、振込依頼書などがあります。

証ひょうの種類（納品書、請求書、領収書）
- 納品書…商品（品物）の納品と同時に送付する書類
- 請求書…代金の支払いを依頼するための書類
- 領収書…代金の受取りを証明するための書類

● 証ひょうからの記帳

ここでは、いくつかの具体的な証ひょうを用いて、証ひょうから仕訳を作ってみましょう。

第17章 伝票と仕訳日計表、証ひょう 233

取引(1) 商品を仕入れ、商品とともに次の請求書を受け取り、代金は後日支払うこととした（三分法、消費税は税抜方式）。

<table>
<tr><td colspan="4" align="center">請　求　書</td></tr>
<tr><td colspan="4">ゴエモン株式会社　御中</td></tr>
<tr><td colspan="4" align="right">クロキチ株式会社</td></tr>
<tr><td align="center">品　物</td><td align="center">数　量</td><td align="center">単　価</td><td align="center">金　額</td></tr>
<tr><td>コーヒーカップ（白）　　　10個入り</td><td align="center">20</td><td align="center">300</td><td align="right">¥　6,000</td></tr>
<tr><td>マグカップ（ストライプ）10個入り</td><td align="center">20</td><td align="center">200</td><td align="right">¥　4,000</td></tr>
<tr><td></td><td colspan="2" align="center">消費税</td><td align="right">¥　1,000</td></tr>
<tr><td></td><td colspan="2" align="center">合　計</td><td align="right">¥11,000</td></tr>
</table>

×2年9月30日までに合計額を下記口座へお振込みください。
東西銀行新宿支店　普通　1234567　クロキチ（カ

❶　商品10,000円（6,000円＋4,000円）を仕入れているので、**仕入（費用）** を計上します。

（仕　　　　　入）10,000

❷　商品の仕入れでかかった消費税（1,000円）は**仮払消費税（資産）** で処理します。

（仕　　　　　入）10,000
（仮 払 消 費 税）　1,000

❸　商品を仕入れ、代金は後払いなので、合計金額（11,000円）は**買掛金（負債）** で処理します。

以上より、**取引(1)** の仕訳は次のようになります。

CASE105 取引(1)の仕訳

（仕　　　　　入）10,000　（買　　掛　　金）11,000
（仮 払 消 費 税）　1,000

取引(2) 事務作業に使用する物品を購入し、品物とともに次の請求書を受け取り、代金は後日支払うこととした。

請　求　書

ゴエモン株式会社　御中

マンマル電器株式会社

品　物	数　量	単　価	金　額
デスクトップパソコン	1	320,000	￥320,000
プリンター用紙（500枚入り）	10	500	￥　5,000
セッティング代	1	3,000	￥　3,000
		合　計	￥328,000

×2年10月31日までに合計額を下記口座へお振込みください。
南北銀行池袋支店　普通　1325476　マンマルデンキ（カ

---

❶ デスクトップパソコンは**備品（資産）**で処理します。なお、セッティング代（付随費用）は備品の取得原価に含めます。

（備　　　　品）	323,000

320,000円＋3,000円

❷ プリンター用紙（5,000円）は**消耗品費（費用）**で処理します。

（備　　　　品）	323,000
（消 耗 品 費）	5,000

❸ 商品以外のものを購入し、代金は後払いなので、合計金額（328,000円）は**未払金（負債）**で処理します。

以上より、**取引(2)**の仕訳は次のようになります。

第17章　伝票と仕訳日計表、証ひょう　**235**

CASE105 取引⑵の仕訳

（備 品）	323,000	（未 払 金）	328,000
（消 耗 品 費）	5,000		

取引⑶ 出張から戻った従業員から次の報告書と領収書が提出されるとともに、以前に概算払いしていた20,000円との差額を現金で受け取った。

旅費交通費支払報告書

三色ミケ

移動先	手段等	領収書	金　額
高崎駅	電車	無	¥ 1,800
シャム商事 高崎支店	タクシー	有	¥ 3,100
帰社	電車	無	¥ 1,800
	合　計		¥ 6,700

領　収　書	領　収　書
運賃　¥3,100 −	金額　¥8,300 −
上記のとおり領収いたしました。	但し、宿泊料として
高崎交通㈱	上記のとおり領収いたしました。
	ホテル高崎山

❶ 出張にかかった交通費や宿泊費は**旅費交通費（費用）**で処理します。

（旅 費 交 通 費）15,000

6,700円＋8,300円

> タクシー代3,100円は、領収書と旅費交通費支払報告書の両方に記載があるので、二重に計上しないように気をつけましょう。

❷ 先に旅費交通費の概算額20,000円を**仮払金（資産）**で処理しているため、**仮払金（資産）の減少**で処理します。

（旅 費 交 通 費）15,000　（仮　払　金）20,000

❸ 従業員から差額を現金で受け取っているので、5,000円（20,000円－15,000円）を**現金（資産）の増加**で処理します。

以上より、取引(3)の仕訳は次のようになります。

CASE105 取引(3)の仕訳

（旅費交通費）	15,000	（仮　　払　　金）	20,000
（現　　　　金）	5,000		

取引(4)　以下の納付書にもとづき、普通預金口座から振り込んだ。

領 収 証 書

科目		本　　税	￥200,000	納期等 の区分	×10401 ×20331
	法人税	○　○　税			
		△　△　税			
		□　□　税		中間 申告	確定 申告
		合　計　額	￥200,000		

住所	東京都新宿区○○	出納印 × 2.5.29 東西銀行
氏名	ゴエモン株式会社	

---

❶ 普通預金口座から振り込んでいるので、**普通預金（資産）の減少**で処理します。

（普 通 預 金）　200,000

第17章　伝票と仕訳日計表、証ひょう　237

> 「中間申告」に○が
> ついていたら、中間
> 申告で法人税等を納
> 付（仮払い）したと
> いうことになりま
> す。したがって、そ
> の場合は仮払法人税
> 等（資産）で処理し
> ます。

❷ 科目 欄に「法人税」とあり、確定申告に○がつ
いているので、200,000円は法人税の確定申告・納
付額であることがわかります。

　決算において、法人税の金額が確定したときに、
法人税等を計上し、中間申告時に計上した**仮払法人
税等（資産）**との差額（納付額）を**未払法人税等
（負債）**で処理しています。

法人税の金額が確定したときの仕訳

（法人税、住民税及び事業税）　××　（仮払法人税等）　　××
　　　　法人税等　　　　　　　　　　（未払法人税等）200,000

　取引⑷の200,000円は、確定申告時に計上した未払
法人税等を普通預金口座から支払ったものなので、**未
払法人税等（負債）の減少**で処理します。

　以上より、**取引**⑷の仕訳は次のようになります。

CASE105 取引⑷の仕訳

（未払法人税等）200,000　（普　通　預　金）200,000

取引(5) 取引銀行のインターネットバンキングサービスから当座勘定照合表（入出金明細）を参照したところ、以下のとおりだった。12月5日の取引の仕訳をしなさい。なお、クロキチ㈱およびシロミ㈱はそれぞれゴエモン㈱の商品の取引先で、商品売買取引はすべて掛けとしている。

×2年1月5日

当座勘定照合表

ゴエモン株式会社　様

東西銀行新宿支店

取引日	摘　　要	お支払金額	お預り金額	取引残高
12. 5	お振込み　クロキチ㈱	10,000		××
12. 5	お振込手数料	100		××
12. 8	お振込み　シロミ㈱		15,000	××
⋮	⋮	⋮	⋮	⋮

❶　12月5日の行には、「お支払金額　10,000円」、「お振込手数料 100円」とあります。したがって、当座預金口座からクロキチ㈱に振り込みをしていることがわかります。そこで、10,100円（10,000円＋100円）を**当座預金（資産）の減少**として処理します。

> ちなみに、12月8日は「お預り金額 15,000円」なので、当座預金口座に入金があったことがわかります。

（当　座　預　金）10,100

❷　そして、クロキチ㈱はゴエモン㈱の商品の取引先であり、商品売買取引は掛けで行っているため、クロキチ㈱に対する買掛金（10,000円）を支払った取引であることがわかります。したがって、**買掛金（負債）の減少**で処理します。

> 商品の仕入れ（後払い）→買掛金（負債）の増加→買掛金の支払い→買掛金（負債）の減少となります。

（買　　掛　　金）10,000　（当　座　預　金）10,100

第17章　伝票と仕訳日計表、証ひょう　239

❸ 振込手数料は**支払手数料（費用）**で処理します。

以上より、取引(5)の仕訳は次のようになります。

CASE105 取引(5)の仕訳

（買　　掛　　金）10,000 （当　座　預　金）10,100
（支 払 手 数 料）　　100

> ちなみに、シロミ㈱がゴエモン㈱の商品の取引先であり、商品売買取引はすべて掛けで行っていることから、12月8日のシロミ㈱からの入金は、売掛金の回収取引であることがわかります。

取引(6) 事務所の賃借契約を行い、以下の振込依頼書どおりに普通預金口座から振り込み、賃借を開始した。なお、仲介手数料は費用として処理すること。

振 込 依 頼 書

ゴエモン株式会社　様

株式会社タマ不動産

ご契約いただき、ありがとうございます。下記の金額を以下の口座へお振込みいただきますよう、よろしくお願いいたします。

内　　　　　容	金　　額
仲介手数料	￥ 10,000
敷金	￥120,000
初月賃料	￥ 60,000
合　計	￥190,000

南北銀行　中野支店　当座　3456789　カ）タマフドウサン

---

❶ 普通預金口座から振り込んでいるため、合計金額190,000円を**普通預金（資産）の減少**として処理します。

（普　通　預　金）　190,000

❷ 仲介手数料（10,000円）は**支払手数料（費用）**で
処理します。

（支 払 手 数 料） 10,000 （普 通 預 金） 190,000

❸ 敷金（120,000円）は**差入保証金（資産）**で処理
します。

（支 払 手 数 料） 10,000 （普 通 預 金） 190,000
（差 入 保 証 金） 120,000

> 敷金は退去時に（退去費用を差し引いた残額が）返還されるので、資産として処理します。

❹ 賃料（60,000円）は**支払家賃（費用）**で処理しま
す。

> 「賃料」は家賃のことです。

以上より、取引(6)の仕訳は次のようになります。

CASE105 取引(6)の仕訳

（支 払 手 数 料） 10,000 （普 通 預 金） 190,000
（差 入 保 証 金） 120,000
（支 払 家 賃） 60,000

⇔ 問題編 ⇔
問題68

第17章 伝票と仕訳日計表、証ひょう 241

決算編

第18章
精算表と財務諸表

いままで学習した仕訳や転記、記帳は
すべて財務諸表をつくるために必要なこと。

ここでは、決算で必要な仕訳を復習しながら、
精算表と財務諸表についてみていきましょう。

CASE 106 決算手続

決算手続とは?

3月31日。今日はゴエモン㈱の締め日（決算日）です。
決算日には、日々の処理とは異なり、決算手続というものがあります。

● 決算手続

企業は会計期間（通常1年）ごとに決算日を設け、1年間のもうけや決算日の資産や負債の状況をまとめます。この手続きを**決算**とか**決算手続**といいます。

> 会社やお店をまとめて企業といいます。

● 決算手続は5ステップ!

決算手続は次の5つのステップで行います。

第1ステップは、**試算表**の作成です。試算表を作成することにより、仕訳や転記が正しいかを確認します。

> 試算表の作成はすでに学習しましたね。

第2ステップは、**決算整理**です。決算整理は、経営成績や財政状態を正しく表すために必要な処理で、現金過不足の処理や貸倒引当金の設定などがあります。

> 仕訳編で学習した決算日の仕訳ですね。

第3ステップは、**精算表**の作成です。精算表は、試算表から、決算整理を加味して損益計算書や貸借対照表を作成する過程を表にしたものです。

> 3級の試験では、第3問で精算表の作成が出題されます。

第4ステップは、**損益計算書**と**貸借対照表**の作成です。損益計算書で企業の1年間のもうけ（**経営成績**といいます）を、貸借対照表で資産や負債の状況（**財政状態**といいます）を表します。

> 損益計算書と貸借対照表をまとめて財務諸表といいます。

244

第5ステップは、**帳簿の締め切り**です。帳簿や勘定を締め切ることによって、次期に備えます。

●3級で学習する決算整理

第2ステップの決算整理のうち3級で学習する決算整理は、①現金過不足の処理、②当座借越の振り替え、③貯蔵品の振り替え、④貸倒引当金の設定、⑤固

定資産の減価償却、⑥消費税の処理、⑦費用・収益の前払い・前受けと未払い・未収、⑧売上原価の算定、⑨法人税等の計上の9つがあります。

このうち、①～⑦、⑨については仕訳編で学習済みなので、決算整理仕訳を復習しながら、精算表への記入をみていきましょう。

> ⑧についてはCASE
> 114と115でしっか
> り説明します。

● 精算表のフォーム

精算表は、（残高）試算表、決算整理、損益計算書および貸借対照表をひとつの表にしたもので、3級で出題される精算表の形式は、次のとおりです。

第18章 精算表と財務諸表 247

CASE 107 決算整理① 現金過不足の処理

精算表

勘定科目	試算表 借方	試算表 貸方	修正記入 借方	修正記入 貸方	損益計算書 借方	損益計算書 貸方	貸借対照表 借方	貸借対照表 貸方
現　　　金	300							
現金過不足	10							
雑　（　）								

ゴエモン㈱は決算日（3月31日）を迎えたので、決算整理を行おうとしています。
まずは原因不明の現金過不足の処理ですが、精算表の記入はどのようになるでしょう？

例 決算において、現金過不足（借方）が10円あるが、原因が不明なので、雑損または雑益として処理する。

CASE16で学習しました

● 決算整理① 現金過不足の処理

　決算において原因が判明しない現金過不足は、**雑損（費用）または雑益（収益）として処理**します。

考え方
①現金過不足を減らす（貸方に記入）
②借方があいている → 費用の勘定科目 → 雑損

CASE107の仕訳

（雑　　　損） 10 （現金過不足） 10

● 精算表の記入

　上記の決算整理仕訳を、精算表の修正記入欄に記入します。

　借方が雑損なので、勘定科目欄の雑（　）の（　）に損と書き、修正記入欄の借方に10円と記入します。

また、貸方が現金過不足なので、現金過不足の**貸方**に
10円と記入します。

精　算　表

勘 定 科 目	試 算 表		修 正 記 入		損益計算書		貸借対照表	
	借方	貸方	借方	貸方	借方	貸方	借方	貸方
現　　　　金	300							
現 金 過 不 足	10			10				
雑　　（　損　）			10					

雑損のときは（損）、
雑益のときは（益）
と記入

（雑　　　　損）　10　（現金過不足）　10

　修正記入欄に金額を記入したら、試算表欄の金額に
修正記入欄の金額を加減して、**収益と費用の勘定科目
は損益計算書欄に**、**資産・負債・資本（純資産）の勘
定科目は貸借対照表欄に金額を記入します。**

　たとえば、**現金（資産）**は試算表欄の**借方**に300
円、修正記入欄は0円なので、貸借対照表欄の**借方**に
300円と記入します。

> 現金は資産なので、
> 貸借対照表の借方に
> 記入します。

　また、**現金過不足**は試算表欄の**借方**に10円、修正
記入欄の**貸方**に10円なので残額0円となり、**記入なし**
となります。

　そして、**雑損（費用）**は修正記入欄の**借方**に10円と
あるので、損益計算書欄の**借方**に10円と記入します。

> 雑損は費用なので、
> 損益計算書の借方に
> 記入します。

CASE107の記入

精　算　表

勘 定 科 目	試 算 表		修 正 記 入		損益計算書		貸借対照表	
	借方	貸方	借方	貸方	借方	貸方	借方	貸方
現　　　　金	300						300	
現 金 過 不 足	10			10			0円になるので、記入なし	
雑　　（　損　）			10		10			

第18章　精算表と財務諸表　249

CASE 108 精算表

決算整理② 当座借越の振り替え

勘定科目	試算表 借方	試算表 貸方	修正記入 借方	修正記入 貸方	損益計算書 借方	損益計算書 貸方	貸借対照表 借方	貸借対照表 貸方
当座預金		20						
( )								

試算表欄の当座預金を見ると、貸方に金額が記入されています。
当座預金は資産なので、通常は借方に金額が記載されているはずだけど…。
このときの精算表の記入はどのようになるでしょう？

例 当座預金勘定の貸方残高20円を当座借越勘定に振り替える。

決算整理② 当座借越の振り替え

決算日において当座借越が生じている（当座預金が貸方残高であるとき）は、貸方の当座預金を**当座借越（負債）**に振り替えます。

CASE22 で学習しました

当座借越（負債）は借入金（負債）で処理することもあります。

考え方
①当座預金を増やす（借方に記入）
②貸方 → 当座借越

CASE108の仕訳と記入

（当座預金） 20 （当座借越） 20

精算表

勘定科目	試算表 借方	試算表 貸方	修正記入 借方	修正記入 貸方	損益計算書 借方	損益計算書 貸方	貸借対照表 借方	貸借対照表 貸方
当座預金		20	20					
(当座借越)				20				20

CASE 109 精算表

決算整理③　貯蔵品の振り替え

勘定科目	試算表 借方	試算表 貸方	修正記入 借方	修正記入 貸方	損益計算書 借方	損益計算書 貸方	貸借対照表 借方	貸借対照表 貸方
通　信　費	130							
租 税 公 課	100							
(　　　　)								

期末において、当期に購入した郵便切手50円分と、収入印紙70円分が残っています。このときの精算表の記入はどのようになるでしょう？

> **例**　決算日において郵便切手50円分と収入印紙70円分が残っている。いずれも当期に購入したもので、購入時に郵便切手は通信費、収入印紙は租税公課で処理している。

● 決算整理③　貯蔵品の振り替え

郵便切手や郵便はがき、収入印紙が決算日において残っている場合には、残っている分だけ、**通信費（費用）**や**租税公課（費用）**から**貯蔵品（資産）**に振り替えます。

> **考え方**
> ①通信費、租税公課を減らす（貸方に記入）
> ②借方 → 貯蔵品

CASE60で学習しました

第18章　精算表と財務諸表　251

CASE 110 精算表

決算整理④　貸倒引当金の設定

精算表

勘定科目	試算表		修正記入		損益計算書		貸借対照表	
	借方	貸方	借方	貸方	借方	貸方	借方	貸方
売掛金	600							
貸倒引当金		2						
貸倒引当金繰入								

これに貸倒引当金を設定する！

決算において、期末に残っている売掛金や受取手形には、貸倒引当金を設定します。
このときの精算表の記入はどのようになるでしょう？

> **例** 決算において、売掛金の期末残高について、2%の貸倒引当金を設定する（差額補充法）。

決算整理④　貸倒引当金の設定

決算において、売掛金や受取手形の貸倒額を見積り、貸倒引当金を設定します。

学習済 CASE63で学習しました

考え方

①貸倒引当金の設定額：600円×2％＝12円
　貸倒引当金期末残高：2円 ── 試算表欄より
　追加で計上する貸倒引当金：12円－2円＝10円 → 貸方
②借方 → 貸倒引当金繰入（費用）

CASE110の仕訳と記入

（貸倒引当金繰入）　　10　（貸 倒 引 当 金）　　10

精算表

勘定科目	試算表		修正記入		損益計算書		貸借対照表	
	借方	貸方	借方	貸方	借方	貸方	借方	貸方
売掛金	600						600	
貸倒引当金		2		⊕ 10				12
貸倒引当金繰入			10		10			

第18章　精算表と財務諸表　253

CASE 111 精算表

決算整理⑤　固定資産の減価償却

勘定科目	試算表 借方	試算表 貸方	修正記入 借方	修正記入 貸方	損益計算書 借方	損益計算書 貸方	貸借対照表 借方	貸借対照表 貸方
建物	2,400							
減価償却累計額		600							
減価償却費								

決算において、建物や備品などの固定資産は、価値の減少分を見積り、減価償却費を計上します。このときの精算表の記入はどのようになるでしょう？

例　決算において、建物について定額法（耐用年数20年、残存価額はゼロ）により減価償却を行う。

●決算整理⑤　固定資産の減価償却

決算において、建物や備品などの固定資産は減価償却を行います。

考え方
減価償却費：2,400円÷20年＝120円

CASE111の仕訳と記入

（減価償却費）　120　（減価償却累計額）　120

精算表

勘定科目	試算表 借方	試算表 貸方	修正記入 借方	修正記入 貸方	損益計算書 借方	損益計算書 貸方	貸借対照表 借方	貸借対照表 貸方
建物	2,400						2,400	
減価償却累計額		600		⊕120				720
減価償却費				120	120			

CASE67,68で学習しました

月次決算を行っている場合の年次決算の処理

通常、決算は1事業年度（1年）に1回行いますが、毎月の経営成績や財政状態を明らかにするため、毎月決算をすることもあります。1事業年度に1回行う決算を**年次決算**、毎月行う決算を**月次決算**といいます。

月次決算を行っている場合の、減価償却費の処理は、次のようになります。

> 年次決算（通常の決算）では、1年間が過ぎたあとでなければ会社の状況が明らかになりません。一方、月次決算では月末ごとに決算をするので、毎月会社の状況が明らかになります。そのため、月次決算を行うことによって、より迅速でタイムリーな経営判断ができるようになるのです。

(1) 月次決算時の仕訳

月次決算では、1年間の減価償却費を見積り、それを12か月で割った金額を毎月計上します。

> **例** ゴエモン㈱は月次決算を行っている。建物の減価償却費について、年間見積額120円を12か月で割った金額を毎月の決算で計上している。当月の減価償却費を計上しなさい。

（減 価 償 却 費）　10　（減価償却累計額）　10

　　　120円÷12か月

(2) 年次決算時の仕訳

年次決算では、1年間の適正な減価償却費を計算し、月次決算で計上していた減価償却費の合計額との差額を年次決算において計上します。

> **例** 当期の会計期間は×1年4月1日から×2年3月31日までである。また、ゴエモン㈱は月次決算を行っている。建物の減価償却費について、年間見積額120円を12か月で割った金額を毎月の決算で計上しており、×2年2月末まで計上している。決算において3月分について同額を計上する。

第18章　精算表と財務諸表　255

CASE 112 精算表

決算整理⑥ 消費税の処理

勘定科目	試算表 借方	試算表 貸方	修正記入 借方	修正記入 貸方	損益計算書 借方	損益計算書 貸方	貸借対照表 借方	貸借対照表 貸方
仮払消費税	10							
仮受消費税		30						
未払消費税								

仮払消費税と仮受消費税を相殺する！

決算において、仮払消費税と仮受消費税を相殺します。
このときの精算表の記入はどのようになるでしょう？

例 決算日につき、仮払消費税10円と仮受消費税30円を相殺する。

● 決算整理⑥ 消費税の処理

決算日において**仮払消費税（資産）**と**仮受消費税（負債）**を相殺します。

そして、差額（納付額）を**未払消費税（負債）**として処理します。

考え方
①仮払消費税を減らす → 貸方
②仮受消費税を減らす → 借方
③差額 → 未払消費税 → 貸方

学習済 CASE80で学習しました

第18章 精算表と財務諸表 257

CASE112の仕訳と記入

| （仮受消費税） | 30 | （仮払消費税） | 10 |
| | | （未払消費税） | 20 |

精 算 表

勘 定 科 目	試 算 表		修 正 記 入		損益計算書		貸借対照表	
	借方	貸方	借方	貸方	借方	貸方	借方	貸方
仮 払 消 費 税	10			10				
仮 受 消 費 税		30	30					
未 払 消 費 税				20				20

CASE 113 精算表

決算整理⑦ 費用・収益の前払い・前受けと未払い・未収

勘定科目	試算表 借方	試算表 貸方	修正記入 借方	修正記入 貸方	損益計算書 借方	損益計算書 貸方	貸借対照表 借方	貸借対照表 貸方
支払家賃	120							
支払利息	10							
（　）家賃								
（　）利息								

（　）には何が入るかな？

決算において、費用や収益の前払い・前受けや未払い・未収を行います。このときの精算表の記入はどのようになるでしょう？

例　決算において、支払家賃のうち70円を前払処理する。また、支払利息の未払分4円を未払計上する。

● 決算整理⑦　費用・収益の前払い・前受けと未払い・未収
　決算において、費用・収益の前払い・前受けや未払い・未収の処理をします。

考え方
(1) 家賃の前払い
　①支払家賃の取り消し → 貸方
　②次期の家賃の前払い → 前払家賃 → 借方
(2) 利息の未払い
　①支払利息（費用）を未払計上する
　　→ 支払利息の発生 → 借方
　②当期の利息の未払い → 未払利息 → 貸方

学習済 第14章で学習しました

第18章　精算表と財務諸表　259

なお、収益の前受けと未収の記入例（地代180円の前受けと利息4円の未収）は次のとおりです。

勘定科目	試算表 借方	試算表 貸方	修正記入 借方	修正記入 貸方	損益計算書 借方	損益計算書 貸方	貸借対照表 借方	貸借対照表 貸方
受 取 地 代		240	180			60		
受 取 利 息		22		4		26		
（前 受）地 代				180				180
（未 収）利 息			4				4	

CASE 114 精算表

決算整理⑧−1 売上原価の算定①

勘定科目	試算表 借方	試算表 貸方	修正記入 借方	修正記入 貸方	損益計算書 借方	損益計算書 貸方	貸借対照表 借方	貸借対照表 貸方
繰越商品	0							
売　　上		1,800						
仕　　入	800							

800円仕入れたけど、売れ残っているのが100円あるぞ？

当期から営業を開始したゴエモン㈱。当期に仕入れた商品は800円ですが、このうち100円はまだ売れていないので手許に残っています。
このときの決算整理仕訳と精算表の記入はどのようになるでしょう？

例 ゴエモン㈱の当期の商品仕入高は800円であるが、このうち100円は期末現在、未販売である。

● **決算整理⑧　売上原価の算定（期首商品がない場合）**

　三分法で処理している場合、商品を仕入れたときに仕入（費用）として処理するため、期末に残っている商品（まだ売り上げていない商品）の原価も仕入（費用）の金額に含められています。

　しかし、期末に残っている商品は資産なので、決算において、期末に残っている商品の仕入原価（**期末商品棚卸高**といいます）を**仕入（費用）から繰越商品（資産）に振り替えます**。

　CASE114では、当期の商品仕入高800円のうち、100円が期末に資産として残っています。そこで、100円について、仕入（費用）から繰越商品（資産）に振り替えます。

> まずは、期首に商品がないケースでウォーミングアップ！

> 郵便切手を購入時に通信費（費用）として処理した場合、決算において残っている分を貯蔵品（資産）に振り替えましたよね。これと同じ考え方です。

第18章 精算表と財務諸表　261

CASE114の仕訳

（繰 越 商 品）　100（仕　　　　入）　100

この時点で、仕入（費用）は700円（800円－100円）となります。この700円は、当期に売り上げた商品の仕入原価なので**売上原価**を意味します。

● 精算表の記入

上記の決算整理仕訳を、精算表の修正記入欄に記入し、損益計算書欄と貸借対照表欄をうめます。

CASE114の記入

精算表

決算整理⑧-2　売上原価の算定②

精算表

勘定科目	試算表 借方	試算表 貸方	修正記入 借方	修正記入 貸方	損益計算書 借方	損益計算書 貸方	貸借対照表 借方	貸借対照表 貸方
繰越商品	100							
売上		1,800						
仕入	900							

期首に商品があった場合はどうするんだろう？

今度は期首に商品があるケースを考えてみましょう。

当期に仕入れた商品は900円ですが、このうち50円は期末において手許に残っています。また、期首において前期から残っている商品が100円あります。

> **例**　期末商品棚卸高は50円であった（当期の商品仕入高は900円、期首商品棚卸高は100円）。なお、売上原価は「仕入」の行で計算すること。

ここまでの知識で仕訳をうめると…

（繰　越　商　品）　　50　（仕　　　　　　入）　　50

期末商品を仕入から繰越商品に振り替える

● **決算整理⑧　売上原価の算定（期首商品がある場合）**

先ほどのCASE114では、期首商品がない場合の売上原価の算定をみましたが、今度は期首商品（**期首商品棚卸高**といいます）がある場合の売上原価の算定についてみていきましょう。

期首に商品（繰越商品）がある場合、その期首商品は当期に売り上げていると考えて処理します。したがって、売上原価の算定の際には、**期首の繰越商品の原価を仕入（費用）に振り替えます**。

> 期首商品→売り上げている→その原価は売上原価となるので、仕入（費用）に加算。

第18章　精算表と財務諸表　263

CASE115では、精算表の試算表欄・繰越商品に100円とあります。試算表欄の繰越商品は期首の商品を表しますので、繰越商品（資産）100円を仕入（費用）に振り替えます。

> 繰越商品を減らして仕入を増やします。

> 期首商品棚卸高の振り替え。

> 期末商品棚卸高の振り替え。

CASE115の仕訳

（仕　　　　入）　100　（繰　越　商　品）　100
（繰　越　商　品）　 50　（仕　　　　入）　 50

この時点で、仕入（費用）は950円（900円＋100円－50円）となるので、売上原価は950円と算定できます。

● 精算表の記入

上記の決算整理仕訳を精算表の修正記入欄に記入し、損益計算書欄と貸借対照表欄をうめます。

CASE115の記入

● 売上原価と売上総利益

以上より、売上原価は次の計算式で算定できることがわかります。

売上原価 ＝ 期首商品棚卸高 ＋ 当期商品仕入高 － 期末商品棚卸高
（950円）　　（100円）　　　（900円）　　　（50円）

また、売上高から売上原価を差し引いて**売上総利益**（当期の商品販売によって生じた利益）を求めることができます。

売上総利益 ＝ 売上高 － 売上原価
（850円）　　（1,800円）　（950円）

> 売上総利益の計算は商品有高帳でも学習しましたね。

 売上原価を売上原価勘定で算定する方法

CASE114とCASE115では、売上原価を算定する際、仕入勘定を使いましたが、仕入勘定ではなく**売上原価勘定**を使う方法もあります。

この場合は、まず①期首商品棚卸高を繰越商品（資産）から売上原価（費用）に振り替え、次に②当期商品仕入高を仕入（費用）から売上原価（費用）に振り替えます。

第18章 精算表と財務諸表　265

そして、最後に③期末商品棚卸高を売上原価（費用）から繰越商品（資産）に振り替えます。

> **例** 次の資料にもとづいて、売上原価を算定する仕訳を示しなさい。なお、当社では売上原価は売上原価勘定で算定している。
> 　　期首商品棚卸高 100円　当期商品仕入高 900円
> 　　期末商品棚卸高 50円

①期首商品棚卸高の振り替え
（売 上 原 価）　100　（繰 越 商 品）　100

②当期商品仕入高の振り替え
（売 上 原 価）　900　（仕　　　　入）　900

③期末商品棚卸高の振り替え
（繰 越 商 品）　 50　（売 上 原 価）　 50

> 売上原価を仕入勘定で算定する方法との違いは、
> ①（仕　　入）100
> 　（繰越商品）100
> ③（繰越商品） 50
> 　（仕　　入） 50
> の「仕入」が「売上原価」に変わるという点と、当期商品仕入高を売上原価勘定に振り替える仕訳（②）が追加されるという点です。

CASE 116 精算表

決算整理⑨　法人税等の計上

決算において、当期の利益が確定したため、当期の法人税等が210円と確定しました。
このときの精算表の記入はどのようになるでしょう？

> **例**　決算の結果、法人税等が210円と計算された。なお、中間納付額100円が仮払法人税等として計上されている。

● 決算整理⑨　法人税等の計上

　決算において、当期の法人税等の金額が確定したときは、**法人税、住民税及び事業税**（または**法人税等**）を計上します。

　なお、仮払法人税等があるときは、**仮払法人税等（資産）**を減らし、確定した法人税等と仮払法人税等との差額を**未払法人税等（負債）**で処理します。

考え方
①法人税等を計上する → 借方
②仮払法人税等を減らす → 貸方
③差額 → 未払法人税等 を計上する → 貸方

第18章　精算表と財務諸表　267

CASE116の仕訳と記入

（法 人 税 等）	210	（仮払法人税等）	100
		（未払法人税等）	110

精 算 表

勘 定 科 目	試 算 表		修 正 記 入		損益計算書		貸借対照表	
	借方	貸方	借方	貸方	借方	貸方	借方	貸方
仮 払 法 人 税 等	100			100				
法 人 税 等			210		210			
未 払 法 人 税 等				110				110

法人税等の処理について、精算表に記入するなら、上記のようになりますが、試験で精算表での法人税等の処理が出題される可能性は低いので、法人税等の処理については、決算整理仕訳だけしっかりおさえておいてください（試験で財務諸表の作成や決算整理後残高試算表の作成が出題されたときには、法人税等の処理も出題されることがあります）。

CASE 117 精算表

当期純利益または当期純損失の計上

精算表

勘定科目	試算表		修正記入		損益計算書		貸借対照表	
	借方	貸方	借方	貸方	借方	貸方	借方	貸方
⋮								
当期純利益								

ここがまだあいているニャ

> 決算整理を精算表に記入し終わったゴエモン君。でも、その精算表にはまだあいている箇所があります。ここでは、決算整理以外の精算表の記入をみていきましょう。

当期純利益（または純損失）の計算

決算整理をして、精算表の修正記入欄、損益計算書欄、貸借対照表欄をうめたら、最後に**当期純利益**（または**当期純損失**）を計算します。

当期純利益（または当期純損失）は、損益計算書の収益から費用を差し引いて計算します。ここで、収益が費用よりも多ければ**当期純利益（損益計算書欄の借方に記入）**となり、収益が費用よりも少なければ**当期純損失（損益計算書欄の貸方に記入）**となります。

> 買掛金や資本金など決算整理のない勘定科目については、試算表の金額をそのまま損益計算書欄または貸借対照表欄に記入します。

損益計算書

費用	収益
当期純利益	

損益計算書

費用	収益
	当期純損失

そして、損益計算書欄で計算した当期純利益（または当期純損失）を**貸借を逆にして貸借対照表欄に記入**します。したがって、**当期純利益**（損益計算書欄の**借方に記入**）ならば、貸借対照表欄の**貸方に記入**し、**当期純損失**（損益計算書欄の**貸方に記入**）ならば、貸借対照表欄の**借方に記入**します。

> 当期純利益（当期純損失）は貸借対照表欄の貸借差額で計算することもできます。

第18章　精算表と財務諸表　269

精 算 表

勘 定 科 目	試 算 表 借方	試 算 表 貸方	修 正 記 入 借方	修 正 記 入 貸方	損益計算書 借方	損益計算書 貸方	貸借対照表 借方	貸借対照表 貸方
現　　　　金	300						300	
売　掛　金	600						600	
繰 越 商 品	100		50	100			50	
建　　　　物	2,400						2,400	
買　掛　金		578						578
貸 倒 引 当 金		2		10				12
減価償却累計額		600		120				720
資　本　金		1,000						1,000
繰越利益剰余金		200						200
売　　　　上		1,800				1,800		
受 取 地 代		240	180			60		
仕　　　　入	900		100	50	950			
支 払 家 賃	120			70	50			
	4,420	4,420						
貸倒引当金繰入			10		10			
減 価 償 却 費			120		120			
（前払）家賃			70				70	
（前受）地代				180				180
当期純（利益）					730			730
			530	530	1,860	1,860	3,420	3,420

> 費用合計 1,130円

> 収益合計 1,860円

各欄の借方合計と貸方合計は必ず一致します。

当期純利益（当期純損失）
収益合計－費用合計で計算します。
1,860円－1,130円＝730円
収益＞費用→当期純利益（借方）
収益＜費用→当期純損失（貸方）

損益計算書の金額を貸借逆にして記入します。

　なお、試験では通常、修正記入欄や金額を移動するだけの勘定科目（資本金など）には配点はありません。ですから、修正記入欄を全部うめてから損益計算書欄や貸借対照表欄をうめるのではなく、ひとつの決算整理仕訳をしたら、その勘定科目の損益計算書欄または貸借対照表欄までうめていくほうが、途中で時間がなくなっても確実に得点できます。

⇔ 問題編 ⇔
問題69〜71

決算整理後残高試算表

決算整理をする前の試算表(**決算整理前残高試算表**)に、決算整理仕訳を反映させた試算表を**決算整理後残高試算表**といいます。

決算整理後残高試算表

借方残高	勘定科目	貸方残高
××	現　　　　金	
××	売　　掛　　金	
××	貸倒引当金繰入	
××	減価償却費	
	未　払　利　息	××
××	法　人　税　等	
	⋮	

決算整理ではじめて出てくる勘定科目も記載されます。

CASE 118 財務諸表

財務諸表の作成

精算表も作ったし、あとは損益計算書と貸借対照表を作って帳簿を締めるだけ。
ここでは、損益計算書と貸借対照表の形式をみておきましょう。

損益計算書の作成

損益計算書は、一会計期間の収益と費用から当期純利益（または当期純損失）を計算した表で、会社の**経営成績**（会社がいくらもうけたのか）を表します。

損益計算書の形式と記入例は次のとおりです。

損 益 計 算 書

ゴエモン㈱　×1年4月1日～×2年3月31日　　（単位：円）

費　　用	金　　額	収　　益	金　　額
売 上 原 価	950	売 上 高	1,800
減 価 償 却 費	120	受 取 地 代	60
貸倒引当金繰入	10		
支 払 家 賃	50		
法 人 税 等	300		
当 期 純 利 益	430		
	1,860		1,860

「仕入」ではなく、「売上原価」と記入

収益＞費用なら当期純利益（借方）
収益＜費用なら当期純損失（貸方）
当期純利益の場合は赤字で記入
（試験では黒字で記入してください）

「売上」ではなく「売上高」と記入

借方合計と貸方合計は必ず一致します。

貸借対照表の作成

貸借対照表は、一定時点（決算日）における資産・負債・資本（純資産）の内容と金額をまとめた表で、会社の**財政状態**（会社に資産や負債がいくらあるのか）を表します。

貸借対照表の形式と記入例は次のとおりです。

第18章 精算表と財務諸表　273

決算編

第19章
帳簿の締め切り

1年が終わったら、次期に新たな気持ちで
記帳できるように帳簿を準備しなきゃ！

ここでは、帳簿の締め切りについてみていきましょう。

CASE 119 帳簿の締め切り

帳簿を締め切る、とは？

決算整理も終わって、当期の処理もいよいよ大詰め。
帳簿への記入が全部終わったら、最後に帳簿（勘定）を締め切るという作業があります。

● 帳簿の締め切り

　帳簿には当期の取引と決算整理が記入されていますが、次期になると次期の取引や決算整理が記入されていきます。
　したがって、当期の記入と次期の記入を区別しておく必要があり、次期の帳簿記入に備えて、帳簿（総勘定元帳）の各勘定を整理しておきます。この手続きを**帳簿の締め切り**といいます。

● 帳簿の締め切りは3ステップ！

　帳簿の締め切りは、次の3つのステップで行います。

> 実際の締め切り方はCASE120以降で説明します。

Step 1 収益・費用の各勘定残高の損益勘定への振り替え

Step 2 当期純利益（または当期純損失）の繰越利益剰余金勘定への振り替え

Step 3 各勘定の締め切り

CASE 120 帳簿の締め切り
収益・費用の各勘定残高の損益勘定への振り替え

まずは第1ステップ！

帳簿の締め切りの第1ステップは、収益・費用の各勘定残高を損益勘定へ振り替えることです。

> **例** 決算整理後の収益と費用の諸勘定の残高は、次のとおりである。

●収益、費用の各勘定残高を損益勘定に振り替える！

帳簿の締め切りは、まず、収益、費用の勘定から行います。

帳簿に記入されている収益と費用の金額は、当期の収益または費用の金額なので、次期には関係ありません。そこで、収益と費用の各勘定に残っている金額が**ゼロになるように整理**します。

たとえば、CASE120では、売上（収益）勘定の貸方に1,200円の残高がありますので、これをゼロにするためには、借方に1,200円を記入することになります。

（売　　　上）1,200　（　　　　　　　）

第19章　帳簿の締め切り　277

そして、貸方は**損益**という新たな勘定科目で処理します。

CASE120の売上勘定の振替仕訳

（売　　　　上）1,200（損　　　　益）1,200

　この仕訳は、帳簿上に損益という勘定を設けて、売上勘定から損益勘定に振り替えたことを意味します。
　同様に、受取地代（収益）の勘定残高も損益勘定に振り替えます。

CASE120の受取地代勘定の振替仕訳

（受　取　地　代）　60（損　　　　益）　60

　このように、**収益の各勘定残高を損益勘定の貸方に振り替える**ことにより、収益の各勘定残高をゼロにします。

　同様に、**費用の各勘定残高を損益勘定の借方に振り替える**ことにより、費用の各勘定残高をゼロにします。

CASE120の費用の振替仕訳

| （損 | 益） | 950 | （仕 | 入） | 950 |
| （損 | 益） | 50 | （支 払 家 賃） | | 50 |

収益や費用の各勘定残高を損益勘定に振り替えると損益勘定に貸借差額が生じます。この差額は、収益の合計額と費用の合計額との差額なので、**当期純利益**（または**当期純損失**）です。

> 収益や費用を損益勘定に振り替えることを、損益振替といいます。

※ 費用合計は仕入950円と支払家賃50円の合計

このように、損益振替によって、帳簿上で当期純利益（または当期純損失）が計算されます。

CASE 121

帳簿の締め切り

当期純利益または当期純損失の繰越利益剰余金勘定への振り替え

つづいて第2ステップ！

損益勘定で計算された当期純利益は繰越利益剰余金勘定へ振り替えます。ここでは、帳簿の締め切りの第2ステップ、当期純利益（または当期純損失）の繰越利益剰余金勘定への振り替えについてみてみましょう。

> **例** 収益・費用の各勘定残高を振り替えたあとの損益勘定は、次のとおりである。当期純利益を繰越利益剰余金勘定に振り替えなさい。

```
            損          益
仕    入    950  売    上    1,200
支 払 家 賃   50  受 取 地 代    60
当期純利益 260
```

```
         繰越利益剰余金
                    1,000
```

当期純利益（または当期純損失）を繰越利益剰余金勘定に振り替えることを、資本振替といいます。

● 当期純利益は繰越利益剰余金勘定の貸方に振り替える！

当期純利益は、会社の活動によってもうけが生じている状態を意味しています。

会社はこのもうけを元手として次期以降も営業していくことができるので、**当期純利益は、資本の増加として損益勘定から繰越利益剰余金勘定の貸方に振り替えます。**

280

CASE121の振替仕訳

（損　　　　益）260（繰越利益剰余金）260

● 当期純損失は繰越利益剰余金勘定の借方に振り替える！

　当期純利益は会社の元手が増えている状態ですが、当期純損失は元手が減ってしまっている状態です。

　したがって、**当期純損失は資本の減少として、損益勘定から繰越利益剰余金勘定の借方に振り替えます。**

　したがって、仮に当期純損失が200円であったとした場合の振替仕訳は次のとおりです。

（繰越利益剰余金）200（損　　　　益）200

➡ 問題編 ➡
問題74

第19章 帳簿の締め切り　281

CASE 122 帳簿の締め切り

各勘定の締め切り

そして第3ステップ！
終わりがみえてきたぞ！

帳簿の締め切りの第3ステップは収益・費用・資産・負債・資本（純資産）の各勘定の締め切りです。収益・費用と資産・負債・資本（純資産）では締め切り方が少し違うのでご注意を！

例 決算整理後の諸勘定の残高（一部）は次のとおりである。各勘定を締め切りなさい。

```
        売          上                          損          益
損  益  1,200 |       1,200        仕    入    950 | 売    上  1,200
                                   支 払 家 賃    50 | 受 取 地 代    60
        仕          入              繰越利益剰余金  260 |
          950 | 損  益    950

        現          金                      買    掛    金
          350 |                                         |      700

      繰越利益剰余金
                    |   1,000
              損  益 |     260
```

※支払家賃勘定、受取地代勘定は省略

● 収益・費用の諸勘定の締め切り

収益と費用の各勘定残高は損益勘定に振り替えられているので、各勘定の借方合計と貸方合計は一致しています。

そこで、各勘定の借方合計と貸方合計が一致していることを確認して、二重線を引いて締め切ります。

CASE122の収益・費用の締め切り

● 資産・負債・資本（純資産）の諸勘定の締め切り

　資産、負債、資本（純資産）の各勘定のうち、期末残高があるものはこれを次期に繰り越します。したがって、借方または貸方に「**次期繰越**」と金額を赤字で記入し、借方合計と貸方合計を一致させてから締め切ります。

> 試験では黒字で記入してください。

```
        現       金
         350 │次 期 繰 越  350
```

> 借方合計と貸方合計を一致させてから締め切る

　そして、締め切ったあと、「次期繰越」と記入した側の逆側に「**前期繰越**」と金額を記入します。

```
        現       金
         350 │次 期 繰 越  350
前 期 繰 越 350 │
```

二重線から上が当期の記入
二重線から下が次期の記入

> 問題編
> 問題75

> その他の資産・負債・資本（純資産）の勘定も、同様に締め切ります。

CASE122の資産・負債・資本（純資産）の締め切り

```
        現       金                    買       掛       金
         350 │次 期 繰 越  350     次 期 繰 越  700 │       700
前 期 繰 越 350 │                              │前 期 繰 越  700

        繰越利益剰余金
次 期 繰 越 1,260 │              1,000
                 │損      益     260
           1,260 │              1,260
                 │前 期 繰 越   1,260
```

貸借差額

第19章　帳簿の締め切り　283

これで当期の処理はおしまい。
次期もがんばろー！

問題編

マークの意味

| 基本 応用 | …基本的な問題 |

| 基本 応用 | …本試験レベルの問題（本試験の類題） |

| 解答用紙あり | …解答用紙がある問題 |

別冊の解答用紙をご利用ください。
※仕訳問題の解答用紙が必要な方は、
　仕訳シート（別冊の最終ページ）を
　ご利用ください。

第1章　簿記の基礎

問題 1　仕訳の基本　　解答…P.36　基本 応用

次の各要素の増減は仕訳において借方（左側）と貸方（右側）のどちらに記入されるか、借方（左側）または貸方（右側）に○をつけなさい。

(1)	資産の増加	借方（左側）・貸方（右側）
(2)	資産の減少	借方（左側）・貸方（右側）
(3)	負債の増加	借方（左側）・貸方（右側）
(4)	負債の減少	借方（左側）・貸方（右側）
(5)	資本（純資産）の増加	借方（左側）・貸方（右側）
(6)	資本（純資産）の減少	借方（左側）・貸方（右側）
(7)	収益の増加（発生）	借方（左側）・貸方（右側）
(8)	収益の減少（消滅）	借方（左側）・貸方（右側）
(9)	費用の増加（発生）	借方（左側）・貸方（右側）
(10)	費用の減少（消滅）	借方（左側）・貸方（右側）

第2章　商品売買

問題 2　商品の仕入れ　　解答…P.36　基本 応用

次の各取引について仕訳しなさい。なお、三分法により処理すること。
(1) 商品1,000円を仕入れ、代金は現金で支払った。
(2) 商品5,000円を仕入れ、代金は掛けとした。
(3) 買掛金4,000円を現金で支払った。

問題 3　商品の売上げ　　　解答…P.36　基本　応用

次の各取引について仕訳しなさい。なお、三分法により処理すること。
(1)　商品2,000円を売り上げ、代金は現金で受け取った。
(2)　商品6,000円を売り上げ、代金は掛けとした。
(3)　売掛金5,000円を現金で回収した。

問題 4　クレジット売掛金　　　解答…P.36　基本　応用

次の一連の取引について仕訳しなさい。
(1)　商品6,000円をクレジット払いの条件で販売した。なお、信販会社への手数料
　　（販売代金の２％）は販売時に計上する。
(2)　上記(1)の代金について、現金で受け取った。

問題 5　仕入戻し、売上戻り　　　解答…P.37　基本　応用

次の各取引について仕訳しなさい。なお、三分法により処理すること。
(1)　先に掛けで仕入れた商品のうち、品違いのため100円を返品した。
(2)　先に掛けで売り上げた商品のうち、品違いのため600円が返品された。

問題 6　仕入諸掛り、売上諸掛り　　　解答…P.37　基本　応用

次の各取引について仕訳しなさい。なお、三分法により処理すること。
(1)　商品6,000円を仕入れ、代金は掛けとした。なお、引取運賃100円（当社負担）
　　を現金で支払った。
(2)　商品8,000円を売り上げ、代金は掛けとした。なお、発送費500円（当社負担）
　　は現金で支払った。

4

第3章　現　金

問題 7　小切手の処理　　　　　　　解答…P.37　基本 応用

次の各取引について仕訳しなさい。
(1)　北海道㈱は青森㈱に対する売掛金3,000円を回収し、同社振出の小切手を受け取った。
(2)　北海道㈱は岩手㈱に対する買掛金3,000円を支払うため、他人（青森㈱）振出小切手を渡した。

問題 8　現金過不足　　　　　　　　解答…P.37　基本 応用

次の一連の取引について仕訳しなさい。
(1)　金庫を調べたところ、現金の実際有高は550円であるが、帳簿残高は600円であった。
(2)　(1)の現金過不足の原因を調べたところ、30円については通信費の支払いが記帳漏れであることが判明した。
(3)　本日決算日につき、(1)で生じた現金過不足のうち原因不明の20円について雑損または雑益で処理する。

問題 9　現金過不足　　　　　　　　解答…P.37　基本 応用

次の一連の取引について仕訳しなさい。
(1)　金庫を調べたところ、現金の実際有高は700円であるが、帳簿残高は600円であった。
(2)　(1)の現金過不足の原因を調べたところ、70円については売掛金の回収が記帳漏れであることが判明した。
(3)　本日決算日につき、(1)で生じた現金過不足のうち原因不明の30円について雑損または雑益で処理する。

第4章　普通預金、定期預金、当座預金、当座借越

問題 10　普通預金、定期預金の処理　　解答…P.37　基本 応用

次の各取引について仕訳しなさい。
(1) 南北銀行の普通預金口座に現金300円を預け入れた。
(2) 南北銀行の普通預金口座から定期預金口座に100円を預け入れた。

問題 11　当座預金の処理　　解答…P.38　基本 応用

次の一連の取引について仕訳しなさい。
(1) 宮城商事は銀行と当座取引契約を結び、現金300円を当座預金口座に預け入れた。
(2) 宮城商事は買掛金200円を小切手を振り出して支払った。

問題 12　当座借越の処理　　解答…P.38　基本 応用

次の一連の取引について仕訳しなさい。
(1) 宮城商事は買掛金150円を小切手を振り出して支払った。なお、当座預金の残高は100円であったが、宮城商事は銀行と借越限度額400円の当座借越契約を結んでいる。
(2) 決算日を迎えた。宮城商事の当座預金の残高は50円の貸方残高である。

第5章　小口現金

問題 13　小口現金の処理　　　解答…P.38　基本 応用

次の一連の取引について仕訳しなさい。
(1) 定額資金前渡法を採用し、会計係は小口現金800円を小切手を振り出して前渡しした。
(2) 小口現金係は郵便切手代（通信費）300円、お茶菓子代（雑費）200円を小口現金で支払った。
(3) 会計係は小口現金係から次の支払報告を受けた。
　　郵便切手代（通信費）300円、お茶菓子代（雑費）200円
(4) 会計係は小口現金の支払金額と同額の小切手を振り出して小口現金を補給した。

問題 14　小口現金の処理　[解答用紙あり]　解答…P.38　基本 応用

次の取引について仕訳しなさい。ただし、勘定科目は次の中からもっとも適当と思われるものを選ぶこと。

　　当座預金　　　旅費交通費　　　消耗品費　　　雑費

小口現金係から旅費交通費4,000円、消耗品費2,300円および雑費1,200円の小口現金の使用についての報告を受け、同額の小切手を振り出して補給した。なお、当社は、定額資金前渡法を採用している。

第6章　手形と電子記録債権（債務）

問題 15　約束手形の処理　　　解答…P.38　基本 応用

次の一連の取引について仕訳しなさい。
(1) 商品500円を仕入れ、代金は約束手形を振り出して渡した。
(2) (1)の約束手形の代金を当座預金口座から支払った。

問題 16 約束手形の処理　　　　　　解答…P.38　基本 応用

次の一連の取引について仕訳しなさい。
(1) 商品800円を売り上げ、代金は先方振出の約束手形で受け取った。
(2) (1)の約束手形の代金を受け取り、ただちに当座預金口座に預け入れた。

問題 17 電子記録債権（債務）　　　　解答…P.39　基本 応用

次の一連の取引について、(A)奈良商事と(B)大阪商事の仕訳をしなさい。
(1) 奈良商事は、仕入先大阪商事に対する買掛金3,000円の支払いを電子債権記録機関で行うため、取引銀行を通じて債務の発生記録を行った。
(2) 奈良商事は、(1)の電子記録債務3,000円について、取引銀行の当座預金口座から大阪商事の取引銀行の当座預金口座に払い込みを行った。

第7章　貸付金・借入金、手形貸付金・手形借入金

問題 18 貸付金の処理　　　　　　　解答…P.39　基本 応用

次の一連の取引について仕訳しなさい。
(1) 滋賀商事は、三重商事に現金1,000円を貸付期間8か月、年利率3％で貸し付けた。なお、利息は返済時に受け取る。
(2) 滋賀商事は三重商事より(1)の貸付金の返済を受け、利息とともに現金で受け取った。

問題 19 借入金の処理　　　　　　　解答…P.39　基本 応用

次の一連の取引について仕訳しなさい。
(1) 青森商事は岩手商事より現金3,000円を借入期間3か月、年利率2％で借り入れた。なお、利息は返済時に支払う。
(2) 青森商事は(1)の借入金を返済し、利息とともに現金で支払った。

8

問題 20 手形貸付金の処理　　解答…P.39　基本 応用

次の一連の取引について仕訳しなさい。
(1) 愛知商事は長野商事に現金800円を貸し付け、担保として約束手形を受け取った。
(2) 愛知商事は長野商事より(1)の貸付金の返済を受け、利息10円とともに現金で受け取った。

問題 21 手形借入金の処理　　解答…P.40　基本 応用

次の一連の取引について仕訳しなさい。
(1) 長野商事は愛知商事より現金800円を借り入れ、担保として約束手形を振り出して渡した。
(2) 長野商事は愛知商事に(1)の借入金を返済し、利息10円とともに現金で支払った。

問題 22 貸付金・借入金、手形貸付金・手形借入金の処理 解答用紙あり
解答…P.40　基本 応用

次の各取引について仕訳しなさい。
(1) 得意先平成商事に対して期間10か月、年利率4％で貸し付けていた貸付金3,000円が本日満期のため、利息とともに同社振出の小切手で返済を受けた。
(2) 昭和銀行から年利率4％、期間3か月の条件で6,000円を借り入れ、その際、同額の約束手形を振り出し、利息を差し引かれた手取額が当座預金口座に振り込まれた。

第8章　その他の債権債務

問題 23 未払金の処理　　解答…P.40　基本 応用

次の一連の取引について仕訳しなさい。
(1) 青山商事は建物3,000円を購入し、代金は後払いとした。
(2) 青山商事は(1)の代金を普通預金口座から支払った。

問題 24 未収入金の処理　　　　　　　　　解答…P.40　**基本　応用**

次の一連の取引について仕訳しなさい。
(1) 青山商事は所有する建物を3,000円で売却し、代金は月末に受け取ることとした。
(2) 青山商事は(1)の代金を現金で受け取った。

問題 25 前払金・前受金の処理　　　　　　解答…P.41　**基本　応用**

次の各取引について仕訳しなさい。
(1) 島根商事は鳥取商事に商品を注文し、内金として500円を現金で支払った。
(2) 島根商事は鳥取商事から商品3,000円を仕入れ、代金のうち500円は注文時に支払った内金と相殺し、残額は掛けとした。
(3) 鳥取商事は島根商事から商品の注文を受け、内金として500円を現金で受け取った。
(4) 鳥取商事は島根商事に商品3,000円を売り上げ、代金のうち500円は注文時に受け取った内金と相殺し、残額は掛けとした。

問題 26 前払金・前受金の処理　　解答用紙あり　解答…P.41　**基本　応用**

次の各取引について仕訳しなさい。ただし、勘定科目は次の中からもっとも適当と思われるものを選ぶこと。

現　　　金　　当 座 預 金　　売　掛　金　　前　払　金
仕　　　入　　前　受　金　　売　　　上　　買　掛　金

(1) かねて注文していた商品70,000円を仕入れ、注文時に支払った手付金10,000円を控除し、残額については小切手を振り出して支払った。
(2) 得意先岩手商事に商品60,000円を売り上げた。代金のうち、20,000円はすでに受け取っていた手付金と相殺し、残額は掛けとした。

10

問題 **27** 仮払金・仮受金の処理　　　解答…P.41　**基本** 応用

次の各取引について仕訳しなさい。
(1) 従業員の出張にともない、旅費の概算額5,000円を現金で前渡しした。
(2) 従業員が出張から帰社し、旅費として6,000円を支払ったと報告を受けた。なお、旅費の概算額として5,000円を前渡ししており、不足額1,000円は現金で支払った。
(3) 出張中の従業員から当座預金口座に3,000円の入金があったが、その内容は不明である。
(4) 出張中の従業員が帰社し、(3)の入金は売掛金を回収したものとの報告を受けた。

問題 **28** 仮払金・仮受金の処理　解答用紙あり　解答…P.41　**基本** 応用

次の取引について仕訳しなさい。ただし、勘定科目は次の中からもっとも適当と思われるものを選ぶこと。

現　　　金	前　払　金	前　受　金	売　　　上
仕　　　入	仮　払　金	仮　受　金	売　掛　金

先月、仮受金として処理していた内容不明の当座入金額は、横浜商事から注文を受けたときの手付金の受取額5,000円と川崎商事に対する掛代金の回収額6,000円であることが判明した。

問題 **29** 立替金・預り金の処理　　　解答…P.42　**基本** 応用

次の各取引について仕訳しなさい。
(1) 商品4,000円を掛けで仕入れた。なお、先方負担の引取費用100円は現金で支払った。
(2) 商品6,000円を掛けで売り上げた。なお、先方負担の発送費用200円は現金で支払った。
(3) 従業員が負担すべき保険料500円を現金で立て替えた。
(4) 給料8,000円のうち、(3)で立て替えた500円と源泉徴収税額800円を差し引いた残額を従業員に現金で支払った。
(5) 預り金として処理していた源泉徴収税額800円を小切手を振り出して納付した。

11

問題 **30** 立替金・預り金の処理　解答用紙あり　解答…P.42　基本 応用

　次の各取引について仕訳しなさい。ただし、勘定科目は次の中からもっとも適当と思われるものを選ぶこと。

現　　　金　　　当 座 預 金　　　従業員立替金
所得税預り金　　　給　　　料

(1)　従業員が負担すべき当月分の生命保険料8,000円を小切手を振り出して支払った。なお、当月末にこの生命保険料は従業員の給料（500,000円）から差し引くこととした。
(2)　従業員の給料について源泉徴収していた所得税7,000円を小切手を振り出して税務署に納付した。

問題 **31** 受取商品券の処理　　　　　　解答…P.42　基本 応用

　次の各取引について仕訳しなさい。
(1)　商品6,000円を売り上げ、代金は地元商店街発行の商品券5,000円と現金1,000円を受け取った。
(2)　(1)で受け取った商品券5,000円を発行者に買い取ってもらい、現金を受け取った。

問題 **32** 差入保証金の処理　　　　　　解答…P.43　基本 応用

　次の一連の取引について仕訳しなさい。
(1)　店舗の賃借にあたり、敷金300円を現金で差し入れた。
(2)　(1)の賃借契約が終了し、退去時に差し入れていた敷金300円が返還され、普通預金口座に入金された。

12

第9章　その他の費用

問題 33　消耗品費　　　　　　　　　　　解答…P.43　基本 応用

次の各取引について仕訳しなさい。
(1) コピー用紙1,000円を購入し、現金で支払った。
(2) 文房具800円を購入し、現金で支払った。

問題 34　通信費、租税公課、貯蔵品の処理　　解答…P.43　基本 応用

次の一連の取引について仕訳しなさい。
(1) 郵便切手300円分と郵便はがき500円分を購入し、現金で支払った。
(2) 事務所建物の固定資産税1,000円を普通預金口座から支払った。
(3) 収入印紙400円分を購入し、現金で支払った。
(4) 決算日において(1)の郵便切手100円分と、(3)の収入印紙150円分が残っている。
(5) 翌期首を迎えた。

問題 35　法定福利費の処理　　　　　　　解答…P.43　基本 応用

次の一連の取引について仕訳しなさい。
(1) 給料日につき、従業員の給料1,000円から従業員負担分の社会保険料200円を差し引いた残額を現金で支払った。
(2) 預り金として処理していた従業員負担分の社会保険料200円と会社負担分の社会保険料200円の合計を現金で納付した。

第10章　貸倒れと貸倒引当金

問題 36　貸倒れ、貸倒引当金の処理　　解答…P.44　基本 応用

次の各取引について仕訳しなさい。
(1) 得意先山口商事が倒産し、売掛金500円（当期に発生）が貸し倒れた。
(2) 決算日において、売掛金800円と受取手形200円の期末残高について2％の貸倒引当金を設定する。なお、貸倒引当金の期末残高は8円である。
(3) 得意先福岡商事が倒産し、売掛金500円（前期に発生）が貸し倒れた。なお、貸倒引当金の残高が300円ある。
(4) 前期に貸倒処理した売掛金300円を現金で回収した。

問題 37　貸倒れ、貸倒引当金の処理　解答用紙あり　解答…P.44　基本 応用

次の取引について仕訳しなさい。ただし、勘定科目は次の中からもっとも適当と思われるものを選ぶこと。

　　　　売　掛　金　　　貸倒引当金　　　貸倒引当金繰入
　　　　貸　倒　損　失

得意先京都商事が倒産したため、同商事に対する前期発生の売掛金100,000円が回収不能となったので、貸倒れとして処理した。なお、貸倒引当金の残高が150,000円あった。

第11章　有形固定資産と減価償却

問題 38　固定資産の購入の処理　　解答…P.44　基本 応用

次の各取引について仕訳しなさい。
(1) 土地6,000円を購入し、現金で支払った。
(2) 車両運搬具2,000円を購入し、代金は月末に支払うこととした。
(3) 建物3,000円を購入し、代金は小切手を振り出して支払い、仲介手数料など200円は現金で支払った。
(4) 備品1,000円を購入し、代金は月末に支払うこととした。なお、購入にあたっての引取費用100円は現金で支払った。
(5) 建物の改良と修繕を行い、10,000円を小切手を振り出して支払った。なお、このうち資本的支出は7,000円で、残額は収益的支出である。

問題 39　固定資産の購入の処理　解答用紙あり　解答…P.45　基本 応用

次の各取引について仕訳しなさい。ただし、勘定科目は次の中からもっとも適当と思われるものを選ぶこと。

現　　　金　　当座預金　　備　　　品
未　払　金　　土　　　地

(1) 土地200㎡を1㎡につき1,500円で購入し、登記料1,000円と仲介手数料5,000円とともに代金は小切手を振り出して支払った。
(2) オフィス機器40,000円を購入し、代金のうち、10,000円は小切手を振り出して支払い、残額は翌月末から3回払いとした。なお、引取運賃500円と据付費用800円は現金で支払った。

問題 40 固定資産の減価償却 　　　　　解答…P.45 　基本 応用

　次の各取引について仕訳しなさい。なお、会計期間は4月1日から3月31日までの1年である。

(1)　決算日につき、当期の期首に購入した建物（取得原価1,000円）について減価償却を行う。なお、減価償却方法は定額法（耐用年数30年、残存価額は取得原価の10%）、記帳方法は間接法による。

(2)　決算日につき、当期の期首に購入した備品（取得原価800円）について減価償却を行う。なお、減価償却方法は定額法（耐用年数8年、残存価額は0円）、記帳方法は間接法による。

(3)　決算日につき、当期の12月1日に取得した備品（取得原価3,600円）について減価償却を行う。なお、減価償却方法は定額法（耐用年数8年、残存価額は0円）、記帳方法は間接法による。

問題 41 固定資産の売却の処理 　　　　　解答…P.46 　基本 応用

　次の各取引について仕訳しなさい。なお、会計期間は4月1日から3月31日までの1年である。

(1)　期首において、建物（取得原価8,000円、期首の減価償却累計額2,400円、間接法で記帳）を5,500円で売却し、代金は月末に受け取ることとした。

(2)　期末において、建物（取得原価9,000円、期首の減価償却累計額4,050円、間接法で記帳）を4,700円で売却し、代金は月末に受け取ることとした。この建物の減価償却方法は定額法（残存価額：取得原価の10%、耐用年数：30年）で、当期分の減価償却費の計上もあわせて行う。

16

問題 42 固定資産の売却の処理 [解答用紙あり] 解答…P.46 [基本][応用]

次の各取引について仕訳しなさい。ただし、勘定科目は次の中からもっとも適当と思われるものを選ぶこと。

備　　　　品	車　両　運　搬　具	未　収　入　金
備品減価償却累計額	車両運搬具減価償却累計額	固定資産売却益
減　価　償　却　費	固定資産売却損	当　座　預　金
現　　　　金		

(1) 営業用の自動車（取得原価120,000円、減価償却累計額90,000円）を38,000円で売却し、代金は小切手で受け取った。なお、減価償却は間接法によって処理されている。

(2) ×4年3月31日（決算日は年1回3月31日）に不用となった冷暖房器具（取得日：×1年4月1日、取得原価：360,000円、残存価額：0円、耐用年数：6年）を100,000円で売却し、代金は翌月末に受け取ることとした。なお、当期分の減価償却費もあわせて計上すること。ただし、減価償却の計算は定額法により、間接法で記帳している。

第12章　株式の発行、剰余金の配当と処分

問題 43 株式の発行 解答…P.47 [基本][応用]

次の各取引について仕訳しなさい。なお、勘定科目は次の中からもっとも適当なものを選ぶこと。

現　　金　　当　座　預　金　　普　通　預　金　　資　本　金

(1) 青森商事株式会社は、会社の設立にあたり、株式300株を1株800円で発行し、全株式の払い込みを受け、払込金額は普通預金とした。
(2) 岩手物産株式会社は、増資にあたり、株式400株を1株800円で発行し、全株式の払い込みを受け、払込金額は当座預金とした。

問題 44 当期純損益の振り替え　　解答…P.47　基本 応用

次の各取引について仕訳しなさい。
(1) 当期純利益3,000円を、損益勘定から繰越利益剰余金勘定に振り替える。
(2) 当期純損失1,000円を、損益勘定から繰越利益剰余金勘定に振り替える。

問題 45 剰余金の配当、処分　　解答…P.47　基本 応用

次の一連の取引について仕訳しなさい。
(1) 当期純利益2,000円を損益勘定から繰越利益剰余金勘定に振り替える。
(2) 株主総会の決議により、繰越利益剰余金の配当および処分を次のように決定した。

　　株主配当金　　　　　800円
　　利益準備金　　　　　 80円

(3) (2)の株主配当金を小切手を振り出して支払った。

第 13 章　法人税等と消費税

問題 46 法人税等の処理　　解答…P.47　基本 応用

次の一連の取引について仕訳しなさい。
(1) 中間申告を行い、法人税2,000円、住民税500円、事業税100円を小切手を振り出して中間納付した。
(2) 決算につき、当期の法人税、住民税及び事業税が5,000円と確定した。
(3) 確定申告を行い、上記(2)の未払法人税等を小切手を振り出して納付した。

問題 47 消費税の処理　　解答…P.47　基本 応用

次の一連の取引について、税抜方式で仕訳しなさい。
(1) 商品1,000円を仕入れ、代金は消費税100円とともに現金で支払った。
(2) 商品4,000円を売り上げ、代金は消費税400円とともに現金で受け取った。
(3) 決算につき、仮払消費税と仮受消費税を相殺し、消費税の納付額を計算した。
(4) 上記(3)の消費税の納付額を現金で納付した。

第14章　費用・収益の前払い・前受けと未払い・未収、訂正仕訳

問題 48　費用・収益の前払い・前受けと未払い・未収　解答…P.48　基本 応用

次の各取引について仕訳しなさい。
(1) 決算につき、支払家賃400円のうち、次期分100円を前払処理する。
(2) 決算につき、受取利息600円（半年分）のうち、次期分（4か月分）を前受処理する。
(3) 決算につき、保険料200円を未払処理する。
(4) 決算につき、受取地代80円を未収処理する。

問題 49　訂正仕訳　解答…P.48　基本 応用

次の各取引について仕訳しなさい。
(1) 売掛金200円を現金で回収したときに、貸方科目を誤って売上と仕訳していたのでこれを訂正する。
(2) 支払手形400円を当座預金で支払ったときに、誤って貸借逆に仕訳していたのでこれを訂正する。

問題 50　訂正仕訳　解答用紙あり　解答…P.49　基本 応用

次の誤りを発見した。よって、これを訂正するための仕訳をしなさい。
(1) 得意先室蘭商事から売掛金20,000円を同社振り出しの小切手で回収し、ただちに当座預金に預け入れた際に、次のように仕訳していた。

　　　（現　　　金）　　20,000　　（売　掛　金）　　20,000

(2) 原因が不明であった現金過不足は、家賃の支払額30,000円が二重に計上されていたことにより生じていたことが判明したが、これを次のように仕訳していた。

　　　（支　払　家　賃）　30,000　　（現　金　過　不　足）　30,000

第15章　帳簿への記入

問題 51　転記　[解答用紙あり]　解答…P.49　基本 応用

次の各取引を総勘定元帳（略式）に転記しなさい。なお、日付と相手科目についても記入すること。

4月5日	（仕　　入）	300	（買　掛　金）	300
4月8日	（現　　金）	200	（売　　上）	600
	（売　掛　金）	400		
4月15日	（買　掛　金）	150	（現　　金）	150
4月20日	（現　　金）	450	（売　掛　金）	450

問題 52　小口現金出納帳　[解答用紙あり]　解答…P.50　基本 応用

次の取引を小口現金出納帳に記入し、あわせて週末における締め切りおよび小口現金の補給に関する記入を行いなさい。なお、当社は定額資金前渡法を採用しており、小口現金として2,000円を受け入れている。また、小口現金の補給は小切手により翌週の月曜日に行われている。

5月7日（月）	タクシー代	500円
8日（火）	コピー用紙代	200円
9日（水）	電話代	400円
10日（木）	文房具代	100円
11日（金）	お茶菓子代	50円

問題 53 小口現金出納帳 [解答用紙あり] 解答…P.50 基本 応用

次の取引を小口現金出納帳に記入し、あわせて小口現金の補給に関する記入および週末における締め切りを行いなさい。なお、当社は定額資金前渡法を採用しており、小口現金として4,000円を受け入れている。また、小口現金の補給は小切手により週末の金曜日に行われている。

6月4日（月）	切手・はがき代	800円
5日（火）	電車代	600円
6日（水）	新聞代	1,800円
7日（木）	ボールペン代	200円
8日（金）	バス代	350円

問題 54 仕入帳 [解答用紙あり] 解答…P.51 基本 応用

次の取引を仕入帳に記入し、締め切りなさい。

7月1日	大阪商事から次の商品を掛けで仕入れた。
	A商品 10個 @10円　　B商品 20個 @20円
3日	上記商品のうち、A商品2個を返品した。
5日	京都商事から次の商品を掛けで仕入れた。
	C商品 10個 @12円　　D商品 30個 @15円

21

問題 55 買掛金元帳　解答用紙あり　　　　解答…P.51　**基本** 応用

次の取引を買掛金元帳（大阪商事）に記入し、締め切りなさい。

8月1日　買掛金の前月繰越高は5,000円であり、仕入先別の内訳は次のとおり
である。
　　　　　大阪商事　3,000円　　京都商事　2,000円

　3日　大阪商事から商品1,000円を掛けで仕入れた。

　8日　京都商事から商品800円を掛けで仕入れた。

　10日　大阪商事から商品2,500円と京都商事から商品1,200円を掛けで仕入れた。

　12日　10日に大阪商事から仕入れた商品300円を返品した。

　25日　大阪商事に対する買掛金4,000円と京都商事に対する買掛金3,500円
を小切手を振り出して支払った。

問題 56 売上帳　解答用紙あり　　　　解答…P.52　**基本** 応用

次の取引を売上帳に記入し、締め切りなさい。

7月8日　東京商事に次の商品を掛けで売り上げた。
　　　　　A商品　10個　@30円　　B商品　20個　@50円

　10日　上記商品のうち、A商品4個が返品された。

　23日　埼玉商事に次の商品を掛けで売り上げた。
　　　　　C商品　20個　@40円　　D商品　30個　@60円

22

問題 57　売掛金元帳　　解答用紙あり　　　　　解答…P.52　　基本　応用

次の取引を売掛金元帳（埼玉商事）に記入し、締め切りなさい。

8月1日　売掛金の前月繰越高は8,000円であり、得意先別の内訳は次のとおり
である。
　　　　　　　東京商事　4,500円　　埼玉商事　3,500円
　　4日　東京商事に商品4,000円を掛けで売り上げた。
　　14日　埼玉商事に商品2,000円を掛けで売り上げた。
　　16日　14日に埼玉商事に売り上げた商品のうち、300円が返品された。
　　22日　東京商事に商品3,000円と埼玉商事に商品5,000円を掛けで売り上げた。
　　25日　東京商事に対する売掛金8,500円を現金で回収した。
　　31日　埼玉商事に対する売掛金5,200円について先方振出の小切手を受け
取った。

問題 58　商品有高帳　　解答用紙あり　　　　　解答…P.53　　基本　応用

次の資料にもとづいて、先入先出法により商品有高帳の記入を行いなさい。なお、
商品有高帳の締め切りまで行うこと（前月繰越高は解答用紙に記入済みである）。

9月9日	仕	入	100個	@120円
14日	売	上	70個	@240円
20日	仕	入	120個	@140円
25日	売	上	100個	@250円

問題 59　商品有高帳　　解答用紙あり　　　　　解答…P.54　　基本　応用

次の資料にもとづいて、移動平均法により商品有高帳の記入と売上総利益の計算
をしなさい。なお、商品有高帳の締め切りまで行うこと（前月繰越高は解答用紙に
記入済みである）。

10月2日	仕	入	100個	@212円
14日	売	上	90個	@350円
20日	仕	入	120個	@214円
25日	売	上	110個	@360円

23

問題 60 受取手形記入帳　　　　　　　　　　　　　解答…P.55　基本 応用

次の受取手形記入帳にもとづいて、4月1日、5月12日、6月30日の仕訳を示しなさい。

受取手形記入帳

x年		手形種類	手形番号	摘　　要	支　払　人	振出人または裏書人	振出日		満期日		支場	払所	手形金額	て　　ん　　末			
							月	日	月	日				月	日	摘要	
4	1	約手	10	売　上	前橋商事	前橋商事	4	1	6	30	新宿銀行		500	6	30	当座預金口座に入金	
5	12	約手	18	売掛金	草津商事	草津商事	5	12	8	12	渋谷銀行		800				

問題 61 支払手形記入帳　　　　　　　　　　　　　解答…P.55　基本 応用

次の帳簿の(1)名称を答え、(2)8月10日と10月10日の仕訳を示しなさい。

（　　　　）記入帳

x年		手形種類	手形番号	摘　　要	受　取　人	振　出　人	振出日		満期日		支場	払所	手形金額	て　　ん　　末			
							月	日	月	日				月	日	摘要	
8	10	約手	21	仕　入	湘南商事	当　　社	8	10	10	10	熊谷銀行		200	10	10	当座預金口座から支払い	
9	15	約手	31	買掛金	熱海商事	当　　社	9	15	12	15	大宮銀行		400				

問題 62 帳簿のまとめ　解答用紙あり　　　　　　　解答…P.56　基本 応用

当社は、記帳にあたって解答用紙に記載してある補助簿を用いている。次の取引はどの補助簿に記入されるか、解答用紙の補助簿の記号に○印をつけなさい。

(1)　東北商事に対する売掛金3,000円を同社振出の小切手で受け取った。

(2)　中部商事から商品4,000円を仕入れ、代金のうち1,000円は約束手形を振り出して支払い、残額は掛けとした。

(3)　北陸商事に商品1,500円を売り上げ、代金のうち1,000円は北陸商事振出、当社宛ての約束手形を受け取り、残額は現金で受け取った。

(4)　備品3,000円を購入し、代金は設置費用300円とともに現金で支払った。

24

第16章 試算表

問題 63 試算表 〔解答用紙あり〕   解答…P.57 基本 応用

次の総勘定元帳（略式）の記入から(1)合計試算表と(2)残高試算表を作成しなさい。

現　　金			
10/ 1	200	10/18	160

当座預金			
10/ 1	500	10/31	500
10/20	400		

売　掛　金			
10/ 1	200	10/20	400
10/12	600	10/27	20
10/25	350		

備　　品			
10/ 1	400		
10/18	160		

買　掛　金			
10/31	500	10/ 1	300
		10/ 5	450
		10/22	240

資　本　金			
		10/ 1	900

繰越利益剰余金			
		10/ 1	100

売　　上			
10/27	20	10/12	600
		10/25	350

仕　　入			
10/ 5	450		
10/22	240		

第17章 伝票と仕訳日計表、証ひょう

問題 64 伝票　　　　　　　　　　　解答…P.58　基本 応用

次の(1)、(2)はそれぞれある取引について伝票を作成したものである。それぞれの取引を推定し、仕訳を示しなさい。

(1)

振　替　伝　票 ×1年3月20日			
借方科目	金　額	貸方科目	金　額
売 掛 金	500	売　　上	500

入　金　伝　票 ×1年3月20日	
科　　目	金　額
売 掛 金	200

(2)

振　替　伝　票 ×1年5月15日			
借方科目	金　額	貸方科目	金　額
仕　入	400	支払手形	400

出　金　伝　票 ×1年5月15日	
科　　目	金　額
仕　入	600

問題 65 伝票　解答用紙あり　　　　　解答…P.58　基本 応用

次の取引について起票した振替伝票と出金伝票は次のとおりである。各伝票の(1)、(2)に記入される勘定科目を答えなさい。

[取引] 商品2,000円を仕入れ、代金のうち500円は前払金と相殺し、残額は現金で支払った。

振　替　伝　票 ×1年10月20日			
借方科目	金　額	貸方科目	金　額
仕　入	500	(1)	500

出　金　伝　票 ×1年10月20日	
科　　目	金　額
(2)	1,500

26

問題 66 仕訳日計表 解答用紙あり 解答…P.59 基本 応用

福岡商事は、毎日の取引を入金伝票、出金伝票、振替伝票に記入し、これを1日ずつ集計して仕訳日計表を作成し、仕訳日計表から各関係元帳に転記している。福岡商事の7月1日の取引について作成された次の伝票にもとづいて、(A)仕訳日計表を作成し、(B)総勘定元帳に転記しなさい。

入金伝票	No. 101
売 掛 金	1,000

入金伝票	No. 102
当座預金	2,000

出金伝票	No. 201
買 掛 金	1,100

出金伝票	No. 202
消耗品費	1,300

振替伝票	No. 301
買 掛 金	1,000
支払手形	1,000

振替伝票	No. 302
仕 入	2,200
買 掛 金	2,200

振替伝票	No. 303
売 掛 金	7,500
売 上	7,500

問題 67 仕訳日計表 解答用紙あり 解答…P.60 基本 応用

大分商事は、毎日の取引を入金伝票、出金伝票、振替伝票に記入し、これを1日ずつ集計して仕訳日計表を作成し、仕訳日計表から各関係元帳に転記している。大分商事の8月1日の取引について作成された次の伝票にもとづいて、(A)仕訳日計表を作成し、(B)総勘定元帳および(C)仕入先元帳に転記しなさい。

入金伝票	No. 101
受取利息	5,000

入金伝票	No. 102
売掛金 (宮崎商事)	8,000

入金伝票	No. 103
貸 付 金	4,000

出金伝票	No. 201
買掛金 (愛媛商事)	4,400

出金伝票	No. 202
未 払 金	1,300

出金伝票	No. 203
買掛金 (高知商事)	3,000

振替伝票	No. 301
仕 入	4,000
買掛金 (愛媛商事)	4,000

振替伝票	No. 302
仕 入	5,600
買掛金 (高知商事)	5,600

振替伝票	No. 303
売掛金 (宮崎商事)	6,600
売 上	6,600

振替伝票	No. 304
売掛金 (熊本商事)	7,100
売 上	7,100

振替伝票	No. 305
買掛金 (高知商事)	2,000
支払手形	2,000

振替伝票	No. 306
受取手形	2,500
売掛金 (熊本商事)	2,500

27

問題 68 証ひょうの読み取り　　　　　解答…P.62　基本 応用

　次の各証ひょうにもとづいて、東京商事株式会社で必要な仕訳を行いなさい。なお、東京商事は雑貨販売業を営んでおり、商品売買取引は三分法で、消費税は税抜方式により処理している。

(1)　商品を仕入れ、商品とともに次の請求書を受け取り、代金は後日支払うこととした。

<table>
<tr><td colspan="4" align="center">請　　求　　書</td></tr>
<tr><td colspan="4">東京商事株式会社　御中</td></tr>
<tr><td colspan="4" align="right">埼玉商事株式会社</td></tr>
<tr><td align="center">品　　物</td><td align="center">数　量</td><td align="center">単　価</td><td align="center">金　　額</td></tr>
<tr><td>小物入れ
10 個入り</td><td align="center">30</td><td align="center">400</td><td align="right">¥12,000</td></tr>
<tr><td>ティッシュカバー（青）
10 個入り</td><td align="center">20</td><td align="center">400</td><td align="right">¥ 8,000</td></tr>
<tr><td colspan="3" align="center">消費税</td><td align="right">¥ 2,000</td></tr>
<tr><td colspan="3" align="center">合　計</td><td align="right">¥22,000</td></tr>
</table>

×2年5月31日までに合計額を下記口座へお振込みください。
東西銀行熊谷支店　普通　7654321　サイタマショウジ（カ

28

(2) 以下の納付書にもとづき、普通預金口座から振り込んだ。

(3) 取引銀行のインターネットバンキングサービスから当座勘定照合表（入出金明細）を参照したところ、以下のとおりだった。
　12月8日の取引の仕訳をしなさい。なお、埼玉商事㈱および山梨商事㈱はそれぞれ東京商事㈱の商品の取引先で、商品売買取引はすべて掛けとしている。

				×2年1月5日
\multicolumn{5}{c}{当座勘定照合表}

東京商事株式会社　様

東西銀行新宿支店

取引日	摘　要	お支払金額	お預り金額	取引残高
12. 5	お振込み 埼玉商事㈱	50,000		××
12. 5	お振込手数料	200		××
12. 8	お振込み 山梨商事㈱		65,000	××
⋮	⋮	⋮	⋮	⋮

29

第18章　精算表と財務諸表

問題 69 精算表　解答用紙あり　　解答…P.63　基本 応用

次の期末整理事項にもとづいて、解答用紙の精算表を完成させなさい。
(1) 現金の実際有高は715円であった。ただし、帳簿有高との不一致の原因は不明である。
(2) 当座預金勘定の貸方残高を当座借越勘定に振り替える。
(3) 郵便切手10円が未使用のまま残っている。
(4) 売掛金の期末残高に対して2％の貸倒引当金を設定する（差額補充法）。
(5) 備品について定額法により減価償却を行う。耐用年数は5年で残存価額は0円である。

問題 70 精算表　解答用紙あり　　解答…P.64　基本 応用

次の期末整理事項にもとづいて、解答用紙の精算表を完成させなさい。ただし、会計期間は×2年4月1日から×3年3月31日である。
(1) 得意先が倒産し、前期の同社に対する売掛金100円が回収不能となったため、貸倒れとして処理する。
(2) 商品の期末棚卸高は780円であった。なお、売上原価は「仕入」の行で計算すること。
(3) 売掛金と受取手形の期末残高に対して2％の貸倒引当金を設定する（差額補充法）。
(4) 建物および備品について定額法により減価償却を行う。建物の耐用年数は24年、残存価額は取得原価の10％であり、備品の耐用年数は6年、残存価額は0円である。なお、備品は×2年12月1日に購入したもの（同日より使用）で、減価償却費は月割計算によって計上する。
(5) 仮払消費税と仮受消費税を相殺し、納付額を計算する。
(6) 受取家賃の前受額は5円である。
(7) 借入金（×2年9月1日に借入れ）の利息につき、未払処理する。借入れの条件は、利率が年4％、利払日が8月末日、返済期日が×3年8月31日である。

問題 71 精算表　解答用紙あり　　　　解答…P.67　基本 応用

　次の期末整理事項にもとづいて、解答用紙の精算表を完成させなさい。ただし、会計期間は×3年4月1日から×4年3月31日である。

(1)　得意先から受け入れた手形3,200円が本日取り立てられ、当座預金口座に預け入れた旨の連絡が銀行からあった。

(2)　売掛金と受取手形の期末残高に対して3%の貸倒引当金を設定する（差額補充法）。

(3)　商品の期末棚卸高は9,240円であった。なお、売上原価は「仕入」の行で計算すること。

(4)　建物のうち6,000円については、前期以前に購入したもので、定額法（耐用年数30年、残存価額は0円）により減価償却を行う。また、建物のうち4,800円については、×4年2月1日に購入したもの（同日より使用）で、定額法（耐用年数20年、残存価額は0円）により減価償却を行い、減価償却費は月割計算によって計上する。

(5)　収入印紙800円が未使用のまま残っている。

(6)　保険料は×3年8月1日に向こう1年分を支払っている。

(7)　貸付金は×3年11月1日に得意先に対して貸付期間1年、年利率4%で貸し付けたもので、利息は返済時に受け取ることとなっている。当期分の利息の計算は月割計算による。

31

問題 72 **財務諸表** 解答用紙あり 解答…P.69 基本 応用

次の北海道商事の決算整理後残高試算表にもとづいて、損益計算書と貸借対照表を完成させなさい。

決算整理後残高試算表
×3年3月31日

借 方	勘 定 科 目	貸 方
1,434	現 金	
720	売 掛 金	
	貸 倒 引 当 金	36
400	繰 越 商 品	
600	備 品	
	備品減価償却累計額	260
	買 掛 金	610
	資 本 金	2,000
	繰 越 利 益 剰 余 金	200
	売 上	3,100
2,520	仕 入	
250	給 料	
90	支 払 利 息	
26	貸倒引当金繰入	
190	減 価 償 却 費	
	未 払 利 息	24
10	法 人 税 等	
	未 払 法 人 税 等	10
6,240		6,240

32

問題 73 財務諸表 [解答用紙あり] 解答…P.70 基本 応用

次の【資料1】と【資料2】にもとづいて、損益計算書と貸借対照表を完成させなさい。

【資料1】決算整理前残高試算表

借　　方	勘　定　科　目	貸　　方
2,000	現　　　　　金	
	当　座　預　金	900
2,280	普　通　預　金	
2,100	売　　掛　　金	
180	仮 払 法 人 税 等	
550	繰　越　商　品	
3,000	建　　　　　物	
	買　　掛　　金	1,790
	貸 倒 引 当 金	20
	建物減価償却累計額	500
	資　　本　　金	3,000
	繰 越 利 益 剰 余 金	1,000
	売　　　　　上	13,200
	受 取 手 数 料	300
7,600	仕　　　　　入	
1,800	給　　　　　料	
1,200	広　告　宣　伝　費	
20,710		20,710

【資料2】決算整理事項等

(1) 売掛金100円が普通預金口座に振り込まれていたが、この取引が未記帳であった。

(2) 当座預金勘定の貸方残額全額を当座借越勘定に振り替える。

(3) 売掛金の期末残高に対して2％の貸倒引当金を設定する（差額補充法）。

(4) 期末商品棚卸高は500円である。

(5) 建物について、定額法（耐用年数は30年、残存価額は0円）として定額法で減価償却を行う。

(6) 手数料の未収分が200円ある。

(7) 法人税等が950円と計算されたので、仮払法人税等との差額を未払法人税等として計上する。

33

第19章　帳簿の締め切り

問題 74　帳簿の締め切り　解答用紙あり　解答…P.72　基本 応用

次の決算整理後の各勘定残高にもとづいて、(1)各勘定から損益勘定に振り替える仕訳（損益振替仕訳）および(2)損益勘定から繰越利益剰余金勘定に振り替える仕訳（資本振替仕訳）を示し、(3)損益勘定に記入しなさい。

	売	上	
		諸　口	1,900

	受取家賃		
		諸　口	120

	仕	入	
諸　口	1,400		

	支払利息		
諸　口	100		

問題 75　帳簿の締め切り　解答用紙あり　解答…P.73　基本 応用

(1) 次の支払利息勘定の決算整理後の記入状況にもとづいて、この費用の勘定から損益勘定へ振り替える決算仕訳を示しなさい。

	支払利息		
当座預金	50,000	前払利息	10,000
未払利息	12,000		

(2) 次の未収家賃勘定にもとづいて、再振替仕訳を示しなさい。

	未収家賃		
受取家賃	30,000	次期繰越	30,000
前期繰越	30,000		

問題編

解答・解説

解答 1

(1)	資産の増加	**借方（左側）** ・ 貸方（右側）
(2)	資産の減少	借方（左側） ・ **貸方（右側）**
(3)	負債の増加	借方（左側） ・ **貸方（右側）**
(4)	負債の減少	**借方（左側）** ・ 貸方（右側）
(5)	資本（純資産）の増加	借方（左側） ・ **貸方（右側）**
(6)	資本（純資産）の減少	**借方（左側）** ・ 貸方（右側）
(7)	収益の増加（発生）	借方（左側） ・ **貸方（右側）**
(8)	収益の減少（消滅）	**借方（左側）** ・ 貸方（右側）
(9)	費用の増加（発生）	**借方（左側）** ・ 貸方（右側）
(10)	費用の減少（消滅）	借方（左側） ・ **貸方（右側）**

解答 2

	借 方 科 目	金 額	貸 方 科 目	金 額
(1)	仕　　　　　入	1,000	現　　　　　金	1,000
(2)	仕　　　　　入	5,000	買　　掛　　金	5,000
(3)	買　　掛　　金	4,000	現　　　　　金	4,000

解答 3

	借 方 科 目	金 額	貸 方 科 目	金 額
(1)	現　　　　　金	2,000	売　　　　　上	2,000
(2)	売　　掛　　金	6,000	売　　　　　上	6,000
(3)	現　　　　　金	5,000	売　　掛　　金	5,000

解答 4

	借 方 科 目	金 額	貸 方 科 目	金 額
(1)	クレジット売掛金 支　払　手　数　料	5,880 120	売　　　　　上	6,000
(2)	現　　　　　金	5,880	クレジット売掛金	5,880

解説

(1)支払手数料：6,000円 × 2 ％ ＝120円

解答 5

	借 方 科 目	金 額	貸 方 科 目	金 額
(1)	買 掛 金	100	仕 入	100
(2)	売 上	600	売 掛 金	600

解答 6

	借 方 科 目	金 額	貸 方 科 目	金 額
(1)	仕 入	6,100	買 掛 金	6,000
			現 金	100
(2)	売 掛 金	8,000	売 上	8,000
	発 送 費	500	現 金	500

解答 7

	借 方 科 目	金 額	貸 方 科 目	金 額
(1)	現 金	3,000	売 掛 金	3,000
(2)	買 掛 金	3,000	現 金	3,000

解答 8

	借 方 科 目	金 額	貸 方 科 目	金 額
(1)	現 金 過 不 足	50	現 金	50
(2)	通 信 費	30	現 金 過 不 足	30
(3)	雑 損	20	現 金 過 不 足	20

解答 9

	借 方 科 目	金 額	貸 方 科 目	金 額
(1)	現 金	100	現 金 過 不 足	100
(2)	現 金 過 不 足	70	売 掛 金	70
(3)	現 金 過 不 足	30	雑 益	30

解答 10

	借 方 科 目	金 額	貸 方 科 目	金 額
(1)	普 通 預 金	300	現 金	300
(2)	定 期 預 金	100	普 通 預 金	100

解答 11

	借 方 科 目	金 額	貸 方 科 目	金 額
(1)	当 座 預 金	300	現 金	300
(2)	買 掛 金	200	当 座 預 金	200

解答 12

	借 方 科 目	金 額	貸 方 科 目	金 額
(1)	買 掛 金	150	当 座 預 金	150
(2)	当 座 預 金	50	当 座 借 越	50

解答 13

	借 方 科 目	金 額	貸 方 科 目	金 額
(1)	小 口 現 金	800	当 座 預 金	800
(2)	仕 訳 な し			
(3)	通 信 費 雑 費	300 200	小 口 現 金	500
(4)	小 口 現 金	500	当 座 預 金	500

解答 14

借 方 科 目	金 額	貸 方 科 目	金 額
旅 費 交 通 費	4,000	当 座 預 金	7,500
消 耗 品 費	2,300		
雑 費	1,200		

解説

小口現金の使用の報告と補給が同時のときは、直接、当座預金を減少させます。

解答 15

	借 方 科 目	金 額	貸 方 科 目	金 額
(1)	仕 入	500	支 払 手 形	500
(2)	支 払 手 形	500	当 座 預 金	500

解答 16

	借 方 科 目	金 額	貸 方 科 目	金 額
(1)	受 取 手 形	800	売 上	800
(2)	当 座 預 金	800	受 取 手 形	800

解答 17

(A)奈良商事

	借 方 科 目	金　　額	貸 方 科 目	金　　額
(1)	買　掛　金	3,000	電子記録債務	3,000
(2)	電子記録債務	3,000	当 座 預 金	3,000

(B)大阪商事

	借 方 科 目	金　　額	貸 方 科 目	金　　額
(1)	電子記録債権	3,000	売　掛　金	3,000
(2)	当 座 預 金	3,000	電子記録債権	3,000

解答 18

	借 方 科 目	金　　額	貸 方 科 目	金　　額
(1)	貸　付　金	1,000	現　　　金	1,000
(2)	現　　　金	1,020	貸　付　金	1,000
			受 取 利 息	20

解説

(2)受取利息：$1,000円 \times 3\% \times \dfrac{8か月}{12か月} = 20円$

解答 19

	借 方 科 目	金　　額	貸 方 科 目	金　　額
(1)	現　　　金	3,000	借　入　金	3,000
(2)	借　入　金	3,000	現　　　金	3,015
	支 払 利 息	15		

解説

(2)支払利息：$3,000円 \times 2\% \times \dfrac{3か月}{12か月} = 15円$

解答 20

	借 方 科 目	金　　額	貸 方 科 目	金　　額
(1)	手 形 貸 付 金	800	現　　　金	800
(2)	現　　　金	810	手 形 貸 付 金	800
			受 取 利 息	10

39

解答 21

	借 方 科 目	金 額	貸 方 科 目	金 額
(1)	現 金	800	手 形 借 入 金	800
(2)	手 形 借 入 金 支 払 利 息	800 10	現 金	810

解答 22

	借 方 科 目	金 額	貸 方 科 目	金 額
(1)	現 金	3,100	貸 付 金 受 取 利 息	3,000 100
(2)	当 座 預 金 支 払 利 息	5,940 60	手 形 借 入 金	6,000

解説

(1)受取利息：$3,000円 \times 4\% \times \dfrac{10か月}{12か月} = 100円$

(2)問題文より、3か月分の利息は借入時に支払っているため、3か月分の**支払利息（費用）**を計上します。

支払利息：$6,000円 \times 4\% \times \dfrac{3か月}{12か月} = 60円$

解答 23

	借 方 科 目	金 額	貸 方 科 目	金 額
(1)	建 物	3,000	未 払 金	3,000
(2)	未 払 金	3,000	普 通 預 金	3,000

解答 24

	借 方 科 目	金 額	貸 方 科 目	金 額
(1)	未 収 入 金	3,000	建 物	3,000
(2)	現 金	3,000	未 収 入 金	3,000

解答 25

	借 方 科 目	金 額	貸 方 科 目	金 額
(1)	前 払 金	500	現 金	500
(2)	仕 入	3,000	前 払 金	500
			買 掛 金	2,500
(3)	現 金	500	前 受 金	500
(4)	前 受 金	500	売 上	3,000
	売 掛 金	2,500		

解答 26

	借 方 科 目	金 額	貸 方 科 目	金 額
(1)	仕 入	70,000	前 払 金	10,000
			当 座 預 金	60,000
(2)	前 受 金	20,000	売 上	60,000
	売 掛 金	40,000		

解説 ....●

(1)手付金を支払ったときに前払金(資産)の増加として処理しているので、商品を仕入れたときには**前払金(資産)の減少**として処理します。
(2)手付金を受け取ったときに前受金(負債)の増加として処理しているので、商品を売り上げたときには**前受金(負債)の減少**として処理します。

解答 27

	借 方 科 目	金 額	貸 方 科 目	金 額
(1)	仮 払 金	5,000	現 金	5,000
(2)	旅 費 交 通 費	6,000	仮 払 金	5,000
			現 金	1,000
(3)	当 座 預 金	3,000	仮 受 金	3,000
(4)	仮 受 金	3,000	売 掛 金	3,000

解答 28

借 方 科 目	金 額	貸 方 科 目	金 額
仮 受 金	11,000	前 受 金	5,000
		売 掛 金	6,000

解説 ....●

仮受額の内容判明時には**仮受金(負債)を減らします**。また、注文を受けたときの手付金は**前受金(負債)**で処理します。

41

解答 29

	借　方　科　目	金　　　額	貸　方　科　目	金　　　額
(1)	仕　　　　　入	4,000	買　　掛　　金	4,000
	立　　替　　金	100	現　　　　　金	100
(2)	売　　掛　　金	6,000	売　　　　　上	6,000
	立　　替　　金	200	現　　　　　金	200
(3)	従 業 員 立 替 金	500	現　　　　　金	500
(4)	給　　　　　料	8,000	従 業 員 立 替 金	500
			預　　り　　金	800
			現　　　　　金	6,700
(5)	預　　り　　金	800	当　座　預　金	800

※　(1)と(2)は以下の仕訳でも可

  (1) (仕   入) 4,000 (買 掛 金) 3,900
                     (現   金)   100
  (2) (売 掛 金) 6,200 (売   上) 6,000
                     (現   金)   200

解答 30

	借　方　科　目	金　　　額	貸　方　科　目	金　　　額
(1)	従 業 員 立 替 金	8,000	当　座　預　金	8,000
(2)	所 得 税 預 り 金	7,000	当　座　預　金	7,000

解説

(1)従業員が負担すべき金額を当社が支払った（立て替えた）ときは、**従業員立替金（資産）の増加**として処理します。なお、給料はまだ支払っていないので、給料の支払いに関する処理はしません。

(2)源泉徴収税額は、給料を支払った（源泉徴収した）ときに所得税預り金（負債）の増加として処理しているので、税務署に納付したときは**所得税預り金（負債）の減少**として処理します。なお、本問では指定勘定科目に「所得税預り金」があるので「預り金」ではなく、「所得税預り金」で処理します。

解答 31

	借　方　科　目	金　　　額	貸　方　科　目	金　　　額
(1)	受 取 商 品 券	5,000	売　　　　　上	6,000
	現　　　　　金	1,000		
(2)	現　　　　　金	5,000	受 取 商 品 券	5,000

解答 32

	借　方　科　目	金　　　額	貸　方　科　目	金　　　額
(1)	差　入　保　証　金	300	現　　　　　金	300
(2)	普　通　預　金	300	差　入　保　証　金	300

解答 33

	借　方　科　目	金　　　額	貸　方　科　目	金　　　額
(1)	消　耗　品　費	1,000	現　　　　　金	1,000
(2)	消　耗　品　費	800	現　　　　　金	800

解答 34

	借　方　科　目	金　　　額	貸　方　科　目	金　　　額
(1)	通　　信　　費	800	現　　　　　金	800
(2)	租　税　公　課	1,000	普　通　預　金	1,000
(3)	租　税　公　課	400	現　　　　　金	400
(4)	貯　　蔵　　品	250	通　　信　　費 租　税　公　課	100 150
(5)	通　　信　　費 租　税　公　課	100 150	貯　　蔵　　品	250

解答 35

	借　方　科　目	金　　　額	貸　方　科　目	金　　　額
(1)	給　　　　　料	1,000	社会保険料預り金 現　　　　　金	200 800
(2)	法　定　福　利　費 社会保険料預り金	200 200	現　　　　　金	400

43

解答 36

	借 方 科 目	金 額	貸 方 科 目	金 額
(1)	貸 倒 損 失	500	売 掛 金	500
(2)	貸 倒 引 当 金 繰 入	12	貸 倒 引 当 金	12
(3)	貸 倒 引 当 金 貸 倒 損 失	300 200	売 掛 金	500
(4)	現 金	300	償 却 債 権 取 立 益	300

解説

(1)当期に発生した売掛金が貸し倒れたときは、**貸倒損失（費用）**として処理します。

(2)①貸倒引当金の設定額：（800円＋200円）× 2 ％＝20円

②貸倒引当金の期末残高：8 円

③当期の計上額：差額12円（20円－8 円）を貸倒引当金に加算 → 貸方

(3)前期以前に発生した売掛金が貸し倒れたときは、貸倒引当金（300円）を取り崩し、貸倒引当金を超える貸倒額200円（500円－300円）については**貸倒損失（費用）**として処理します。

(4)前期以前に貸倒処理した売掛金や受取手形の代金を回収したときは、**償却債権取立益（収益）**として処理します。

解答 37

借 方 科 目	金 額	貸 方 科 目	金 額
貸 倒 引 当 金	100,000	売 掛 金	100,000

解答 38

	借 方 科 目	金 額	貸 方 科 目	金 額
(1)	土 地	6,000	現 金	6,000
(2)	車 両 運 搬 具	2,000	未 払 金	2,000
(3)	建 物	3,200	当 座 預 金 現 金	3,000 200
(4)	備 品	1,100	未 払 金 現 金	1,000 100
(5)	建 物 修 繕 費	7,000 3,000	当 座 預 金	10,000

解答 39

	借 方 科 目	金　　　額	貸 方 科 目	金　　　額
(1)	土　　　　　地	306,000	当 座 預 金	306,000
(2)	備　　　　　品	41,300	当 座 預 金	10,000
			未　　払　　金	30,000
			現　　　　　金	1,300

解説 ●

(1)登記料、仲介手数料等の付随費用は固定資産の取得原価に含めて処理します。

　　土地の取得原価：@1,500円×200㎡＋1,000円＋5,000円＝306,000円

(2)翌月末から３回払いとした30,000円（40,000円－10,000円）は**未払金（負債）**として処理します。

　　備品の取得原価：40,000円＋500円＋800円＝41,300円

解答 40

	借 方 科 目	金　額	貸 方 科 目	金　額
(1)	減 価 償 却 費	30	減 価 償 却 累 計 額	30
(2)	減 価 償 却 費	100	減 価 償 却 累 計 額	100
(3)	減 価 償 却 費	150	減 価 償 却 累 計 額	150

解説 ●

(1)減価償却費：$\dfrac{1,000円 - \overbrace{1,000円 \times 10\%}^{100円}}{30年} = 30円$

(2)減価償却費：800円÷８年＝100円

(3)期中に取得しているので、取得日（12月１日）から決算日（３月31日）までの４か月分の減価償却費を計上します。

　　１年分の減価償却費：3,600円÷８年＝450円

　　当期（４か月分）の減価償却費：450円×$\dfrac{4か月}{12か月}$＝150円

45

解答 41

	借 方 科 目	金 額	貸 方 科 目	金 額
(1)	減価償却累計額	2,400	建 物	8,000
	未 収 入 金	5,500		
	固定資産売却損	100		
(2)	減価償却累計額	4,050	建 物	9,000
	未 収 入 金	4,700	固定資産売却益	20
	減 価 償 却 費	270		

解説 ....●

(1)期首に売却しているので、当期分の減価償却費の計上は必要ありません。

(2)期末に売却しているので、当期1年分の減価償却費を計上します。

$$当期の減価償却費：\frac{9,000円 - \overbrace{9,000円 \times 10\%}^{900円}}{30年} = 270円$$

解答 42

	借 方 科 目	金 額	貸 方 科 目	金 額
(1)	現 金	38,000	車 両 運 搬 具	120,000
	車両運搬具減価償却累計額	90,000	固定資産売却益	8,000
(2)	備品減価償却累計額	120,000	備 品	360,000
	未 収 入 金	100,000		
	減 価 償 却 費	60,000		
	固定資産売却損	80,000		

解説 ....●

(2)間接法で記帳しているので、備品の取得原価と期首時点の減価償却累計額を減らします。

期首の減価償却累計額（×1年4月1日～×3年3月31日までの2年分）：

$$360,000円 \times \frac{2年}{6年} = 120,000円$$

また、期末に売却しているので、当期の減価償却費を計上します。

当期の減価償却費：360,000円 ÷ 6年 = 60,000円

46

解答 43

	借 方 科 目	金 額	貸 方 科 目	金 額
(1)	普 通 預 金	240,000	資 本 金	240,000*1
(2)	当 座 預 金	320,000	資 本 金	320,000*2

 ＊1 @800円×300株＝240,000円
 ＊2 @800円×400株＝320,000円

解答 44

	借 方 科 目	金 額	貸 方 科 目	金 額
(1)	損 益	3,000	繰 越 利 益 剰 余 金	3,000
(2)	繰 越 利 益 剰 余 金	1,000	損 益	1,000

解答 45

	借 方 科 目	金 額	貸 方 科 目	金 額
(1)	損 益	2,000	繰 越 利 益 剰 余 金	2,000
(2)	繰 越 利 益 剰 余 金	880	未 払 配 当 金	800
			利 益 準 備 金	80
(3)	未 払 配 当 金	800	当 座 預 金	800

解答 46

	借 方 科 目	金 額	貸 方 科 目	金 額
(1)	仮 払 法 人 税 等	2,600*1	当 座 預 金	2,600
(2)	法人税、住民税及び事業税	5,000	仮 払 法 人 税 等	2,600
			未 払 法 人 税 等	2,400*2
(3)	未 払 法 人 税 等	2,400	当 座 預 金	2,400

 ＊1 2,000円＋500円＋100円＝2,600円
 ＊2 貸借差額

解答 47

	借 方 科 目	金 額	貸 方 科 目	金 額
(1)	仕 入	1,000	現 金	1,100
	仮 払 消 費 税	100		
(2)	現 金	4,400	売 上	4,000
			仮 受 消 費 税	400
(3)	仮 受 消 費 税	400	仮 払 消 費 税	100
			未 払 消 費 税	300
(4)	未 払 消 費 税	300	現 金	300

47

解答 48

	借 方 科 目	金　　額	貸 方 科 目	金　　額
(1)	前 払 家 賃	100	支 払 家 賃	100
(2)	受 取 利 息	400	前 受 利 息	400
(3)	保 　 険 　 料	200	未 払 保 険 料	200
(4)	未 収 地 代	80	受 取 地 代	80

解説

(2)次期分の受取利息：$600円 \times \dfrac{4\, \text{か月}}{6\, \text{か月}} = 400円$

解答 49

	借 方 科 目	金　　額	貸 方 科 目	金　　額
(1)	売　　　　　上	200	売 　 掛 　 金	200
(2)	支 払 手 形	800	当 座 預 金	800

解説

(1)①正 し い 仕 訳：（現　　　　金）　200　（売　掛　　金）　200
　②誤 っ た 仕 訳：（現　　　　金）　200　（売　　　　上）　200
　③②の逆仕訳：（売　　　　上）　200　（現　　　　金）　200
　④訂正仕訳(①+③)：（売　　　　上）　200　（売　掛　　金）　200

(2)①正 し い 仕 訳：（支 払 手 形）　400　（当 座 預 金）　400
　②誤 っ た 仕 訳：（当 座 預 金）　400　（支 払 手 形）　400
　③②の逆仕訳：（支 払 手 形）　400　（当 座 預 金）　400
　④訂正仕訳(①+③)：（支 払 手 形）　800　（当 座 預 金）　800

解答 50

	借 方 科 目	金 額	貸 方 科 目	金 額
(1)	当 座 預 金	20,000	現 金	20,000
(2)	現 金 過 不 足	60,000	支 払 家 賃	60,000

解説

(1)①正しい仕訳：（当 座 預 金）　20,000　（売　　掛　　金）　20,000
　②誤った仕訳：（現　　　　金）　20,000　（売　　掛　　金）　20,000
　③②の逆仕訳：（売　　掛　　金）　20,000　（現　　　　金）　20,000
　④訂正仕訳（①+③）：（当 座 預 金）　20,000　（現　　　　金）　20,000

(2)①正しい仕訳（※）：（現 金 過 不 足）　30,000　（支 払 家 賃）　30,000
　②誤った仕訳：（支 払 家 賃）　30,000　（現 金 過 不 足）　30,000
　③②の逆仕訳：（現 金 過 不 足）　30,000　（支 払 家 賃）　30,000
　④訂正仕訳（①+③）：（現 金 過 不 足）　60,000　（支 払 家 賃）　60,000

※　支払家賃が二重計上されているために生じた現金過不足なので、二重計上された
　　支払家賃（費用）を減らします。

解答 51

現　　　　　金

4/ 8 売　　　　上	200	4/15 買　掛　金	150
4/20 売　掛　金	450		

売　　掛　　金

4/ 8 売　　　　上	400	4/20 現　　　　金	450

買　　掛　　金

4/15 現　　　　金	150	4/ 5 仕　　　　入	300

売　　　　　上

		4/ 8 諸　　　　口	600

仕　　　　　入

4/ 5 買　掛　金	300		

相手科目が複数のとき
は「諸口」と記入します。

49

解答 52

小 口 現 金 出 納 帳

受　　入	×年		摘　　　　要	支　　払	内　　　　訳			
					旅費交通費	消耗品費	通信費	雑　費
2,000	5	7	小口現金受け入れ					
		〃	タ ク シ ー 代	500	500			
		8	コ ピ ー 用 紙 代	200		200		
		9	電　　話　　代	400			400	
		10	文　房　具　代	100		100		
		11	お 茶 菓 子 代	50				50
			合　　　計	1,250	500	300	400	50
		〃	次　週　繰　越	750				
2,000				2,000				
750	5	14	前　週　繰　越					
1,250		〃	本　日　補　給					

週末の残高750円（2,000円−1,250円）を「次週繰越」として記入します。

月曜日に補給される金額（使った金額）1,250円を記入します。

解答 53

小 口 現 金 出 納 帳

受　　入	×年		摘　　　　要	支　　払	内　　　　訳			
					旅費交通費	消耗品費	通信費	雑　費
4,000	6	4	前　週　繰　越					
		〃	切手・はがき代	800			800	
		5	電　車　代	600	600			
		6	新　　聞　　代	1,800				1,800
		7	ボ ー ル ペ ン 代	200		200		
		8	バ　　ス　　代	350	350			
			合　　　計	3,750	950	200	800	1,800
3,750		〃	本　日　補　給					
		〃	次　週　繰　越	4,000				
7,750				7,750				
4,000	6	11	前　週　繰　越					

週末に補給される金額（使った金額）3,750円を記入します。

週末に補給されたので定額（4,000円）が次週に繰り越されます。

解答 54

仕 入 帳

×　年		摘　　　　　　　　　要	内　　訳	金　　額
7	1	大 阪 商 事　　　　掛け		
		A　商　品（　10個　）（　@10円　）	（　　　100)	
		B　商　品（　20個　）（　@20円　）	（　　　400)	（　　　500)
	3	**大 阪 商 事　　掛け返品**		
		A　商　品（　2個　）（　@10円　）		（　　　　20)
	5	京 都 商 事　　　　掛け		
		C　商　品（　10個　）（　@12円　）	（　　　120)	
		D　商　品（　30個　）（　@15円　）	（　　　450)	（　　　570)
	31	（総 仕 入 高）		（　　1,070)
	〃	（仕 入 戻 し 高）		（　　　　20)
		（純 仕 入 高）		（　　1,050)

500円＋570円

解答 55

買 掛 金 元 帳
大 阪 商 事

×　年		摘　　　　要	借　　方	貸　　方	借／貸	残　　高
8	1	前　月　繰　越		3,000	貸	3,000
	3	掛　け　仕　入　れ		1,000	〃	4,000
	10	掛　け　仕　入　れ		2,500	〃	6,500
	12	返　　　　　品	300		〃	6,200
	25	買 掛 金 の 支 払 い	4,000		〃	2,200
	31	次　月　繰　越	2,200			
			6,500	6,500		
9	1	前　月　繰　越		2,200	貸	2,200

解説 ⋯⋯⋯⋯⋯⋯⋯⋯⋯⋯⋯⋯⋯⋯⋯⋯⋯⋯⋯⋯⋯⋯⋯⋯⋯⋯⋯⋯⋯⋯⋯⋯●

　　大阪商事の買掛金元帳を作成するので、大阪商事との取引のみ記入します。

8/ 3	（仕 　　　 入）	1,000	（買　　掛　　金）	1,000
8 /10	（仕 　　　 入）	2,500	（買　　掛　　金）	2,500
8 /12	（買　　掛　　金）	300	（仕 　　　 入）	300
8 /25	（買　　掛　　金）	4,000	（当 座 預 金）	4,000

51

解答 56

売　上　帳

×　年		摘　　　　　　　　要	内　　訳	金　　額
7	8	東 京 商 事　　　　掛け		
		A　商　品（　10個　）（　@30円　）（　　300）		
		B　商　品（　20個　）（　@50円　）（　1,000）		（　1,300）
	10	東 京 商 事　　　掛け返品		
		A　商　品（　4個　）（　@30円　）		（　　120）
	23	埼 玉 商 事　　　　掛け		
		C　商　品（　20個　）（　@40円　）（　　800）		
		D　商　品（　30個　）（　@60円　）（　1,800）		（　2,600）
	31	（総　売　上　高）		（　3,900）
	〃	（売 上 戻 り 高）		（　　120）
		（純　売　上　高）		（　3,780）

1,300円＋2,600円

解答 57

売 掛 金 元 帳
埼 玉 商 事

×　年		摘　　　　　　　要	借　　方	貸　　方	借/貸	残　　高
8	1	前　月　繰　越	3,500		借	3,500
	14	掛 け 売 上 げ	2,000		〃	5,500
	16	返　　　　品		300	〃	5,200
	22	掛 け 売 上 げ	5,000		〃	10,200
	31	売 掛 金 の 回 収		5,200	〃	5,000
	〃	次　月　繰　越		5,000		
			10,500	10,500		
9	1	前　月　繰　越	5,000		借	5,000

解説

埼玉商事の売掛金元帳を作成するので、埼玉商事との取引のみ記入します。

8/14	（売　　掛　　金）	2,000	（売　　　　　上）	2,000
8/16	（売　　　　　上）	300	（売　　掛　　金）	300
8/22	（売　　掛　　金）	5,000	（売　　　　　上）	5,000
8/31	（現　　　　　金）	5,200	（売　　掛　　金）	5,200

52

解答 58

商 品 有 高 帳

（先入先出法）　　　　A　商　品

日付		摘　要	受　入			払　出			残　高		
			数量	単価	金額	数量	単価	金額	数量	単価	金額
9	1	前月繰越	30	100	3,000				30	100	3,000
	9	仕　入	100	120	12,000				30	100	3,000
									100	120	12,000
	14	売　上				30	100	3,000			
						40	120	4,800	60	120	7,200
	20	仕　入	120	140	16,800				60	120	7,200
									120	140	16,800
	25	売　上				60	120	7,200			
						40	140	5,600	80	140	11,200
	30	次月繰越				80	140	11,200			
			250	—	31,800	250	—	31,800			
10	1	前月繰越	80	140	11,200				80	140	11,200

70個

100個−40個

100個

120個−40個

53

解答 59

数量：50個＋100個＝150個
金額：10,000円＋21,200円＝31,200円

単価：$\dfrac{31,200円}{150個}$＝@208円

商品有高帳
A 商品

（移動平均法）

日付		摘　要	受　入			払　出			残　高		
			数量	単価	金額	数量	単価	金額	数量	単価	金額
10	1	前月繰越	50	200	10,000				50	200	10,000
	2	仕　入	100	212	21,200				150	208	31,200
	14	売　上				90	208	18,720	60	208	12,480
	20	仕　入	120	214	25,680				180	212	38,160
	25	売　上				110	212	23,320	70	212	14,840
	31	次月繰越				70	212	14,840			
			270	—	56,880	270	—	56,880			
11	1	前月繰越	70	212	14,840				70	212	14,840

数量：60個＋120個＝180個
金額：12,480円＋25,680円＝38,160円

単価：$\dfrac{38,160円}{180個}$＝@212円

［売上総利益の計算］

売　上　高	（　71,100）	円
売　上　原　価	（　42,040）	円
売　上　総　利　益	（　29,060）	円

解説 ....●

　移動平均法なので、受け入れのつど平均単価を計算します。なお、商品有高帳の払出欄の金額合計（次月繰越よりも上）が売上原価となります。

　売　上　高：@350円×90個＋@360円×110個＝71,100円
　　　　　　　　　　10月14日　　　　　　10月25日

　売 上 原 価：18,720円＋23,320円＝42,040円
　売上総利益：71,100円−42,040円＝29,060円

54

解答 60

	借 方 科 目	金 額	貸 方 科 目	金 額
4／1	受 取 手 形	500	売 上	500
5／12	受 取 手 形	800	売 掛 金	800
6／30	当 座 預 金	500	受 取 手 形	500

解説

受取手形記入帳の摘要欄には受取手形が増加した原因が、てん末欄には受取手形が減少した原因が記入されます。

4／1 摘要欄に「売上」とあるので、商品を売り上げた際に手形（約束手形）を受け取ったことがわかります。

5／12 摘要欄に「売掛金」とあるので、売掛金の回収として手形（約束手形）を受け取ったことがわかります。

6／30 てん末欄に「当座預金口座に入金」とあるので、受取手形が決済されて、当座預金口座に入金されたことがわかります。

解答 61

(1)帳簿の名称：**(支払手形)** 記入帳

(2)各日付の仕訳：

	借 方 科 目	金 額	貸 方 科 目	金 額
8／10	仕 入	200	支 払 手 形	200
10／10	支 払 手 形	200	当 座 預 金	200

解説

(1)摘要欄の「仕入」や「買掛金」、てん末欄の「当座預金口座から支払い」から支払手形記入帳であることがわかります。

(2)支払手形記入帳の摘要欄には支払手形が増加した原因が、てん末欄には支払手形が減少した原因が記入されます。

8／10 摘要欄に「仕入」とあるので、商品を仕入れた際に手形（約束手形）を振り出したことがわかります。

10／10 てん末欄に「当座預金口座から支払い」とあるので、支払手形が決済されて、当座預金口座から支払ったことがわかります。

解答 62

補助簿 ＼ 取引	(1)	(2)	(3)	(4)
A. 現 金 出 納 帳	Ⓐ	A	Ⓐ	Ⓐ
B. 仕 入 帳	B	Ⓑ	B	B
C. 売 上 帳	C	C	Ⓒ	C
D. 商 品 有 高 帳	D	Ⓓ	Ⓓ	D
E. 売 掛 金 元 帳	Ⓔ	E	E	E
F. 買 掛 金 元 帳	F	Ⓕ	F	F
G. 受 取 手 形 記 入 帳	G	G	Ⓖ	G
H. 支 払 手 形 記 入 帳	H	Ⓗ	H	H
I. 固 定 資 産 台 帳	I	I	I	Ⓘ

解説

各取引の仕訳をしてから記入すべき補助簿を選択します。
　(1)（現　　　　　金）　　　3,000（売　　掛　　金）　　　3,000
したがって、**現金出納帳**、**売掛金元帳**に記入することがわかります。
　(2)（仕　　　　　入）　　　4,000（支　払　手　形）　　　1,000
　　　　　　　　　　　　　　　　　（買　　掛　　金）　　　3,000
　したがって、**仕入帳**、**支払手形記入帳**、**買掛金元帳**に記入することがわかります。
なお、商品を仕入れているため、**商品有高帳**にも記入します。
　(3)（受　取　手　形）　　　1,000（売　　　　　上）　　　1,500
　　　（現　　　　　金）　　　　500
　したがって、**受取手形記入帳**、**現金出納帳**、**売上帳**に記入することがわかります。
なお、商品を売り上げているため、**商品有高帳**にも記入します。
　(4)（備　　　　　品）　　　3,300（現　　　　　金）　　　3,300
したがって、**現金出納帳**、**固定資産台帳**に記入することがわかります。

56

解答 63

(1) 合計試算表

借方合計	勘定科目	貸方合計
200	現　　　金	160
900	当 座 預 金	500
1,150	売　掛　金	420
560	備　　　品	
500	買　掛　金	990
	資　本　金	900
	繰越利益剰余金	100
20	売　　　上	950
690	仕　　　入	
4,020		4,020

(2) 残高試算表

借方残高	勘定科目	貸方残高
40	現　　　金	
400	当 座 預 金	
730	売　掛　金	
560	備　　　品	
	買　掛　金	490
	資　本　金	900
	繰越利益剰余金	100
	売　　　上	930
690	仕　　　入	
2,420		2,420

解説

　合計試算表には各勘定の借方合計と貸方合計を記入します。残高試算表には各勘定の残高のみを記入します。

解答 64

	借 方 科 目	金 額	貸 方 科 目	金 額
(1)	売 掛 金 現 金	300 200	売 上	500
(2)	仕 入	1,000	支 払 手 形 現 金	400 600

解説

それぞれの伝票の仕訳をつくり、その仕訳をあわせて解答の仕訳を導きます。

(1) ①振 替 伝 票 の 仕 訳：(売 掛 金) 500 (売 上) 500
　　②入 金 伝 票 の 仕 訳：(現 金) 200 (売 掛 金) 200
　　③解答の仕訳 (①+②)：(売 掛 金) 300 (売 上) 500
　　　　　　　　　　　　　　(現 金) 200

(2) ①振 替 伝 票 の 仕 訳：(仕 入) 400 (支 払 手 形) 400
　　②出 金 伝 票 の 仕 訳：(仕 入) 600 (現 金) 600
　　③解答の仕訳 (①+②)：(仕 入) 1,000 (支 払 手 形) 400
　　　　　　　　　　　　　　(現 金) 600

解答 65

(1)	前 払 金	(2)	仕 入

解説

取引から伝票の起票を推定させる問題では、まず取引の仕訳を作ります。

取引の仕訳：(仕 入) 2,000 (前 払 金) 500
　　　　　　　　　　　　　　　(現 金) 1,500

　ここで問題の伝票をみると、振替伝票の借方科目が「仕入」で金額が500円なので、(1)は「**前払金**」を記入することがわかります。また、出金伝票の金額が1,500円なので、(2)の借方科目は「**仕入**」であることがわかります。

　以上より、一部現金取引について、取引を分けて起票していることがわかります。

58

解答 66

(A)

仕 訳 日 計 表
×1年7月1日　　　　　　　30

借　　方	元丁	勘定科目	元丁	貸　　方
3,000	1	現　　　金	1	2,400
		当 座 預 金		2,000
7,500		売 　掛 　金		1,000
		支 払 手 形		1,000
2,100	12	買 　掛 　金	12	2,200
		売　　　上		7,500
2,200		仕　　　入		
1,300		消 耗 品 費		
16,100				16,100

(B)

総 勘 定 元 帳
現　　金　　　　　　　　1

×1年		摘　　要	仕丁	借　　方	貸　　方	借/貸	残　　高
7	1	前 月 繰 越	✓	10,000		借	10,000
	〃	仕 訳 日 計 表	30	3,000		〃	13,000
	〃	〃	〃		2,400	〃	10,600

買　　掛　　金　　　　　　　　12

×1年		摘　　要	仕丁	借　　方	貸　　方	借/貸	残　　高
7	1	前 月 繰 越	✓		7,000	貸	7,000
	〃	仕 訳 日 計 表	30		2,200	〃	9,200
	〃	〃	〃	2,100		〃	7,100

解説

(1) **入金伝票の仕訳**

No.101：（現　　　　金）1,000　（売　掛　金）1,000
No.102：（現　　　　金）2,000　（当 座 預 金）2,000

(2) **出金伝票の仕訳**

No.201：（買　掛　金）1,100　（現　　　金）1,100
No.202：（消 耗 品 費）1,300　（現　　　金）1,300

(3) **振替伝票の仕訳**

No.301：（買　掛　金）1,000　（支 払 手 形）1,000
No.302：（仕　　　入）2,200　（買　掛　金）2,200
No.303：（売　掛　金）7,500　（売　　　上）7,500

59

解答 67

(A)

仕 訳 日 計 表
×1年8月1日
52

借　　　方	元　丁	勘 定 科 目	元　丁	貸　　　方
17,000		現　　　　金		8,700
2,500		受 取 手 形		
13,700	3	売 　掛　 金	3	10,500
		貸 　付　 金		4,000
		支 払 手 形		2,000
9,400	31	買 　掛　 金	31	9,600
1,300		未 　払　 金		
		売　　　　上		13,700
		受 取 利 息		5,000
9,600		仕　　　　入		
53,500				53,500

(B)

総 勘 定 元 帳
売 　掛 　金
3

×1年		摘　　　要	仕丁	借　　方	貸　　方	借／貸	残　　高
8	1	前 月 繰 越	✓	20,000		借	20,000
	〃	仕 訳 日 計 表	52	13,700		〃	33,700
	〃	〃	〃		10,500	〃	23,200

買 　掛 　金
31

×1年		摘　　　要	仕丁	借　　方	貸　　方	借／貸	残　　高
8	1	前 月 繰 越	✓		18,000	貸	18,000
	〃	仕 訳 日 計 表	52		9,600	〃	27,600
	〃	〃	〃	9,400		〃	18,200

(C)

仕 入 先 元 帳
愛 媛 商 事
仕1

×1年		摘　　　要	仕丁	借　　方	貸　　方	借／貸	残　　高
8	1	前 月 繰 越	✓		6,000	貸	6,000
	〃	出 金 伝 票	201	4,400		〃	1,600
	〃	振 替 伝 票	301		4,000	〃	5,600

高知商事　　　　　　　　　　　　　仕2

×1年		摘　　要	仕丁	借　　方	貸　　方	借/貸	残　　高
8	1	前 月 繰 越	✔		12,000	貸	12,000
	〃	出 金 伝 票	203	3,000		〃	9,000
	〃	振 替 伝 票	302		5,600	〃	14,600
	〃	〃	305	2,000		〃	12,600

解説

(1)入金伝票の仕訳

No.101：（現　　　　　　金）　5,000　　（受　取　利　息）　5,000
No.102：（現　　　　　　金）　8,000　　（売掛金・宮崎）　8,000
No.103：（現　　　　　　金）　4,000　　（貸　付　　　金）　4,000

(2)出金伝票の仕訳

No.201：（買 掛 金・愛 媛）　4,400　　（現　　　　　　金）　4,400
No.202：（未　　払　　金）　1,300　　（現　　　　　　金）　1,300
No.203：（買 掛 金・高 知）　3,000　　（現　　　　　　金）　3,000

(3)振替伝票の仕訳

No.301：（仕　　　　　　入）　4,000　　（買 掛 金・愛 媛）　4,000
No.302：（仕　　　　　　入）　5,600　　（買 掛 金・高 知）　5,600
No.303：（売掛金・宮崎）　6,600　　（売　　　　　　上）　6,600
No.304：（売掛金・熊本）　7,100　　（売　　　　　　上）　7,100
No.305：（買 掛 金・高 知）　2,000　　（支　払　手　形）　2,000
No.306：（受　取　手　形）　2,500　　（売掛金・熊本）　2,500

解答 68

	借 方 科 目	金 額	貸 方 科 目	金 額
(1)	仕　　　　　入	20,000	買　　掛　　金	22,000
	仮 払 消 費 税	2,000		
(2)	仮 払 法 人 税 等	300,000	普　通　預　金	300,000
(3)	当　座　預　金	65,000	売　　掛　　金	65,000

解説

(1)商品の仕入

①商品20,000円（12,000円＋8,000円）を仕入れているので、**仕入（費用）**を計上します。

②商品の仕入れでかかった消費税（2,000円）は**仮払消費税（資産）**で処理します。

③商品を仕入れた際の代金は後払いなので、合計金額（22,000円）は**買掛金（負債）**で処理します。

(2)法人税等の中間納付

①普通預金口座から振り込んでいるので、**普通預金（資産）**の減少で処理します。

②科目欄に「法人税」とあり、中間申告に○がついているので、300,000円は法人税の中間申告・納付額であることがわかります。したがって、借方は**仮払法人税等（資産）**で処理します。

(3)売掛金の回収

①12月8日の行には、「お預り金額　65,000円」とあります。したがって、当座預金口座に入金があったことがわかります。そこで、65,000円を**当座預金（資産）の増加**として処理します。

②山梨商事㈱は、東京商事㈱の商品の取引先であり、商品売買取引は掛けで行っているため、山梨商事㈱に対する売掛金を回収した取引であることがわかります。したがって、**売掛金（資産）の減少**で処理します。

解答 69

精　算　表

勘 定 科 目	試　算　表 借方	試　算　表 貸方	修　正　記　入 借方	修　正　記　入 貸方	損 益 計 算 書 借　方	損 益 計 算 書 貸　方	貸 借 対 照 表 借　方	貸 借 対 照 表 貸　方
現　　　　　金	705		⊕ 10				▶ 715 ←実際有高	
当 座 預 金		20	20					
売 　掛 　金	800						800	
備　　　　品	1,000						1,000	
買 　掛 　金		475						475
貸 倒 引 当 金		10		⊕ 6				▶ 16
備品減価償却累計額		300		⊕ 200				500
資 　本 　金		1,000						1,000
繰 越 利 益 剰 余 金		100						100
売　　　　上		1,500				1,500		
仕　　　　入	850				850			
通 　信 　費	50			⊖ 10	▶ 40			
	3,405	3,405						
雑 （　益　）				10		10		
当 座 借 越				20				20
（ 貯　蔵　品 ）			10				10	
貸 倒 引 当 金 繰 入			6		6			
減 価 償 却 費			200		200			
当 期 純 利 益					414			▶ 414
			246	246	1,510	1,510	2,525	2,525

当期純利益（または当期純損失）
「収益合計－費用合計」で計算

解説

(1) 現金過不足の処理

（現　　　　金）　　10　　（雑　　　　益）　　10

考え方 ①実際有高が10円（715円－705円）多い

→ 帳簿残高を10円増やす → 借方

②不一致の原因が不明＆貸方が空欄 → 収益の勘定科目 → 雑益

(2) 当座借越への振り替え

（当 　座 　預 　金）　　20　　（当 　座 　借 　越）　　20

考え方 ①貸方の当座預金を借方に記入

②貸方 → 当座借越

(3) 貯蔵品への振り替え

（貯 　蔵 　品）　　10　　（通 　信 　費）　　10

考え方 ①郵便切手10円が未使用 → 通信費（費用）を減らす → 貸方

②借方 → 貯蔵品（資産）

63

⑷**貸倒引当金の設定**

　　　　　（貸 倒 引 当 金 繰 入）　　　　6　（貸 倒 引 当 金）　　　　　　6

　考え方　①貸倒引当金の設定額：800円×2％＝16円

　　　　　　貸倒引当金の期末残高：10円

　　　　　　当期に計上する貸倒引当金：16円－10円＝6円 → 貸方

　　　　②借方 → 貸倒引当金繰入（費用）

⑸**固定資産の減価償却**

　　　　　（減 価 償 却 費）　　　　200　（備品減価償却累計額）　　　200

　考え方　①減価償却費（費用）の計上 → 借方

　　　　　　1,000円÷5年＝200円

　　　　②貸方 → 備品減価償却累計額

解答 70

精　算　表

勘 定 科 目	試　算　表 借方	試　算　表 貸方	修　正　記　入 借方	修　正　記　入 貸方	損 益 計 算 書 借方	損 益 計 算 書 貸方	貸 借 対 照 表 借方	貸 借 対 照 表 貸方
現 金 預 金	1,682						1,682	
受 取 手 形	900						900	
売 掛 金	800			⊖ 100			▶700	← この金額に貸倒引当金を設定
繰 越 商 品	600		780	600			期末商品 → 780	
仮 払 消 費 税	400			400				
建 物	960						960	
備 品	360						360	
買 掛 金		750						750
仮 受 消 費 税		580	580					
貸 倒 引 当 金		12	⊖12	⊕ 32				▶ 32
建物減価償却累計額		432		⊕ 36				▶ 468
借 入 金		1,200						1,200
資 本 金		800						800
繰越利益剰余金		200						200
売 上		5,800				5,800		
受 取 家 賃		10	⊖ 5			▶ 5		
仕 入	4,000		⊕ 600	⊖780	▶3,820			
支 払 利 息	82		⊕ 28		▶110			
	9,784	9,784						
貸 倒 (**損 失**)			88		88			
貸倒引当金繰入			32		32			
減 価 償 却 費			56		56			
備品減価償却累計額				20				20
未 払 消 費 税				180				180
(**前 受**) 家 賃				5				5
(**未 払**) 利 息				28				28
当 期 純 (**利 益**)					1,699			▶1,699
			2,181	2,181	5,805	5,805	5,382	5,382

収益合計 ＞ 費用合計 → 当期純利益

64

解説 ●··●

　精算表作成の問題では、減価償却費や利息を月割りで計算することがありますので、会計期間は、はじめに必ずチェックしましょう。

(1)売掛金の貸倒れ

| （貸 倒 引 当 金） | 12 | （売　　掛　　金） | 100 |
| （貸 倒 損 失） | 88 | | |

考え方①売掛金の貸倒れ → 売掛金（資産）の減少 → 貸方

　　　　②前期発生の売掛金 → 貸倒引当金（12円）を取り崩し、超過額88円（100円
　　　　－12円）は貸倒損失（費用）で処理 → 借方

(2)売上原価の算定

| （仕　　　　入） | 600 | （繰 越 商 品） | 600 |
| （繰 越 商 品） | 780 | （仕　　　　入） | 780 |

考え方①期首商品の振り替え → 繰越商品（資産）の減少、仕入（費用）の増加

　　　　②期末商品の振り替え → 仕入（費用）の減少、繰越商品（資産）の増加

(3)貸倒引当金の設定

| （貸倒引当金繰入） | 32 | （貸 倒 引 当 金） | 32 |

考え方①貸倒引当金の設定額：（900円＋800円－100円*）×2％＝32円

　　　　貸倒引当金残高（決算整理前）：12円－12円*＝0円

　　　　　＊　当期貸倒額と貸倒引当金の取崩額

　　　　当期に計上する貸倒引当金：32円－0円＝32円 → 貸方

　　　　②借方 → 貸倒引当金繰入（費用）

(4)固定資産の減価償却

建物：| （減 価 償 却 費） | 36 | （建物減価償却累計額） | 36 |
備品：| （減 価 償 却 費） | 20 | （備品減価償却累計額） | 20 |

考え方備品については当期の12月1日に購入しているので、12月1日から3月31日
まで4か月分の減価償却費を計上します。

$$建物：\frac{960\ 円－\overset{\overset{\text{96円（残存価額）}}{\diagup}}{960\ 円×10\%}}{24\ 年}=36\ 円$$

$$備品：360\ 円÷6\ 年×\frac{4\ か月}{12\ か月}=20\ 円$$

(5)消費税の処理

| （仮 受 消 費 税） | 580 | （仮 払 消 費 税） | 400 |
| | | （未 払 消 費 税） | 180 |

考え方①仮払消費税（資産）を減らす → 貸方

　　　　②仮受消費税（負債）を減らす → 借方

　　　　③貸借差額（580円－400円＝180円）→ 未払消費税（負債）

65

(6)収益の前受け

(受　取　家　賃)　　　　5　(前　受　家　賃)　　　　5

考え方 ①受取家賃（収益）の前受け → 当期の受取家賃（収益）の減少 → 借方

②次期の家賃の前受け → 前受家賃（負債）→ 貸方

(7)費用の未払い

(支　払　利　息)　　　28　(未　払　利　息)　　　28

考え方 ①当期分（9月1日から3月31日までの7か月）の利息を未払計上 → 支払利息の増加 → 借方

$$1,200 円 \times 4\% \times \frac{7 か月}{12 か月} = 28 円$$

②当期の利息の未払い → 未払利息（負債）→ 貸方

解答 71

精 算 表

勘 定 科 目	試 算 表 借 方	試 算 表 貸 方	修 正 記 入 借 方	修 正 記 入 貸 方	損 益 計 算 書 借 方	損 益 計 算 書 貸 方	貸 借 対 照 表 借 方	貸 借 対 照 表 貸 方	
現　　　　　金	12,686						12,686		
当 座 預 金	12,460		3,200				15,660		
受 取 手 形	11,200			3,200			8,000		← この金額に 貸倒引当金 を設定
売 掛 金	9,800						9,800		
貸 付 金	6,900						6,900		
繰 越 商 品	11,760		9,240	11,760			9,240		← 期末商品
建　　　　　物	10,800						10,800		
買 掛 金		10,618						10,618	
貸 倒 引 当 金		120		414				534	
建物減価償却累計額		1,000		240				1,240	
資 本 金		37,000						37,000	
繰越利益剰余金		3,000						3,000	
売　　　　　上		68,300				68,300			
受 取 利 息		84		115		199			
仕　　　　　入	41,720		11,760	9,240	44,240				
保 険 料	96			32	64				
租 税 公 課	2,700		─	800	▶ 1,900				
	120,122	120,122							
貸倒引当金繰入			414		414				
減 価 償 却 費			240		240				
(貯 蔵 品)			800				800		
(前 払) 保 険 料			32				32		
(未 収) 利 息			115				115		
当 期 純 (利 益)					21,641			21,641	
			25,801	25,801	68,499	68,499	74,033	74,033	

解説

(1)受取手形の回収

（当 座 預 金）　3,200　（受 取 手 形）　3,200

(2)貸倒引当金の設定

（貸倒引当金繰入）　414　（貸 倒 引 当 金）　414

考え方 ①貸倒引当金の設定額：(11,200円－3,200円*＋9,800円)×3％＝534円

＊　受取手形の回収額

②貸倒引当金の期末残高：120円

③当期に計上する貸倒引当金：534円－120円＝414円

67

⑶売上原価の算定

| (仕 入) | 11,760 | (繰 越 商 品) | 11,760 |
| (繰 越 商 品) | 9,240 | (仕 入) | 9,240 |

⑷固定資産の減価償却

| (減 価 償 却 費) | 240 | (建物減価償却累計額) | 240 |

考え方 前期以前から所有する建物（既存分）と当期に購入した建物（新規分）とを分けて計算します。なお、新建物は2月1日から3月31日までの2か月分の減価償却費を計上します。

減価償却費（既存分）：6,000円÷30年＝200円

（新規分）：$4,800円÷20年×\dfrac{2か月}{12か月}＝40円$

240円

⑸貯蔵品への振り替え

| (貯 蔵 品) | 800 | (租 税 公 課) | 800 |

考え方 ①収入印紙800円が未使用 → 租税公課（費用）を減らす → 貸方

②借方 → 貯蔵品（資産）

⑹費用の前払い

| (前 払 保 険 料) | 32 | (保 険 料) | 32 |

考え方 ①×3年8月1日に向こう1年分を支払っている → 次期分（×4年4月1日から×4年7月31日までの4か月分）を前払いしている → 次期分の保険料（費用）を減らす → 貸方

$96円×\dfrac{4か月}{12か月}＝32円$

②次期の保険料の前払い → 前払保険料（資産）→ 借方

⑺収益の未収

| (未 収 利 息) | 115 | (受 取 利 息) | 115 |

考え方 ①当期分（×3年11月1日から×4年3月31日までの5か月）の利息を未収計上 → 受取利息（収益）を増やす → 貸方

$6,900円×4％×\dfrac{5か月}{12か月}＝115円$

②当期の利息の未収 → 未収利息（資産）→ 借方

解答 72

損 益 計 算 書

北海道商事 　　　　×2年4月1日～×3年3月31日 　　　　（単位：円）

費 用	金 額	収 益	金 額
売 上 （ 原 価 ）	（　　　　2,520）	売 上 （ 高 ）	（　　　　3,100）
給 料	（　　　　　250）		
貸倒引当金（繰入）	（　　　　　 26）		
減 価 償 却 費	（　　　　　190）		
支 払 利 息	（　　　　　 90）		
法 人 税 等	（　　　　　 10）		
当 期 純 利 益	（　　　　　 14）		
	（　　　　3,100）		（　　　　3,100）

貸借差額

貸 借 対 照 表

北海道商事 　　　　×3年3月31日 　　　　（単位：円）

資 産	金 額	負債・純資産	金 額
現 金	（　　　　1,434）	買 掛 金	（　　　　　610）
売 掛 金	（　　720）	（未 払）費用	（　　　　　 24）
（貸 倒 引 当 金）	（　　 36）（　　 684）	未 払 法 人 税 等	（　　　　　 10）
商 品	（　　　　　400）	資 本 金	（　　　　2,000）
備 品	（　　600）	繰越利益剰余金	（　　　　　214）
（減 価 償 却 累 計 額）	（　　260）（　　 340）		
	（　　　　2,858）		（　　　　2,858）

200円＋ 14円 ＝214円
試算表　当期純利益

69

解答 73

損 益 計 算 書
×2年4月1日～×3年3月31日 （単位：円）

費　　　用	金　　　額	収　　　益	金　　　額
売 上 原 価	(　　7,650)	売 上 高	(　　13,200)
給 料	(　　1,800)	受 取 手 数 料	(　　500)
広 告 宣 伝 費	(　　1,200)		
貸倒引当金繰入	(　　20)		
減 価 償 却 費	(　　100)		
法 人 税 等	(貸借差額 950)		
当 期 純 利 益	(　　1,980)		
	(　　13,700)		(　　13,700)

貸 借 対 照 表
×3年3月31日 （単位：円）

資　　　産	金　　　額	負債・純資産	金　　　額
現 金	(　　2,000)	買 掛 金	(　　1,790)
普 通 預 金	(　　2,380)	当 座 借 越	(　　900)
売 掛 金 (2,000)		(未 払) 法人税等	(　　770)
貸 倒 引 当 金 (40)	(　　1,960)	資 本 金	(　　3,000)
商 品	(　　500)	繰越利益剰余金	(　　2,980)
建 物 (3,000)			
減価償却累計額 (600)	(　　2,400)		
(未 収)収 益	(　　200)		
	(　　9,440)		(　　9,440)

解説

(1)売掛金の未記帳
（普 通 預 金）　　100　（売 　　掛 　　金）　　100

貸借対照表 普通預金：2,280円＋100円＝2,380円

貸借対照表 売 掛 金：2,100円－100円＝2,000円

(2)当座借越への振り替え
（当 座 預 金）　　900　（当 座 借 越）　　900

貸借対照表 当座借越：900円

70

(3)**貸倒引当金の設定**

　　（貸倒引当金繰入）　　　　　20　　（貸　倒　引　当　金）　　　　20

考え方　①貸倒引当金の設定額：（2,100円－100円）×2％＝40円
　　　　②貸倒引当金の期末残高：20円
　　　　③当期に計上する貸倒引当金：40円－20円＝20円

損益計算書　貸倒引当金繰入：20円
貸借対照表　貸倒引当金：20円＋20円＝40円

(4)**売上原価の算定**

　　（仕　　　　　　入）　　　　550　　（繰　越　商　品）　　　550
　　（繰　越　商　品）　　　　500　　（仕　　　　　　入）　　　500

損益計算書　売上原価：7,600円＋550円－500円＝7,650円
貸借対照表　商　品：500円

(5)**固定資産の減価償却**

　　（減　価　償　却　費）　　　100　　（建物減価償却累計額）　　　100

考え方　減価償却費：3,000円÷30年＝100円
損益計算書　減価償却費：100円
貸借対照表　減価償却累計額：500円＋100円＝600円

(6)**収益の未収**

　　（未　収　手　数　料）　　　200　　（受　取　手　数　料）　　　200

考え方　①当期分の手数料を未収計上　→　受取手数料（収益）を増やす　→　貸方
　　　　②当期の手数料の未収　→　未収手数料（資産）　→　借方

損益計算書　受取手数料：300円＋200円＝500円
貸借対照表　未収収益：200円

(7)**法人税等の計上**

　　（法　人　税　等）　　　950　　（仮　払　法　人　税　等）　　　180
　　　　　　　　　　　　　　　　　　（未　払　法　人　税　等）　　　770

考え方　①法人税等（費用）の計上　→　借方
　　　　②仮払法人税等（資産）が減る　→　貸方
　　　　③貸方に貸借差額（950円－180円＝770円）が生じる　→　未払法人税等（負債）

損益計算書　法　人　税　等：950円
貸借対照表　未払法人税等：770円

(8)**繰越利益剰余金**

　決算整理前残高試算表の金額（1,000円）に、損益計算書の貸借差額で計算した当期
純利益（1,980円）を足して、計算します。

貸借対照表　繰越利益剰余金：1,000円＋1,980円＝2,980円

解答 74

(1)各勘定から損益勘定に振り替える仕訳（損益振替仕訳）

借 方 科 目	金 額	貸 方 科 目	金 額
売 上	1,900	損 益	2,020
受 取 家 賃	120		
損 益	1,500	仕 入	1,400
		支 払 利 息	100

(2)損益勘定から繰越利益剰余金勘定に振り替える仕訳（資本振替仕訳）

借 方 科 目	金 額	貸 方 科 目	金 額
損 益	520	繰越利益剰余金	520

(3)損益勘定への記入

	損	益		
〔仕 入〕	(1,400)	〔売 上〕	(1,900)
〔支 払 利 息〕	(100)	〔受 取 家 賃〕	(120)
〔繰越利益剰余金〕	(520)	〔 〕	( )

解説 ●••

　収益の各勘定残高は損益勘定の貸方に、費用の各勘定残高は損益勘定の借方に振り替えます。また、損益勘定で借方に差額が生じる（収益が費用よりも大きい）ため、当期純利益（520円）が生じていることがわかります。したがって、当期純利益（520円）を損益勘定から繰越利益剰余金勘定の貸方に振り替えます。

解答 75

	借　方　科　目	金　　額	貸　方　科　目	金　　額
(1)	損　　　　　益	52,000	支　払　利　息	52,000
(2)	受　取　家　賃	30,000	未　収　家　賃	30,000

解説

(1)費用の勘定の残高は損益勘定の借方に振り替えます。したがって、支払利息勘定の
　残高52,000円（50,000円＋12,000円－10,000円）を損益勘定の借方に振り替えます。

(2)「未収家賃勘定」より、決算において受取家賃（収益）の未収計上が行われている
　ことがわかります。また、費用や収益を未払計上・未収計上（前払計上・前受計上）
　したときは、翌期首に逆仕訳（再振替仕訳）を行います。したがって、再振替仕訳
　は次のようになります。

決算整理仕訳：（未　収　家　賃）30,000　（受　取　家　賃）30,000

逆仕訳

再振替仕訳(解答)：（受　取　家　賃）30,000　（未　収　家　賃）30,000

日商簿記3級
みんなのギモン&ポイント5

みなさんの「？」をまとめてみました

仕訳で、同じ側に複数の勘定科目がある場合、勘定科目の上下は決まっているのですか？

A1 　仕訳をする際の勘定科目の上下については決まりはありません。

　仕訳で、勘定科目の上下にはルールはありません。たとえば、「商品1,000円を売り上げ、代金のうち100円は現金で受け取り、残額は掛けとした」という取引は、

| （現　　　　　金） | 100 | （売　　　　　上） | 1,000 |
| （売　掛　　金） | 900 | | |

と仕訳しても、

| （売　掛　　金） | 900 | （売　　　　　上） | 1,000 |
| （現　　　　　金） | 100 | | |

と仕訳しても正解です。
　仕訳はわかるところから順番にうめていきましょう。

「小切手を受け取った」という場合でも、現金（資産）で処理しない場合があるのはどうしてですか？

A2 　当社が振り出した小切手を、他社を経由して受け取った場合は、当座預金（資産）の増加で処理します。

他社が振り出した小切手を受け取ったときは**現金（資産）**で処理しますが、**当社が振り出した小切手を受け取ったときは、当座預金（資産）の増加**で処理することに注意しましょう。

> ただし、受け取った小切手を「ただちに当座預金口座に預け入れた」場合は、当座預金（資産）で処理します。

> 小切手を振り出したときに当座預金（資産）の減少で処理しているので、この小切手が戻ってきたときは、当座預金（資産）の増加で処理するのです。

Q3 備品を購入して代金を後払いとした場合、未払額は買掛金（負債）ではないのですか？

A3 商品売買以外の取引（備品の購入など）から生じた代金の未払額や未収額は未払金（負債）や未収入金（資産）で処理します。

商品売買取引（仕入れや売上げ）によって発生した代金の未払額や未収額は、**買掛金（負債）**や**売掛金（資産）**で処理しますが、**商品売買以外の取引（備品等の購入や売却）**によって発生した代金の未払額や未収額は、**未払金（負債）**や**未収入金（資産）**で処理します。

買掛金は未払金の一種、売掛金は未収入金の一種ですが、商品売買取引は重要なので、仕入れや売上げにかかる未払額や未収額は**買掛金（負債）**や**売掛金（資産）**といった商品売買取引用の勘定科目で処理するのです。

Q4 A問題集では、保険料を「支払保険料」で仕訳していますが、B問題集では、「保険料」で仕訳しています。どちらで仕訳するのが正しいのでしょうか？　また、「保険料1,000円は1年分で、このうち3か月分を次期に前払処理する」といった場合、1,000円×$\dfrac{3か月}{12か月}$を計算（1,000円÷12か月×3か月で計算）すると、249.99…円となるのですが、円未満は切り捨てですか、それとも切り上げですか？

A4　「保険料」でも「支払保険料」でも正解ですが、試験では指定勘定科目にしたがって解答してください。

また、249.99…円となる場合には、切り上げて250円で解答します。

> 保険料以外にも、複数の勘定科目が許容されるものがあります。

> 3級の試験では、四捨五入等が必要な端数（245.42…円など）が生じる問題は出題されていません。

　勘定科目に指定がなければ、保険料を「**支払保険料**」で仕訳しても、「**保険料**」で仕訳しても正解です。

　しかし、試験では使用できる勘定科目が指定され、指定勘定科目以外の勘定科目を用いて解答した場合は不正解となるので、指定勘定科目をしっかりチェックしましょう。

　また、計算結果が「249.99…」など「.99…」となる場合には、端数を切り上げて整数（250円など）で解答してください。

　なお、どうしても端数が気になる場合には、分子から計算（「1,000円×3か月」を計算してから「÷12か月」）をしてみてください。整数（250円）になります。

78

Q5 費用（保険料）の前払いで、「保険料は毎年7月1日に向こう1年分を支払っている（決算日は年1回、3月31日）」という問題がありました。この場合、分母が12か月ではないのはなぜですか？

A 当期の期首に行った再振替仕訳分が含まれるからです。

「毎年同額を支払っている（受け取っている）」という場合、前払額を計算する際の分母は12か月ではないので注意しましょう。

たとえば、当期が×2年4月1日から×3年3月31日までの1年で、「保険料は**毎年**7月1日に向こう1年分を支払っている」という場合を考えてみましょう。

「**毎年**」支払っているということは、前期（×1年）の7月1日にも1年分（×2年6月30日までの分）を支払っています。

①×1年7月1日（支払日）の仕訳

（保 険 料）	××	（現 金 な ど）	××
	1年分		1年分

したがって、前期の決算（×2年3月31日）において、3か月分（×2年4月1日から6月30日までの分）を前払処理していることになります。

②×2年3月31日（前期末）の仕訳

（前 払 保 険 料）	××	（保 険 料）	××
	3か月分		3か月分

79

決算において前払・未払・前受・未収処理した費用や収益は、翌期首に再振替仕訳（期末の仕訳の逆仕訳）をします。

> この時点で、保険料勘定には3か月分が計上されることになります。

③×2年4月1日（当期首）の仕訳

（保　険　料）	××	（前払保険料）	××
	3か月分		3か月分

そして、当期（×2年）の7月1日にも1年分（×3年6月30日までの分）を支払います。

④×2年7月1日（支払日）の仕訳

（保　険　料）	××	（現　金　な　ど）	××
	1年分		1年分

> 「毎年」とあったら、分母は12か月ではないことに注意しましょう。

この時点で、保険料勘定には15か月分が計上されていることになるので、当期の決算（×3年3月31日）において、このうち3か月分（×3年4月1日から6月30日までの分）を前払処理することになるのです。

⑤×3年3月31日（当期末）の仕訳

（前払保険料）	××	（保　険　料）	××
	3か月分		3か月分

80

> **例** 残高試算表の保険料は450円である。保険料は毎年7月1日に向こう1年分（毎年同額）を支払っている。決算整理仕訳をしなさい（決算日は年1回、3月31日である）。

前払保険料

$$450円 \times \frac{3か月}{15か月} = 90円$$

決算整理仕訳

（前 払 保 険 料）　90　（保　　険　　料）　90

さくいん

あ

- 預り金⋯⋯⋯⋯⋯⋯⋯⋯⋯⋯⋯⋯98
- 移動平均法⋯⋯⋯⋯⋯⋯⋯⋯204
- 受取商品券⋯⋯⋯⋯⋯⋯⋯⋯100
- 受取手形⋯⋯⋯⋯⋯⋯⋯⋯⋯⋯64
- 受取手形記入帳⋯⋯⋯⋯⋯⋯206
- 売上⋯⋯⋯⋯⋯⋯⋯⋯⋯⋯⋯⋯16
- 売上原価⋯⋯⋯⋯⋯⋯⋯⋯262, 265
- 売上諸掛り⋯⋯⋯⋯⋯⋯⋯⋯⋯27
- 売上総利益⋯⋯⋯⋯⋯⋯⋯⋯265
- 売上帳⋯⋯⋯⋯⋯⋯⋯⋯⋯⋯200
- 売上戻り⋯⋯⋯⋯⋯⋯⋯⋯⋯⋯25
- 売掛金⋯⋯⋯⋯⋯⋯⋯⋯⋯⋯⋯20
- 売掛金元帳⋯⋯⋯⋯⋯⋯⋯⋯200

か

- 買掛金⋯⋯⋯⋯⋯⋯⋯⋯⋯⋯⋯19
- 買掛金元帳⋯⋯⋯⋯⋯⋯⋯⋯198
- 貸方⋯⋯⋯⋯⋯⋯⋯⋯⋯⋯⋯⋯9
- 貸倒れ⋯⋯⋯⋯⋯⋯⋯⋯⋯⋯120
- 貸倒損失⋯⋯⋯⋯⋯⋯⋯⋯⋯121
- 貸倒引当金⋯⋯⋯⋯⋯⋯⋯⋯122
- 貸倒引当金繰入⋯⋯⋯⋯⋯⋯123
- 貸付金⋯⋯⋯⋯⋯⋯⋯⋯⋯⋯⋯72
- 借入金⋯⋯⋯⋯⋯⋯⋯⋯⋯⋯⋯74
- 仮受金⋯⋯⋯⋯⋯⋯⋯⋯⋯⋯⋯90
- 借方⋯⋯⋯⋯⋯⋯⋯⋯⋯⋯⋯⋯9
- 仮払金⋯⋯⋯⋯⋯⋯⋯⋯⋯⋯⋯88
- 勘定科目⋯⋯⋯⋯⋯⋯⋯⋯⋯⋯4
- 勘定口座⋯⋯⋯⋯⋯⋯⋯⋯⋯⋯9
- 繰越利益剰余金⋯⋯⋯⋯⋯⋯150
- 決算整理⋯⋯⋯⋯⋯⋯⋯⋯⋯244
- 決算手続⋯⋯⋯⋯⋯⋯⋯⋯⋯244
- 減価償却⋯⋯⋯⋯⋯⋯⋯⋯⋯133
- 現金過不足⋯⋯⋯⋯⋯⋯⋯⋯⋯35
- 現金出納帳⋯⋯⋯⋯⋯⋯⋯⋯194
- 合計残高試算表⋯⋯⋯⋯⋯⋯217
- 合計試算表⋯⋯⋯⋯⋯⋯⋯⋯213
- 小口現金⋯⋯⋯⋯⋯⋯⋯⋯⋯⋯54
- 小口現金出納帳⋯⋯⋯⋯⋯⋯196
- 固定資産台帳⋯⋯⋯⋯⋯⋯⋯208
- 五伝票制⋯⋯⋯⋯⋯⋯⋯⋯⋯220

さ

- 再振替仕訳⋯⋯⋯⋯⋯⋯⋯50, 174
- 先入先出法⋯⋯⋯⋯⋯⋯⋯⋯203
- 残存価額⋯⋯⋯⋯⋯⋯⋯⋯⋯134
- 残高試算表⋯⋯⋯⋯⋯⋯⋯⋯215
- 三伝票制⋯⋯⋯⋯⋯⋯⋯⋯⋯220
- 三分法⋯⋯⋯⋯⋯⋯⋯⋯⋯⋯⋯15
- 仕入⋯⋯⋯⋯⋯⋯⋯⋯⋯⋯⋯⋯15
- 仕入諸掛り⋯⋯⋯⋯⋯⋯⋯⋯⋯26
- 仕入帳⋯⋯⋯⋯⋯⋯⋯⋯⋯⋯198
- 仕入戻し⋯⋯⋯⋯⋯⋯⋯⋯⋯⋯24
- 資産⋯⋯⋯⋯⋯⋯⋯⋯⋯⋯⋯⋯5
- 試算表⋯⋯⋯⋯⋯⋯⋯⋯⋯⋯213
- 支払手形⋯⋯⋯⋯⋯⋯⋯⋯⋯⋯63
- 支払手形記入帳⋯⋯⋯⋯⋯⋯207
- 資本⋯⋯⋯⋯⋯⋯⋯⋯⋯⋯⋯⋯7

資本的支出 …………………132	手形借入金 …………………77
収益 ……………………… 7	転記 …………………… 9, 191
収益的支出 …………………132	電子記録債権 …………………66
収益の前受け …………………180	電子記録債務 …………………67
収益の未収 …………………183	当座借越 …………………47
修繕費 …………………132	当座預金出納帳 …………………195
主要簿 …………………209	

は

純資産 ……………………… 7	費用 ……………………… 8
償却債権取立益 …………………127	費用の前払い …………………173
消費税 …………………162	費用の未払い …………………177
証ひょう …………………233	負債 ……………………… 6
商品有高帳 …………………202	分記法 …………………14
商品売買益 …………………14	法人税等 …………………158
消耗品費 …………………108	法定福利費 …………………113
剰余金の配当 …………………152	簿記 ……………………… 2
仕訳 ……………………… 4	補助記入帳 …………………209
仕訳帳 …………………190	補助簿 …………………209
精算表 …………………246	補助元帳 …………………209
総勘定元帳 …………………191	

ま

租税公課 …………………110	
損益計算書 …………………272	前受金 …………………86

た

	前払金 …………………84
	未収入金 …………………82
貸借対照表 …………………273	未払金 …………………80
耐用年数 …………………134	

や

立替金 …………………92	
他人振出小切手 …………………32	約束手形 …………………62
帳簿価額 …………………140	有形固定資産 …………………130

ら

貯蔵品 …………………111	
通貨代用証券 …………………33	
定額法 …………………134	
訂正仕訳 …………………185	利益準備金 …………………153
手形貸付金 …………………76	

MEMO

【著者】
滝澤ななみ（たきざわ・ななみ）

簿記、ＦＰ、宅建士など多くの資格書を執筆している。主な著書は『スッキリわかる日商簿記』１～３級（12年連続全国チェーン売上第１位[※1]）、『みんなが欲しかった！簿記の教科書・問題集』日商２・３級、『みんなが欲しかった！ＦＰの教科書』２・３級（７年連続売上第１位[※2]）、『みんなが欲しかった！ＦＰの問題集』２・３級など。

[※1] 紀伊國屋書店PubLine／くまざわ書店全店／三省堂書店／丸善ジュンク堂書店／未来屋書店　2009年１月～2020年12月（各社調べ、50音順）
[※2] 紀伊國屋書店PubLine調べ　2014年１月～2020年12月

〈ホームページ〉『滝澤ななみのすすめ！』
著者が運営する簿記・ＦＰ・宅建士に関する情報サイト。
ネット試験対応の練習問題も掲載しています。
URL：https://takizawananami-susume.jp/

〈ブログ〉『滝澤ななみ　簿記とか、FPとか・・・書いて□』
URL：http://takizawa773.blog.jp/

・装丁：Nakaguro Graph（黒瀬章夫）

スッキリわかるシリーズ

スッキリわかる　日商簿記３級　第12版

2007年11月29日　　初　版　第１刷発行
2021年　２月28日　　第12版　第１刷発行
2021年　４月14日　　　　　　第２刷発行

著　者	滝　澤　な　な　み	
発行者	多　田　敏　男	
発行所	ＴＡＣ株式会社　出版事業部	
	（ＴＡＣ出版）	

〒101-8383
東京都千代田区神田三崎町3-2-18
電話　03（5276）9492（営業）
FAX　03（5276）9674
https://shuppan.tac-school.co.jp/

イラスト	佐　藤　雅　則	
印　刷	株式会社　光　邦	
製　本	東京美術紙工協業組合	

© Nanami Takizawa 2021　　Printed in Japan　　ISBN 978-4-8132-9612-6
　　　　　　　　　　　　　　　　　　　　　　　　　　　　　N.D.C. 336

本書は、「著作権法」によって、著作権等の権利が保護されている著作物です。本書の全部または一部につき、無断で転載、複写されると、著作権等の権利侵害となります。上記のような使い方をされる場合、および本書を使用して講義・セミナー等を実施する場合には、小社宛許諾を求めてください。

乱丁・落丁による交換、および正誤のお問合せ対応は、該当書籍の改訂版刊行月末日までといたします。なお、交換につきましては、書籍の在庫状況等により、お受けできない場合もございます。
また、各種本試験の実施の延期、中止を理由とした本書の返品はお受けいたしません。返金もいたしかねますので、あらかじめご了承くださいますようお願い申し上げます。

簿記検定講座のご案内

選べる学習メディアでご自身に合うスタイルでご受講ください!

通学講座
3級コース | 3・2級コース | 2級コース | 1級コース | 1級上級・アドバンスコース

教室講座 （通って学ぶ）
定期的な日程で通学する学習スタイル。常に講師と接することができるという教室講座の最大のメリットがありますので、疑問点はその日のうちに解決できます。また、勉強仲間との情報交換も積極的に行えるのが特徴です。

ビデオブース講座 （通って学ぶ／予約制）
ご自身のスケジュールに合わせて、TACのビデオブースで学習するスタイル。日程を自由に設定できるため、忙しい社会人に人気の講座です。

直前期教室出席制度
直前期以降、教室受講に振り替えることができます。

無料体験入学
ご自身の目で、耳で体験し納得してご入学いただくために、無料体験入学をご用意しました。

無料講座説明会
もっとTACのことを知りたいという方は、無料講座説明会にご参加ください。

無料／予約不要※
※ビデオブース講座の無料体験入学は要予約。
無料講座説明会は一部校舎では要予約。

通信講座
3級コース | 3・2級コース | 2級コース | 1級コース | 1級上級・アドバンスコース

Web通信講座 （スマホやタブレットにも対応／見て学ぶ）
教室講座の生講義をブロードバンドを利用し動画で配信します。ご自身のペースに合わせて、24時間いつでも何度でも繰り返し受講することができます。また、講義動画はダウンロードして2週間視聴可能です。有効期間内は何度でもダウンロード可能です。
※Web通信講座の配信期間は、お申込コースの目標月の翌月末までです。

WEB SCHOOL ホームページ
URL https://portal.tac-school.co.jp/
※お申込み前に、左記のサイトにて必ず動作環境をご確認ください。

DVD通信講座 （見て学ぶ）
講義を収録したデジタル映像をご自宅にお届けします。講義の臨場感をクリアな画像でご自宅にて再現することができます。
※DVD-Rメディア対応のDVDプレーヤーでのみ受講が可能です。パソコンゲーム機での動作保証はいたしておりません。

資料通信講座（1級のみ）
テキスト・添削問題を中心として学習します。

Webでも無料配信中! 「TAC動画チャンネル」 （スマホ／タブレット／パソコン）
- 講座説明会 ※収録内容の変更のため、配信されない期間が生じる場合がございます。
- 1回目の講義（前半分）が視聴できます

詳しくは、TACホームページ「TAC動画チャンネル」をクリック!
TAC動画チャンネル 簿記 [検索]
https://www.tac-school.co.jp/kouza_boki/tacchannel.html

コースの詳細は、簿記検定講座パンフレット・TACホームページをご覧ください。

パンフレットのご請求・お問い合わせは、TACカスタマーセンターまで

通話無料 **0120-509-117** （ゴウカク イイナ）
受付時間 月〜金／土・日・祝 10:00〜17:00
※携帯電話からもご利用になれます。

TAC簿記検定講座ホームページ TAC 簿記 [検索]
https://www.tac-school.co.jp/kouza_boki/

資格の学校 TAC

簿記検定講座

お手持ちの教材がそのまま使用可能!
【テキストなしコース】のご案内

TAC簿記検定講座のカリキュラムは市販の教材を使用しておりますので、こちらのテキストを使ってそのまま受講することができます。独学では分かりにくかった論点や本試験対策も、TAC講師の詳しい解説で理解度も120%UP!本試験合格に必要なアウトプット力が身につきます。独学との差を体感してください。

左記の各メディアが【テキストなしコース】でお得に受講可能!

こんな人にオススメ!
- テキストにした書き込みをそのまま活かしたい!
- これ以上テキストを増やしたくない!
- とにかく受講料を安く抑えたい!

※お申込み前に必ずお手持ちのテキストのバージョンをご確認ください。場合によっては最新のものに買い直していただくことがございます。詳細はお問い合わせください。

お手持ちの教材をフル活用!!

合格テキスト

合格トレーニング

会計業界の就職サポートは
安心のTAC

TACキャリアエージェントなら
BIG4・国内大手法人
就職支援実績多数！

- 税理士学習中の方
- 日商簿記学習中の方
- 会計士／USCPA学習中の方
- 会計業界で就業中の方で転職をお考えの方
- 会計業界でのお仕事に興味のある方

「残業なしで勉強時間を確保したい…」
「簿記3級から始められる仕事はあるの？」
といったご相談も大歓迎です！

スキマ時間に　PC・スマホ・タブレットで
WEB面談実施中！
忙しくて時間の取れない方、遠方に
お住まいの方、ぜひご利用ください。

詳細はこちら▶
https://tacnavi.com/
accountant/web-mendan/

完全予約制
【相談会場】
東京オフィス　03-3518-6775
大阪オフィス　06-6371-5851
名古屋オフィス（登録会場）　0120-757-655

ご相談は無料です。会計業界を知り尽くしたプロの
コンサルタントにご相談ください。
※相談時間は原則としてお一人様60分とさせていただきます。

✉ shoukai@
tac-school.co.jp

メールでご予約の際は、
件名に「相談希望のオフィス」
をご入力ください。
（例：相談希望 東京）

TAC 会計士・税理士専門の転職サポートサービス
キャリアエージェント

会計業界への就職・転職支援サービス

TPB

TACの100%出資子会社であるTACプロフェッションバンク（TPB）は、会計・税務分野に特化した転職エージェントです。勉強された知識とご希望に合ったお仕事を一緒に探しませんか？ 相談だけでも大歓迎です！ どうぞお気軽にご利用ください。

人材コンサルタントが無料でサポート

Step 1 相談受付 完全予約制です。HPからご登録いただくか、各オフィスまでお電話ください。

Step 2 面談 ご経験やご希望をお聞かせください。あなたの将来について一緒に考えましょう。

Step 3 情報提供 ご希望に適うお仕事があれば、その場でご紹介します。強制はいたしませんのでご安心ください。

正社員で働く
- 安定した収入を得たい
- キャリアプランについて相談したい
- 面接日程や入社時期などの調整をしてほしい
- 今就職すべきか、勉強を優先すべきか迷っている
- 職場の雰囲気など、求人票でわからない情報がほしい

TACキャリアエージェント

https://tacnavi.com

派遣で働く（関東のみ）
- 勉強を優先して働きたい
- 将来のために実務経験を積んでおきたい
- まずは色々な職場や職種を経験したい
- 家庭との両立を第一に考えたい
- 就業環境を確認してから正社員で働きたい

TACの経理・会計派遣

https://tacnavi.com/haken

※ご経験やご希望内容によってはご支援が難しい場合がございます。予めご了承ください。　※面談時間は原則お一人様30分とさせていただきます。

自分のペースでじっくりチョイス

正社員・アルバイトで働く
- 自分の好きなタイミングで就職活動をしたい
- どんな求人案件があるのか見たい
- 企業からのスカウトを待ちたい
- WEB上で応募管理をしたい

TACキャリアナビ

https://tacnavi.com/kyujin

就職・転職・派遣就労の強制は一切いたしません。会計業界への就職・転職を希望される方への無料支援サービスです。どうぞお気軽にお問い合わせください。

TACプロフェッションバンク

■ 有料職業紹介事業　許可番号13-ユ-010678
■ 一般労働者派遣事業　許可番号（派）13-010932

東京オフィス
〒101-0051
東京都千代田区神田神保町1-103 東京パークタワー 2F
TEL.03-3518-6775

大阪オフィス
〒530-0013
大阪府大阪市北区茶屋町6-20 吉田茶屋町ビル 5F
TEL.06-6371-5451

名古屋 登録会場
〒450-0002
愛知県名古屋市中村区名駅1-2-4 名鉄バスターミナルビル 10F
TEL.0120-757-655

2020年2月現在

TAC出版 書籍のご案内

TAC出版では、資格の学校TAC各講座の定評ある執筆陣による資格試験の参考書をはじめ、資格取得者の開業法や仕事術、実務書、ビジネス書、一般書などを発行しています！

TAC出版の書籍

*一部書籍は、早稲田経営出版のブランドにて刊行しております。

資格・検定試験の受験対策書籍

- ○ 日商簿記検定
- ○ 建設業経理士
- ○ 全経簿記上級
- ○ 税理士
- ○ 公認会計士
- ○ 社会保険労務士
- ○ 中小企業診断士
- ○ 証券アナリスト
- ○ ファイナンシャルプランナー(FP)
- ○ 証券外務員
- ○ 貸金業務取扱主任者
- ○ 不動産鑑定士
- ○ 宅地建物取引士
- ○ マンション管理士
- ○ 管理業務主任者
- ○ 司法書士
- ○ 行政書士
- ○ 司法試験
- ○ 弁理士
- ○ 公務員試験(大卒程度・高卒者)
- ○ 情報処理試験
- ○ 介護福祉士
- ○ ケアマネジャー
- ○ 社会福祉士　ほか

実務書・ビジネス書

- ○ 会計実務、税法、税務、経理
- ○ 総務、労務、人事
- ○ ビジネススキル、マナー、就職、自己啓発
- ○ 資格取得者の開業法、仕事術、営業術
- ○ 翻訳書 (T's BUSINESS DESIGN)

一般書・エンタメ書

- ○ エッセイ、コラム
- ○ スポーツ
- ○ 旅行ガイド (おとな旅プレミアム)
- ○ 翻訳小説 (BLOOM COLLECTION)

TAC出版

(2018年5月現在)

書籍のご購入は

1 全国の書店、大学生協、ネット書店で

2 TAC各校の書籍コーナーで

資格の学校TACの校舎は全国に展開!
校舎のご確認はホームページにて

資格の学校TAC ホームページ
https://www.tac-school.co.jp

3 TAC出版書籍販売サイトで

CYBER BOOK STORE　TAC出版書籍販売サイト

24時間ご注文受付中

TAC 出版　で　検索

https://bookstore.tac-school.co.jp/

- 新刊情報をいち早くチェック!
- たっぷり読める立ち読み機能
- 学習お役立ちの特設ページも充実!

TAC出版書籍販売サイト「サイバーブックストア」では、TAC出版および早稲田経営出版から刊行されている、すべての最新書籍をお取り扱いしています。

また、無料の会員登録をしていただくことで、会員様限定キャンペーンのほか、送料無料サービス、メールマガジン配信サービス、マイページのご利用など、うれしい特典がたくさん受けられます。

サイバーブックストア会員は、特典がいっぱい! (一部抜粋)

通常、1万円(税込)未満のご注文につきましては、送料・手数料として500円(全国一律・税込)頂戴しておりますが、1冊から無料となります。

専用の「マイページ」は、「購入履歴・配送状況の確認」のほか、「ほしいものリスト」や「マイフォルダ」など、便利な機能が満載です。

メールマガジンでは、キャンペーンやおすすめ書籍、新刊情報のほか、「電子ブック版TACNEWS(ダイジェスト版)」をお届けします。

書籍の発売を、販売開始当日にメールにてお知らせします。これなら買い忘れの心配もありません。

日商簿記検定試験対策書籍のご案内

TAC出版の日商簿記検定試験対策書籍は、学習の各段階に対応していますので、あなたのステップに応じて、合格に向けてご活用ください!

3タイプのインプット教材

❶

簿記を専門的な知識にしていきたい方向け

● **満点合格を目指し次の級への土台を築く**
「合格テキスト」&「合格トレーニング」

- 大判のB5判、3級〜1級累計300万部超の、信頼の定番テキスト&トレーニング!TACの教室でも使用している公式テキストです。
- 出題論点はすべて網羅しているので、簿記をきちんと学んでいきたい方にぴったりです!
◆3級 □2級 商簿、2級 工簿 ■1級 商・会 各3点、1級 工・原 各3点

❷

スタンダードにメリハリつけて学びたい方向け

● **教室講義のようなわかりやすさでしっかり学べる**
「簿記の教科書」&「簿記の問題集」　滝澤ななみ 著

- A5判、4色オールカラーのテキスト&模擬試験つき問題集!
- 豊富な図解と実例つきのわかりやすい説明で、もうモヤモヤしない!!
◆3級 □2級 商簿、2級 工簿 ■1級 商・会 各3点、1級 工・原 各3点

DVDの併用で、さらに理解が深まります!

『簿記の教科書DVD』
- 「簿記の教科書」3、2級の準拠DVD。わかりやすい解説で、合格力が短時間で身につきます!
◆3級 □2級 商簿、2級 工簿

❸

気軽に始めて、早く全体像をつかみたい方向け

● **初学者でも楽しく続けられる!**
「スッキリわかる」
テキスト／問題集一体型
滝澤 ななみ 著（1級は商・会のみ）

- 小型のA5判によるテキスト／問題集一体型。これ一冊でOKの、圧倒的に人気の教材です。
- 豊富なイラストとわかりやすいレイアウト! かわいいキャラの「ゴエモン」と一緒に楽しく学べます。
◆3級 □2級 商簿、2級 工簿 ■1級 商・会 4点、1級 工・原 4点

シリーズ待望の問題集が誕生!
「スッキリとける本試験予想問題集」
滝澤 ななみ 監修　TAC出版開発グループ 編著

- 本試験タイプの予想問題9回分を掲載
◆3級 □2級

DVDの併用で、さらに理解が深まります!

『スッキリわかる 講義DVD』
- 「スッキリわかる」3、2級の準拠DVD。超短時間でも要点はのがさず解説。3級10時間、2級14時間+10時間で合格へひとっとび。
◆3級 □2級 商簿、2級 工簿

TAC出版

コンセプト問題集

● 得点力をつける!

『みんなが欲しかった! やさしすぎる解き方の本』

B5判　滝澤 ななみ 著

- 授業で解き方を教わっているような新感覚問題集。再受験にも有効。
- ◆3級　□2級

本試験対策問題集

● 本試験タイプの問題集

『合格するための本試験問題集』
(1級は過去問題集)

B5判

- 12回分 (1級は14回分) の問題を収載。ていねいな「解答への道」、各問対策が充実。
- ◆3級　□2級　■1級

● 知識のヌケをなくす!

『まるっと完全予想問題集』
(1級は網羅型完全予想問題集)

A4判

- オリジナル予想問題 (3級10回分、2級12回分、1級8回分) で本試験の重要出題パターンを網羅。
- 実力養成にも直前の本試験対策にも有効。
- ◆3級　□2級　■1級

直前予想

『第〇回をあてる
TAC直前予想模試』

A4判

- TAC講師陣による4回分の予想問題で最終仕上げ。
- 年3回 (1級は年2回)、各試験に向けて発行します。
- ◆3級　□2級　■1級

あなたに合った合格メソッドをもう一冊!

仕訳　『究極の仕訳集』

B6変型判

- 悩む仕訳をスッキリ整理。ハンディサイズ、一問一答式で基本の仕訳を一気に覚える。
- ◆3級　□2級

理論　『究極の会計学理論集』

B6変型判

- 会計学の理論問題を論点別に整理、手軽なサイズが便利です。
- ■1級 商・会、全経上級

仕訳　『究極の計算と仕訳集』

B6変型判　境 浩一朗 著

- 1級商会で覚えるべき計算と仕訳がすべてつまった1冊!
- ■1級 商・会

電卓　『カンタン電卓操作術』

A5変型判　TAC電卓研究会 編

- 実践的な電卓の操作方法について、丁寧に説明します!

：本番とまったくおなじ環境でネット試験の演習ができる模擬試験プログラムつき (2級・3級)

・2021年3月現在 ・刊行内容、表紙等は変更することがあります ・とくに記述がある商品以外は、TAC簿記検定講座編です

書籍の正誤についてのお問合わせ

万一誤りと疑われる箇所がございましたら、以下の方法にてご確認いただきますよう、お願いいたします。

なお、正誤のお問合わせ以外の書籍内容に関する解説・受験指導等は、**一切行っておりません。**
そのようなお問合わせにつきましては、お答えいたしかねますので、あらかじめご了承ください。

1 正誤表の確認方法

TAC出版書籍販売サイト「Cyber Book Store」の
トップページ内「正誤表」コーナーにて、正誤表をご確認ください。

URL:https://bookstore.tac-school.co.jp/

2 正誤のお問合わせ方法

正誤表がない場合、あるいは該当箇所が掲載されていない場合は、書名、発行年月日、お客様のお名前、ご連絡先を明記の上、下記の方法でお問合わせください。
なお、回答までに1週間前後を要する場合もございます。あらかじめご了承ください。

文書にて問合わせる

● 郵送先　〒101-8383 東京都千代田区神田三崎町3-2-18
　　　　　TAC株式会社 出版事業部 正誤問合わせ係

FAXにて問合わせる

● FAX番号　**03-5276-9674**

e-mailにて問合わせる

● お問合わせ先アドレス　**syuppan-h@tac-school.co.jp**

※お電話でのお問合わせは、お受けできません。また、土日祝日はお問合わせ対応をおこなっておりません。
※正誤のお問合わせ対応は、該当書籍の改訂版刊行月末日までといたします。

乱丁・落丁による交換は、該当書籍の改訂版刊行月末日までといたします。なお、書籍の在庫状況等により、お受けできない場合もございます。
また、各種本試験の実施の延期、中止を理由とした本書の返品はお受けいたしません。返金もいたしかねますので、あらかじめご了承くださいますようお願い申し上げます。

TACにおける個人情報の取り扱いについて
■お預かりした個人情報は、TAC(株)で管理させていただき、お問い合わせへの対応、当社の記録保管および当社商品・サービスの向上にのみ利用いたします。お客様の同意なしに業務委託先以外の第三者に開示、提供することはございません(法令等により開示を求められた場合を除く)。その他、個人情報保護管理者、お預かりした個人情報の開示等及びTAC(株)への個人情報の提供の任意性については、当社ホームページ(https://www.tac-school.co.jp)をご覧いただくか、個人情報に関するお問い合わせ窓口(E-mail:privacy@tac-school.co.jp)までお問合せください。

(2020年10月現在)

別冊
○問題編　解答用紙
○チェックテスト

〈問題編　解答用紙・チェックテストご利用時の注意〉
　本冊子には**問題編　解答用紙とチェックテスト**が収録されています。この色紙を残したままていねいに抜き取り、ご利用ください。
　本冊子は以下のような構造になっております。

　問題編解答用紙は、**次の表紙を残したまま針金を外さずにご使用ください**。
　また、チェックテストは、**上下2か所の針金を外して**ご使用ください。
　針金を外す際には、ペンチ、軍手などを使用し、怪我などには十分ご注意ください。また、抜き取りの際の損傷についてのお取替えはご遠慮願います。

問題編

解答用紙

解答用紙あり の問題の解答用紙です。

なお、仕訳の解答用紙が必要な方は
最終ページの仕訳シートをコピーしてご利用ください。

解答用紙はダウンロードもご利用いただけます。
TAC出版書籍販売サイト・サイバーブックストアにアクセスしてください。
https://bookstore.tac-school.co.jp/

問題 14

借 方 科 目	金 額	貸 方 科 目	金 額

問題 22

	借 方 科 目	金 額	貸 方 科 目	金 額
(1)				
(2)				

問題 26

	借 方 科 目	金 額	貸 方 科 目	金 額
(1)				
(2)				

1

問題 28

借 方 科 目	金 額	貸 方 科 目	金 額

問題 30

	借 方 科 目	金 額	貸 方 科 目	金 額
(1)				
(2)				

問題 37

借 方 科 目	金 額	貸 方 科 目	金 額

問題 39

	借 方 科 目	金 額	貸 方 科 目	金 額
(1)				
(2)				

問題 42

	借　方　科　目	金　　　額	貸　方　科　目	金　　　額
(1)				
(2)				

問題 50

	借　方　科　目	金　　　額	貸　方　科　目	金　　　額
(1)				
(2)				

問題 51

現 　 金	

売 　 掛 　 金	

買 　 掛 　 金	

売 　 　 　 上	

仕 　 　 　 入	

問題 52

小 口 現 金 出 納 帳

受　入	×年		摘　　　　　要	支　払	内　　　　　訳			
					旅費交通費	消耗品費	通信費	雑　費
2,000	5	7	小口現金受け入れ					
			合　　計					
	5	14	前　週　繰　越					

問題 53

小口現金出納帳

受　　入	×年		摘　　　　　要	支　払	内　　　　訳			
					旅費交通費	消耗品費	通信費	雑　費
4,000	6	4	前　週　繰　越					
			合　　計					
	6	11	前　週　繰　越					

5

問題 54

仕　入　帳

×　年	摘　　　　要	内　　　訳	金　　　額
7　1	大　阪　商　事　　　　掛け		
	A　商　品　（　　　個）(@　　　円)	（　　　　　）	
	B　商　品　（　　　個）(@　　　円)	（　　　　　）	（　　　　　）
3	**大　阪　商　事　　　　掛け返品**		
	A　商　品　（　　　個）(@　　　円)		（　　　　　）
5	京　都　商　事　　　　掛け		
	C　商　品　（　　　個）(@　　　円)	（　　　　　）	
	D　商　品　（　　　個）(@　　　円)	（　　　　　）	（　　　　　）
31	（　　　　　）		（　　　　　）
〃	（　　　　　）		（　　　　　）
	（　　　　　）		（　　　　　）

問題 55

買　掛　金　元　帳
大　阪　商　事

×　年	摘　　　　要	借　　方	貸　　方	借/貸	残　　高
8　1	前　　月　　繰　　越				
9　1					

6

問題 56

売　上　帳

× 年		摘　　　　要		内　　訳	金　　額
7	8	東 京 商 事　　　　掛け			
		A 商 品 （　　　　個）（@　　　円)		(　　　　　)	
		B 商 品 （　　　　個）（@　　　円)		(　　　　　)	(　　　　　)
	10	**東 京 商 事　　　掛け返品**			
		A　商　品　（　　　個)（@　　　円)			(　　　　　)
	23	埼 玉 商 事　　　　掛け			
		C 商 品 （　　　　個）（@　　　円)		(　　　　　)	
		D 商 品 （　　　　個）（@　　　円)		(　　　　　)	(　　　　　)
	31	（　　　　　）			(　　　　　)
	〃	（　　　　　）			(　　　　　)
		（　　　　　）			(　　　　　)

問題 57

売　掛　金　元　帳
埼　玉　商　事

× 年		摘　　　　要	借　　方	貸　　方	借／貸	残　　高
8	1	前　月　繰　越				
9	1					

問題 58

商 品 有 高 帳
A 商 品

（先入先出法）

日付		摘 要	受 入			払 出			残 高		
			数量	単価	金額	数量	単価	金額	数量	単価	金額
9	1	前月繰越	30	100	3,000				30	100	3,000
10	1	前月繰越									

8

問題 59

商 品 有 高 帳
（移動平均法） A 商 品

日 付		摘　　　要	受　　入			払　　出			残　　高		
			数量	単価	金額	数量	単価	金額	数量	単価	金額
10	1	前月繰越	50	200	10,000				50	200	10,000
11	1	前月繰越									

［売上総利益の計算］

売　上　高　　（　　　　　　　　　）円

売　上　原　価　（　　　　　　　　　）円

売　上　総　利　益　（　　　　　　　　　）円

問題 62

補助簿　　　　　　取引	(1)	(2)	(3)	(4)
A. 現 金 出 納 帳	A	A	A	A
B. 仕　　　　　入　　　　　帳	B	B	B	B
C. 売　　　　　　　　　上　　帳	C	C	C	C
D. 商 品 有 高 帳	D	D	D	D
E. 売 掛 金 元 帳	E	E	E	E
F. 買 掛 金 元 帳	F	F	F	F
G. 受 取 手 形 記 入 帳	G	G	G	G
H. 支 払 手 形 記 入 帳	H	H	H	H
I. 固 定 資 産 台 帳	I	I	I	I

9

問題 63

(1) 合 計 試 算 表

借 方 合 計	勘 定 科 目	貸 方 合 計
	現　　　　金	
	当 座 預 金	
	売 　掛　 金	
	備　　　　品	
	買 　掛　 金	
	資 　本　 金	
	繰越利益剰余金	
	売　　　　上	
	仕　　　　入	

(2) 残 高 試 算 表

借 方 残 高	勘 定 科 目	貸 方 残 高
	現　　　　金	
	当 座 預 金	
	売 　掛　 金	
	備　　　　品	
	買 　掛　 金	
	資 　本　 金	
	繰越利益剰余金	
	売　　　　上	
	仕　　　　入	

付録

日商簿記3級
チェックテスト

（制限時間：60分）

　本試験と同様の形式のテスト問題です。
　テキストの学習が終わったら、解いて実力をチェックしておきましょう。
　また、このチェックテストについては解き方講義動画を配信しています。これまでに学んだ知識を使って、どのような手順や時間配分で、本試験タイプの問題を解いていけばよいのか、この講義でつかんでいきましょう。以下のアドレスにアクセスしてください。

https://bookstore.tac-school.co.jp/ski202102

解き方講義動画への
カンタンアクセスは
こちらから→

　チェックテストの答案用紙はダウンロードもご利用いただけます。
TAC出版書籍販売サイト・サイバーブックストアにアクセスしてください。

https://bookstore.tac-school.co.jp/

付録

日商簿記2級 チェックテスト
（制限時間 50分）

本試験と同様の型式のテスト問題です。
テキストの学習が終わったら、解いて実力をチェックしてみましょう。

また、このチェックテストについては講義動画を配信しています。これまでに学んだ知識を使って、その5つ予想問題が、本試験タイプの問題を解いてのほどなのか、この演習でつかんでいきましょう。以下のURLにアクセスしてごらんください。

https://bookstore.tac-school.co.jp/aki2021J02

書式の講義動画へのカメラでアクセスはこちらへ→

チェックテストの answer用紙はダウンロードもご利用いただけます。
TAC出版書籍販売サイト「サイバーブックストア」にアクセスしてください。
https://bookstore.tac-school.co.jp/

商業簿記

第1問

45点

次の各取引について、仕訳しなさい。ただし、勘定科目は各取引の下の勘定科目の中からもっとも適当と思われるものを選び、記号で解答すること。

1. 愛知商事㈱に商品¥600,000を売り渡し、代金は内金¥50,000を差し引き、残額は同社振出の約束手形で受け取った。なお、当社負担の発送費用¥6,000は現金で支払った。

　ア．現金　　イ．当座預金　　ウ．受取手形　　エ．売掛金　　オ．支払手形　　カ．買掛金

　キ．前受金　　ク．売上　　ケ．発送費

2. 得意先岐阜商事㈱から商品¥700,000の注文を受け、本日、同社から普通預金口座に¥150,000の振り込みがあった。この振込額のうち¥100,000は注文品の内金であるが、残額の原因は不明である。

　ア．現金　　イ．当座預金　　ウ．普通預金　　エ．仮払金　　オ．前払金　　カ．仮受金　　キ．前受金

3. 商品（本体価格¥200,000）を仕入れ、代金は10%の消費税を含めて掛けとした。なお、消費税については税抜方式で記帳する。

　ア．仮払消費税　　イ．買掛金　　ウ．未払消費税　　エ．仮受消費税　　オ．仕入

9. 北陸商事に対する買掛金¥150,000の決済として、同社宛ての約束手形を振り出した。

　　ア．当座預金　イ．受取手形　ウ．売掛金　エ．支払手形　オ．買掛金

10. 収入印紙¥5,000を購入し、現金で支払い、ただちに使用した。

　　ア．現金　イ．貯蔵品　ウ．通信費　エ．租税公課　オ．支払手数料

11. 不用になった備品（取得原価¥400,000、減価償却累計額¥320,000、間接法で記帳）を¥10,000
で売却し、代金は現金で受け取った。

　　ア．現金　イ．貯蔵品　ウ．備品　エ．固定資産売却益　オ．減価償却費
　　カ．固定資産売却損　キ．備品減価償却累計額

12. 郵便切手¥4,000を購入し、費用として処理していたが、決算日に¥1,000が未使用であったた
め、貯蔵品勘定に振り替えた。

　　ア．現金　イ．貯蔵品　ウ．通信費　エ．租税公課　オ．支払手数料

13. 普通預金口座に利息¥200が入金された。

　　ア．現金　イ．当座預金　ウ．普通預金　エ．支払利息　オ．受取利息

14. ×2年6月30日、府中商事㈱の第3期株主総会において、繰越利益剰余金¥500,000につき、

第2問
20点

次の資料にもとづいて、下記の問に答えなさい。なお商品売買取引は三分法で処理している。

【資料】×8年6月中の取引

1日　備品¥200,000を購入し、代金は来月末日に支払うことにした。なお、設置費用¥1,000は現金で支払った。

10日　新潟商事(株)に対する買掛金¥200,000を現金で支払った。

15日　山口商事(株)に商品¥500,000を売り上げ、代金のうち¥200,000は山口商事(株)振出の小切手を受け取り、残額は掛けとした。

25日　富山商事(株)から商品¥500,000を仕入れ、代金のうち¥100,000は現金で支払い、残額は掛けとした。

問1　1日、10日、15日の取引は、答案用紙に示したどの補助簿に記入されるか、該当するすべての補助簿の欄にチェックマーク（✓）を入れること。

問2　25日の取引について、出金伝票を次のように作成したとき、答案用紙の振替伝票を作成しなさい。

なお、3伝票制を採用している。ただし、勘定科目は以下の中から選び、記号で解答すること。

ア．売掛金　イ．現金　ウ．買掛金　エ．仕入　オ．売上

第3問
35点

次の決算整理前残高試算表と決算整理事項等にもとづいて、答案用紙の貸借対照表と損益計算書を完成させなさい。なお、会計期間は×8年4月1日から×9年3月31日までの1年である。

[×9年3月31日の決算整理前残高試算表]

決算整理前残高試算表
×9年3月31日　　（単位：円）

借　方	勘 定 科 目	貸　方
515,240	現　　　　金	
	現 金 過 不 足	7,200
1,321,160	当 座 預 金	
536,000	受 取 手 形	
676,800	売 　掛　 金	
316,000	繰 越 商 品	
2,920,000	建 　　　物	
380,000	備 　　　品	
	支 払 手 形	259,700
	買 　掛　 金	347,000
	借 　入　 金	300,000
	仮 　受　 金	12,800
	貸 倒 引 当 金	13,600
	建物減価償却累計額	770,000

[決算整理事項等]

(1) 仮受金は全額売掛金の回収額であることが判明した。

(2) 決算に至り、現金過不足のうち¥5,600は受取手数料の記帳漏れであることが判明した。なお、残額については原因不明なので、適当な勘定科目に振り替える。

(3) 受取手形および売掛金の期末残高に対して、差額補充法により3％の貸倒引当金を設定する。

(4) 期末商品棚卸高は¥320,000である。なお、売上原価は「仕入」の行で計算すること。

(5) 建物および備品に対して、以下の資料にもとづいて定額法により減価償却を行う。

建　物　残存価額：ゼロ　耐用年数：20年
備　品　残存価額：ゼロ　耐用年数：5年

なお、建物のうち¥720,000は×8年12月1日

答案用紙

第1問　45点

	借方科目	金額	貸方科目	金額
1				
2				
3				

（前ページより）

	借　方　科　目	金　額	貸　方　科　目	金　額
8				
9				
10				
11				

第2問　20点

問1

補助簿／日付	現金出納帳	当座預金出納帳	仕入帳	売上帳	商品有高帳	得意先元帳(売掛金元帳)	仕入先元帳(買掛金元帳)	固定資産台帳
1日	□	□	□	□	□	□	□	□
10日	□	□	□	□	□	□	□	□
15日	□	□	□	□	□	□	□	□

問2

振替伝票

借方科目	金額	貸方科目	金額

第3問　35点

貸借対照表

（単位：円）

借方	金額	貸方	金額
現　　　　金	515,240	支　払　手　形	259,700
当　座　預　金	1,321,160	買　　掛　　金	347,000
受　取　手　形	536,000	［　　］費　用	（　　　）
売　　掛　　金	（　　　）	未払法人税等	（　　　）
貸倒引当金（△　　　）	（　　　）	借　　入　　金	300,000
貯　　蔵　　品	（　　　）	資　　本　　金	3,400,000
商　　　　品	（　　　）	繰越利益剰余金	（　　　）
［　　］費　用	（　　　）		
建　　　　物　2,920,000			
減価償却累計額（△　　　）	（　　　）		
備　　　　品　380,000			
減価償却累計額（△　　　）	（　　　）		
	（　　　）		（　　　）

損益計算書

（単位・円）

解答解説

第1問　45点

	借方科目	金額	貸方科目	金額
1	キ 前受金	50,000	ウ 売上	600,000
	ウ 受取手形	550,000 *1	ア 現金	6,000
	ケ 発送費	6,000		
2	ウ 普通預金	150,000	キ 前受金	100,000
			カ 仮受金	50,000 *2
3	オ 仮払消費税	200,000	イ 買掛金	220,000 *4
	ア 仮払金	20,000 *3		
4	ウ 受取商品券	20,000	エ 売上	30,000
	ア 現金	10,000 *5		
5	カ 給料	600,000	ウ 所得税預り金	50,000
			エ 社会保険料預り金	52,000
			イ 普通預金	498,000 *6
6	ウ 売上	300,000	エ 損益	300,000
7	ウ 支払家賃	150,000	ア 当座預金	600,000
	イ 差入保証金	300,000 *7		
	オ 支払手数料	150,000		
		1,000,000		1,008,000

解説

1. 内金を受け取ったときには前受金（負債）で処理します。また、当社負担の発送費用（売上諸掛り）は発送費（費用）で処理します。

2. 商品の注文を受けた際に受け取った内金や手付金は、前受金（負債）で処理します。また、内容が不明の入金額は、入金の内容が判明するまで仮受金（負債）で処理します。

3. 商品を仕入れた際にかかった消費税は、仮払消費税（資産）で処理します。

4. 共通商品券を受け取ったときは、受取商品券（資産）で処理します。

5. 給料から天引きした所得税の源泉徴収額や社会保険料（従業員負担分）は預り金（負債）で処理します。なお、指定勘定科目に「所得税預り金」と「社会保険料預り金」があるので、所得税の源泉徴収額は所得税預り金（負債）で、社会保険料（健康保険・厚生年金・雇用保険の保険料）は社会保険料預り金（負債）で処理します。

6. 収益の勘定残高は損益勘定の貸方に振り替えます。

7. 家賃は支払家賃（費用）で、敷金は差入保証金（資産）で、不動産会社に対する手数料は支払手数料（費用）で処理します。

8. 借入金の返済なので、借入金（負債）の減少で処理します。なお、利息は8か月分を計上します。

9. 約束手形を振り出しているので、支払手形（負債）で処理します。

10. 収入印紙を購入し、使用したときは、租税公課（費用）で処理します。

11. 備品を売却しているので、備品（資産）と備品減価償却累計額を減少させます。売却代金と帳簿価額との差額（仕訳の貸借差額）は固定資産売却益（収益）または固定資産売却損（費用）で処理します。

12. 決算日において、未使用の郵便切手代は通信費（費用）から貯蔵品（資産）に振り替えます。

第2問　20点

問1

補助簿＼日付	現金出納帳	当座預金出納帳	仕入帳	売上帳	商品有高帳	得意先元帳（売掛金元帳）	仕入先元帳（買掛金元帳）	固定資産台帳
1日	✓	□	□	□	□	□	□	✓
10日	✓	□	□	□	□	□	✓	□
15日	✓	□	□	✓	✓	✓	□	□

問2

振替伝票

借方科目	金額	貸方科目	金額
工　仕　入	500,000	ウ　買　掛　金	500,000

★採点基準★
問1は日付につき各5点
問2は仕訳1組につき5点

①取引の仕訳

（仕　　入）　500,000　　（現　　金）　100,000
　　　　　　　　　　　　　（買　掛　金）　400,000

②問題用紙の伝票（出金伝票）の仕訳

（買　掛　金）　100,000　　（現　　金）　100,000

③答案用紙の伝票（振替伝票）の仕訳

（仕　　入）　500,000　　（買　掛　金）　500,000

第3問　35点

貸借対照表

（単位：円）

資産			負債・純資産	
現　　金		515,240	支払手形	259,700
当座預金		1,321,160	買　掛　金	347,000
受取手形	536,000		[未払]費用	（ 5,500）
売　掛　金	664,000		未払法人税等	（ 99,000）
貸倒引当金	（△ 36,000）	5（ 1,164,000）	借　入　金	300,000
貯　蔵　品		（ 46,800）	資　本　金	3,400,000
商　　品		5（ 320,000）	繰越利益剰余金	5（ 1,149,000）
[前払]費用		（ 9,000）		
建　　物	2,920,000			
減価償却累計額	（△ 888,000）	5（ 2,032,000）		
備　　品	380,000			
減価償却累計額	（△ 228,000）	（ 152,000）		
		（ 5,560,200）		（ 5,560,200）

損益計算書

（単位：円）

費用		収益	
売上原価	5（ 6,872,000）	売　上　高	8,794,500
給　　料	1,250,000	受取手数料	（ 61,800）
水道光熱費	120,000	雑［益］	（ 1,600） 5
通　信　費	（ 110,000）		

解説

貸借対照表と損益計算書を作成する問題です。決算整理仕訳を示すと次のとおりです。

(1) 売掛金の回収

(仮　　受　　金)	12,800	(売　　掛　　金)	12,800

(2) 現金過不足の処理

(現 金 過 不 足)	7,200	(受 取 手 数 料)	5,600
		(雑　　　　　益)	1,600

(3) 貸倒引当金の設定

(貸倒引当金繰入)	22,400*	(貸 倒 引 当 金)	22,400

* 貸倒引当金：(536,000円＋676,800円－12,800円)×3％＝36,000円
  貸倒引当金繰入：36,000円－13,600円＝22,400円

(4) 売上原価の算定

(仕　　　　　入)	316,000	(繰 越 商 品)	316,000
(繰 越 商 品)	320,000	(仕　　　　　入)	320,000

損益計算書 売上原価：6,876,000円＋316,000円－320,000円＝6,872,000円

残高試算表 仕入

(5) 固定資産の減価償却

建物： (減 価 償 却 費) 118,000*1 (建物減価償却累計額) 118,000

備品： (減 価 償 却 費) 76,000*2 (備品減価償却累計額) 76,000

既存分の減価償却費：2,200,000円÷20年＝110,000円

新規分の減価償却費：720,000円÷30年×$\dfrac{4か月（×8年12/1～×9年3/31）}{12か月}$＝8,000円

減価償却費（建物）：110,000円＋8,000円＝118,000円

＊2　380,000円÷5年＝76,000円

(6) **貯蔵品への振り替え**

（貯　蔵　品）46,800　（通　信　費）46,800

(7) **費用の未払い**

（支　払　利　息）5,500　（未　払　利　息）5,500

(8) **費用の前払い**

（前　払　保　険　料）9,000　（保　険　料）9,000＊

＊27,000円×$\dfrac{2か月（×9年4/1～×9年5/31）}{6か月（×8年12/1～×9年5/31）}$＝9,000円

(9) **法人税等の計上**

（法　人　税　等）99,000　（未払法人税等）99,000

(10) **貸借対照表の繰越利益剰余金**

1,000,000円＋149,000円＝1,149,000円
残高計算表
損益計算書
当期純利益

減価償却費　　　　（　　　194,000）

支払利息　　　　　（　　　23,500）

法人税等　　　　　（　　　99,000）

当期純利益　　　　（　　　149,000）　　　（　8,857,900）

（　8,857,900）

★採点基準★
●数字…配点

問1 補助簿の選択

各取引の仕訳をしてから記入すべき補助簿を選択します。

1日 (備　品)　201,000　　(未　払　金)　200,000
　　　　　　　　　　　　　(現　　　金)　1,000
→ 固定資産台帳　現金出納帳

10日 (買　掛　金)　200,000　　(現　　　金)　200,000
→ 仕入先元帳（買掛金元帳）、現金出納帳

15日 (現　　　金)　200,000　　(売　　　上)　500,000
　　　(売　掛　金)　300,000
→ 現金出納帳　得意先元帳（売掛金元帳）売上帳　商品有高帳*

＊ 商品を売り上げている（商品の移動がある）ため、商品有高帳にも記入します。

問2 伝票記入

問題用紙の出金伝票は買掛金が現金で決済されたことを表しています。したがって、いったん全額を掛け で仕入れ、買掛金のうち100,000円をただちに現金で支払ったと仮定して起票していることがわかります。 そこで、答案用紙の振替伝票には「商品500,000円を掛けで仕入れた」として記入します。

14. 繰越利益剰余金の配当・処理なので、繰越利益剰余金（資本）の減少で処理します。なお、株主配当金については、承認された時点では未払配当金（負債）で処理しますが、本問は「ただちに普通預金口座から支払った」とあるので、普通預金（資産）の減少で処理します。

15. 従業員が立て替えている旅費交通費については、月末に精算（支払い）をするので、未払金（負債）で処理します。ホテルの宿泊料が旅費交通費等報告書と領収書の両方に記載されているので、重複して計上しないように気をつけましょう。

No.	借方科目	金額	貸方科目	金額
9	オ 買掛金	150,000	エ 支払手形	150,000
10	エ 租税公課	5,000		5,000
11	キ 備品減価償却累計額	320,000	ウ 備品	400,000
	ア 現金	10,000		
	カ 固定資産売却損	70,000 *9		
12	イ 貯蔵品	1,000	オ 通信費	1,000
13	ウ 普通預金	200	オ 受取利息	200
14	エ 繰越利益剰余金	330,000	ア 利益準備金	300,000
			ウ 普通預金	30,000
15	オ 旅費交通費	10,900	エ 未払金	10,900

★採点基準★
仕訳1組につき3点

*1 600,000円 − 50,000円 = 550,000円
*2 150,000円 − 100,000円 = 50,000円
*3 200,000円 × 10% = 20,000円
*4 200,000円 + 20,000円 = 220,000円
*5 30,000円 − 20,000円 = 10,000円
*6 600,000円 − (50,000円 + 52,000円) = 498,000円
*7 150,000円 × 2か月 = 300,000円
*8 $1,000,000円 \times 1.2\% \times \dfrac{8か月}{12か月} = 8,000円$
*9 貸借差額

給　　　料	1,250,000	受取手数料	（　　）
水道光熱費	120,000	雑 ［　　］	（　　）
通　信　費	（　　）		
保　険　料	（　　）		
貸倒引当金繰入	（　　）		
減価償却費	（　　）		
支払利息	（　　）		
法人税等	（　　）		
当期純利益	（　　）		
	（　　）		（　　）

12

13

14

15

（次ページに続く）

資　本　金		3,400,000
繰越利益剰余金		1,000,000
売　　　上		8,794,500
受取手数料		56,200
仕　　　入	6,876,000	
給　　　料	1,250,000	
水道光熱費	120,000	
通　信　費	156,800	
保　険　料	27,000	
支払利息	18,000	
	15,113,000	15,113,000

価償却費は月割りで計上する。

(6) 通信費のうち¥46,800は未使用の切手代である。

(7) 借入金は×8年5月1日に借入期間1年の条件で借り入れたもので、利息は元金の返済時に支払うこととしている。当期分の利息¥5,500を未払計上する。

(8) 保険料は×8年12月1日に向こう6か月分を一括して支払ったものであり、未経過分は前払処理する。

(9) 当期の法人税等¥99,000を計上する。なお、当期に中間納付はしていない。

買 掛 金　¥100,000

ア．普通預金　イ．資本金　ウ．利益準備金　エ．繰越利益剰余金　オ．受取利息

15. 従業員が出張から戻り、下記の報告書と領収書の提出があったので、本日、全額を費用として計上した。なお、旅費交通費等報告書に記載された金額は、全額を従業員が立て替えて支払っており、月末に従業員に支払うことにことになっている。

```
        領　収　書

大阪商事㈱
日本一郎様
            ￥8,500 −
              但し宿泊料として
                    ホテル雲海
```

旅費交通費等報告書

日本一郎

移動先	手段等	領収書	金額
神戸商事	電車	無	1,200円
ホテル雲海	宿泊	有	8,500円
帰社	電車	無	1,200円
合　計			10,900円

ア．現金　イ．仮払金　ウ．買掛金　エ．未払金　オ．旅費交通費

取った。

　　ア．現金　イ．売掛金　ウ．受取商品券　エ．売上　オ．仕入

5．従業員に対する給料￥600,000から所得税の源泉徴収額￥50,000と健康保険・厚生年金・雇用保険の保険料合計￥52,000を差し引いた残額を普通預金口座から支払った。

　　ア．当座預金　イ．普通預金　ウ．所得税預り金　エ．社会保険料預り金
　　オ．法定福利費　カ．給料

6．決算日に売上勘定の貸方残高￥300,000を損益勘定に振り替えた。

　　ア．資本金　イ．繰越利益剰余金　ウ．売上　エ．損益

7．オフィスビルの1部屋を1か月の家賃￥150,000で賃貸する契約を結び、1か月分の家賃、敷金（家賃2か月分）、不動産会社に対する手数料（家賃1か月分）を小切手を振り出して支払った。

　　ア．当座預金　イ．差入保証金　ウ．支払家賃　エ．租税公課　オ．支払手数料

8．南北銀行から借り入れていた￥1,000,000の支払期日が到来したため、元利合計を当座預金口座から返済した。なお、借入れにともなう利率は年1.2％で、借入期間は8か月間であった。

　　ア．当座預金　イ．支払手形　ウ．借入金　エ．受取利息　オ．支払利息

問題 65

(1)		(2)	

問題 66

(A)

仕 訳 日 計 表
×1年7月1日   30

借 方	元 丁	勘 定 科 目	元 丁	貸 方
		現　　　　金		
		当 座 預 金		
		売 掛 金		
		支 払 手 形		
		買 掛 金		
		売　　　　上		
		仕　　　　入		
		消 耗 品 費		

(B)

総 勘 定 元 帳
現　　金   1

×1年		摘　　　　要	仕丁	借　　方	貸　　方	借/貸	残　　高
7	1	前 月 繰 越	✓	10,000		借	10,000

買　掛　金   12

×1年		摘　　　　要	仕丁	借　　方	貸　　方	借/貸	残　　高
7	1	前 月 繰 越	✓		7,000	貸	7,000

11

問題 67

(A)

仕 訳 日 計 表
×1年8月1日　　　　　　52

借　　方	元丁	勘 定 科 目	元丁	貸　　方
		現　　　　金		
		受 取 手 形		
		売　掛　金		
		貸　付　金		
		支 払 手 形		
		買　掛　金		
		未　払　金		
		売　　　　上		
		受 取 利 息		
		仕　　　　入		

(B)

総 勘 定 元 帳
売 掛 金　　　　　　3

×1年		摘　　　　　　要	仕丁	借　　方	貸　　方	借/貸	残　　高
8	1	前 月 繰 越	✓	20,000		借	20,000

買 掛 金　　　　　　31

×1年		摘　　　　　　要	仕丁	借　　方	貸　　方	借/貸	残　　高
8	1	前 月 繰 越	✓		18,000	貸	18,000

(C)

仕 入 先 元 帳
愛 媛 商 事　　　　　　仕1

×1年		摘　　　　　　要	仕丁	借　　方	貸　　方	借/貸	残　　高
8	1	前 月 繰 越	✓		6,000	貸	6,000

12

高　知　商　事　　　　　　　　　　　仕2

×1年		摘　　　　要	仕丁	借　　方	貸　　方	借／貸	残　　高
8	1	前　月　繰　越	✓		12,000	貸	12,000

問題 69

精　算　表

勘　定　科　目	試　算　表		修　正　記　入		損　益　計　算　書		貸　借　対　照　表	
	借　方	貸　方	借　方	貸　方	借　方	貸　方	借　方	貸　方
現　　　　　　金	705							
当　座　預　金		20						
売　　掛　　金	800							
備　　　　　品	1,000							
買　　掛　　金		475						
貸　倒　引　当　金		10						
備品減価償却累計額		300						
資　　本　　金		1,000						
繰　越　利　益　剰　余　金		100						
売　　　　　上		1,500						
仕　　　　　入	850							
通　　信　　費	50							
	3,405	3,405						
雑　　（　　　　）								
当　座　借　越								
（　　　　　　）								
貸倒引当金繰入								
減　価　償　却　費								
当　期　純　利　益								

13

問題 70

精算表

勘 定 科 目	試 算 表 借 方	試 算 表 貸 方	修 正 記 入 借 方	修 正 記 入 貸 方	損 益 計 算 書 借 方	損 益 計 算 書 貸 方	貸 借 対 照 表 借 方	貸 借 対 照 表 貸 方
現 金 預 金	1,682							
受 取 手 形	900							
売 掛 金	800							
繰 越 商 品	600							
仮 払 消 費 税	400							
建 物	960							
備 品	360							
買 掛 金		750						
仮 受 消 費 税		580						
貸 倒 引 当 金		12						
建物減価償却累計額		432						
借 入 金		1,200						
資 本 金		800						
繰越利益剰余金		200						
売 上		5,800						
受 取 家 賃		10						
仕 入	4,000							
支 払 利 息	82							
	9,784	9,784						
貸 倒 （　　）								
貸倒引当金繰入								
減 価 償 却 費								
備品減価償却累計額								
未 払 消 費 税								
（　　）家 賃								
（　　）利 息								
当 期 純（　　）								

14

問題 71

精　算　表

勘 定 科 目	試 算 表 借 方	試 算 表 貸 方	修 正 記 入 借 方	修 正 記 入 貸 方	損 益 計 算 書 借 方	損 益 計 算 書 貸 方	貸 借 対 照 表 借 方	貸 借 対 照 表 貸 方
現　　　　金	12,686							
当 座 預 金	12,460							
受 取 手 形	11,200							
売 　 掛 　 金	9,800							
貸 　 付 　 金	6,900							
繰 越 商 品	11,760							
建　　　　物	10,800							
買 　 掛 　 金		10,618						
貸 倒 引 当 金		120						
建物減価償却累計額		1,000						
資 　 本 　 金		37,000						
繰越利益剰余金		3,000						
売　　　　上		68,300						
受 取 利 息		84						
仕　　　　入	41,720							
保 　 険 　 料	96							
租 税 公 課	2,700							
	120,122	120,122						
貸倒引当金繰入								
減 価 償 却 費								
（　　　　）								
（　　　）保険料								
（　　　）利　息								
当 期 純（　　　）								

15

問題 72

損 益 計 算 書

北海道商事 　　　　×2年4月1日～×3年3月31日 　　　　（単位：円）

費　　　　用	金　　　　額	収　　　　益	金　　　　額
売 上 （　　　）	（　　　　　　）	売 上 （　　　）	（　　　　　　）
給　　　料	（　　　　　　）		
貸倒引当金（　　）	（　　　　　　）		
減 価 償 却 費	（　　　　　　）		
支 払 利 息	（　　　　　　）		
法 人 税 等	（　　　　　　）		
当 期 純 利 益	（　　　　　　）		
	（　　　　　　）		（　　　　　　）

貸 借 対 照 表

北海道商事 　　　　　　×3年3月31日 　　　　（単位：円）

資　　　　産	金　　　　額	負 債・純 資 産	金　　　　額
現　　　金	（　　　　　　）	買 掛 金	（　　　　　　）
売 掛 金	（　　　　）	（　　　）費用	（　　　　　　）
（　　　）	（　　　）（　　　）	未 払 法 人 税 等	（　　　　　　）
商　　　品	（　　　　　　）	資 本 金	（　　　　　　）
備　　　品	（　　　　）	繰越利益剰余金	（　　　　　　）
（　　　）	（　　　）（　　　）		
	（　　　　　　）		（　　　　　　）

16

問題 73

損 益 計 算 書
×2年4月1日～×3年3月31日　　　　　　（単位：円）

費　　　　　用	金　　　　　額	収　　　　　益	金　　　　　額
売 上 原 価	（　　　　　　）	売　上　高	（　　　　　　）
給　　　料	（　　　　　　）	受 取 手 数 料	（　　　　　　）
広 告 宣 伝 費	（　　　　　　）		
貸倒引当金繰入	（　　　　　　）		
減 価 償 却 費	（　　　　　　）		
法 人 税 等	（　　　　　　）		
当 期 純 利 益	（　　　　　　）		
（　　　　　　）	（　　　　　　）	（　　　　　　）	（　　　　　　）

貸 借 対 照 表
×3年3月31日　　　　　　（単位：円）

資　　　　　産	金　　　　　額	負債・純資産	金　　　　　額
現　　　金	（　　　　　）	買　掛　金	（　　　　　　）
普 通 預 金	（　　　　　）	当 座 借 越	（　　　　　　）
売　掛　金	（　　　　）	（　　　）法人税等	（　　　　　　）
貸 倒 引 当 金	（　　　　）（　　　　）	資　本　金	（　　　　　　）
商　　　品	（　　　　　）	繰越利益剰余金	（　　　　　　）
建　　　物	（　　　　）		
減価償却累計額	（　　　　）（　　　　）		
（　　　）収益	（　　　　　）		
	（　　　　　）		（　　　　　　）

17

問題 74

(1)各勘定から損益勘定に振り替える仕訳（損益振替仕訳）

借　方　科　目	金　　　額	貸　方　科　目	金　　　額

(2)損益勘定から繰越利益剰余金勘定に振り替える仕訳（資本振替仕訳）

借　方　科　目	金　　　額	貸　方　科　目	金　　　額

(3)損益勘定への記入

損　　　益

〔　　　　　〕（　　　　　）	〔　　　　　〕（　　　　　）
〔　　　　　〕（　　　　　）	〔　　　　　〕（　　　　　）
〔　　　　　〕（　　　　　）	〔　　　　　〕（　　　　　）

問題 75

	借　方　科　目	金　　　額	貸　方　科　目	金　　　額
(1)				
(2)				

18

≪仕訳シート≫ 必要に応じてコピーしてご利用ください。

問題番号	借 方 科 目	金　　　額	貸 方 科 目	金　　　額

≪仕訳シート≫ 必要に応じてコピーしてご利用ください。

問題番号	借 方 科 目	金　　　額	貸 方 科 目	金　　　額

≪仕訳シート≫ 必要に応じてコピーしてご利用ください。

問題番号	借 方 科 目	金　　　額	貸 方 科 目	金　　　額

≪仕訳シート≫ 必要に応じてコピーしてご利用ください。

問題番号	借 方 科 目	金 額	貸 方 科 目	金 額